Level 3

Level 4

Level 2

Level 1

KB211569

심화·고난도 수학으로 **상위권 도약!**

뉴런 고난도

수학 3(상)

| 교재 내용 문의 | 교재 내용 문의는 EBS 중학사이트 (mid.ebs.co.kr)의 교재 Q&A 서비스를 활용하시기 바랍니다. | 교재 정오표 공지 | 발행 이후 발견된 정오 사항을 EBS 중학사이트 정오표 코너에서 알려 드립니다. 교재학습자료 ▶ 교재 ▶ 교재 정오표 | 교재 정정 신청 | 공지된 정오 내용 외에 발견된 정오 사항이 있다면 EBS 중학사이트를 통해 알려 주세요. 교재학습자료 ▶ 교재 ▶ 교재 선택 ▶ 교재 Q&A |

고등
예비
과정

개정 교육과정
새 교과서 반영

중3 겨울방학,
고교 입학 전에 꼭 봐야 하는
EBS 필수 아이템!

- 고등학교 새 학년에 배우는 **주요 개념들을 일목요연하게 정리**
- **단기간에 쉽게** 학습할 수 있도록 구성
- 학교 시험에 쉽게 적응할 수 있는 필수 유형
- 내신 대비 서술형·주관식 문항 강화

국어 / 수학 / 영어 / 사회 / 과학 / 한국사

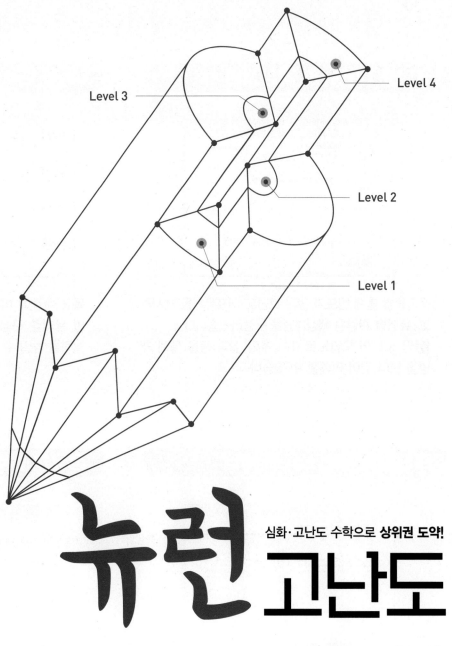

Level 3

Level 4

Level 2

Level 1

심화·고난도 수학으로 **상위권 도약!**

뉴런 고난도

수학 3(상)

Structure 구성 및 특징

고난도 대표유형·핵심개념

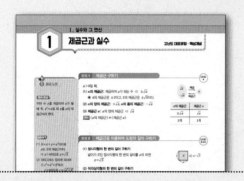

중단원별 출제 빈도가 높은 고난도 대표유형을 제시하고, 유형별 관련된 핵심개념을 구성하였습니다.
1등급 노트의 오답노트, TIP, 추가 설명 등을 통해 개념을 보다 깊이 이해할 수 있습니다.

Level 1 - Level 2 - Level 3 - Level 4

Level ① 고난도 대표유형 연습

Level ② 유형별 응용 문항 학습

Level ③ 고난도 문제 집중 심화 연습

Level ④ 최고난도 문제를 통해 수학 최상위 실력 완성

목표 수준에 따라 체계적으로 학습할 수 있도록 단계별 문제를 구성하였습니다. 단계별 문항 연습을 통해 실력을 높일 수 있습니다.

대단원 마무리 Level 종합

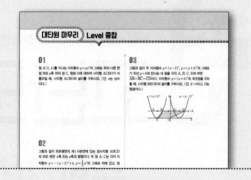

단원에서 학습한 내용을 토대로 종합적인 형태의 문제 해결 능력을 키울 수 있도록 구성하였습니다.

정답과 풀이

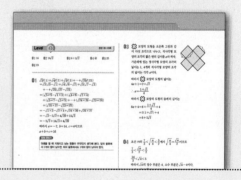

자세하고 친절한 풀이로 문제를 쉽게 설명하였습니다. 실수하기 쉬운 부분 짚어보기, 함정 피하기 등을 추가 구성하였고, Level 4에는 풀이 전략을 함께 제시하였습니다.

Contents 이 책의 차례

I 실수와 그 연산

1. 제곱근과 실수   4
2. 근호를 포함한 식의 계산   18
   대단원 마무리   32

II 다항식의 곱셈과 인수분해

3. 다항식의 곱셈과 곱셈 공식   34
4. 인수분해   48
   대단원 마무리   64

III 이차방정식

5. 이차방정식의 뜻과 풀이   66
6. 이차방정식의 근의 공식과 활용   80
   대단원 마무리   94

IV 이차함수

7. 이차함수와 그 그래프   96
8. 이차함수 $y=ax^2+bx+c$의 그래프   110
   대단원 마무리   124

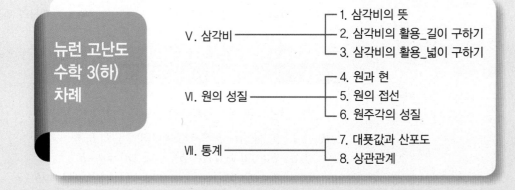

뉴런 고난도
수학 3(하)
차례

V. 삼각비
 ├ 1. 삼각비의 뜻
 ├ 2. 삼각비의 활용_길이 구하기
 └ 3. 삼각비의 활용_넓이 구하기

VI. 원의 성질
 ├ 4. 원과 현
 ├ 5. 원의 접선
 └ 6. 원주각의 성질

VII. 통계
 ├ 7. 대푯값과 산포도
 └ 8. 상관관계

1 제곱근과 실수

고난도 대표유형·핵심개념

유형 1 제곱근 구하기

난이도 ★

$a>0$일 때,

(1) **a의 제곱근**: 제곱하여 a가 되는 수 $\Rightarrow \pm\sqrt{a}$

  예 4의 제곱근은 ±2이고, 5의 제곱근은 $\pm\sqrt{5}$이다.

(2) **a의 양의 제곱근**: $+\sqrt{a}$, **a의 음의 제곱근**: $-\sqrt{a}$

(3) **제곱근 a**: a의 양의 제곱근 $\Rightarrow \sqrt{a}$

  주의 (a의 제곱근) $\neq$ (제곱근 a)

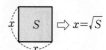

a의 제곱근	제곱근 a
$\pm\sqrt{a}$	$\sqrt{a}$
2개	1개

유형 2 제곱근을 이용하여 도형의 길이 구하기

난이도 ★★★

(1) **정사각형의 한 변의 길이 구하기**

  넓이가 S인 정사각형의 한 변의 길이를 x라 하면
  $x=\sqrt{S}$

(2) **직각삼각형의 한 변의 길이 구하기**

  빗변의 길이가 c이고, 나머지 두 변의 길이가 각각 a, b인 직각삼각형에서
  ① $c=\sqrt{a^2+b^2}$
  ② $a=\sqrt{c^2-b^2}$
  ③ $b=\sqrt{c^2-a^2}$

유형 3 제곱근의 성질을 이용한 계산

난이도 ★

$a>0$일 때,

(1) $(\sqrt{a})^2=a$, $(-\sqrt{a})^2=a$ (2) $\sqrt{a^2}=a$, $\sqrt{(-a)^2}=a$

(3) a의 제곱근의 제곱은 a이다.   (4) a의 제곱의 제곱근은 $\pm a$이다.

유형 4 $\sqrt{\square^2}$을 포함한 식 간단히 하기

난이도 ★★★

$\sqrt{\square^2}$을 간단히 할 때는 먼저 근호 안의 $\square$의 부호를 조사한다.

  예 $\sqrt{(a-b)^2}$을 $(a-b)$의 부호에 따라 간단히 하면
    ① $a-b>0$일 때, $\sqrt{(a-b)^2}=|a-b|=a-b$
    ② $a-b<0$일 때, $\sqrt{(a-b)^2}=|a-b|=-(a-b)=b-a$

$\sqrt{f(x)}$가 자연수가 되도록 하는 x의 값 구하기 　유형 5

A가 자연수이고, $x>0$일 때,

(1) $\sqrt{Ax}$, $\sqrt{\dfrac{A}{x}}$가 자연수가 되려면

　⇨ A를 소인수분해한 후, 소인수의 지수가 모두 짝수가 되도록 x의 값을 정한다.

(2) $\sqrt{A+x}$가 자연수가 되려면 ⇨ A보다 큰 (자연수)^2 꼴인 수를 찾는다.

(3) $\sqrt{A-x}$가 자연수가 되려면 ⇨ A보다 작은 (자연수)^2 꼴인 수를 찾는다.

제곱근의 대소 관계 　유형 6

(1) $a>0$, $b>0$일 때,

　① $a<b$ ➡ $\sqrt{a}<\sqrt{b}$ 　　　　② $\sqrt{a}<\sqrt{b}$ ➡ $a<b$

(2) $a>0$, $b>0$, $c>0$일 때,

　① $\sqrt{a}<\sqrt{b}<\sqrt{c}$ ➡ $(\sqrt{a})^2<(\sqrt{b})^2<(\sqrt{c})^2$ ➡ $a<b<c$

　② $a<\sqrt{b}<c$ ➡ $a^2<b<c^2$

$\sqrt{x}$ 이하의 자연수 구하기 　유형 7

$\sqrt{x}$ 이하의 자연수를 구할 때에는 x와 가장 가까운 (자연수)^2 꼴인 수 2개를 찾고, x의 값의 범위를 나타낸다.

$$n^2<x<(n+1)^2 \;➡\; n<\sqrt{x}<n+1$$

무리수를 수직선 위에 나타내기 　유형 8

$a>0$이고, a와 k는 유리수일 때,

(1) 도형의 길이를 이용해서 무리수 $\sqrt{a}$를 수직선 위에 나타내기

　① 피타고라스 정리를 이용하여 빗변의 길이가 $\sqrt{a}$인 직각삼각형을 이용

　② 넓이가 a인 정사각형의 한 변의 길이가 $\sqrt{a}$임을 이용

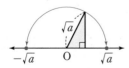 　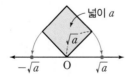

(2) $k\pm\sqrt{a}$를 수직선 위에 나타내기

　⇨ 점 $\mathrm{A}(k)$를 중심으로 하고, 반지름의 길이가 $\sqrt{a}$인 원을 그린다.

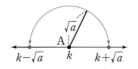

① 등급 노트

풀이전략

$\sqrt{f(x)}$가 자연수가 되게 하려면 $f(x)=$(자연수)^{2}이 되도록 하는 x의 값을 찾는다.

풀이전략

a와 $\sqrt{b}$의 대소를 비교할 때에는 $\sqrt{a^2}$과 $\sqrt{b}$의 대소를 비교한다.

TIP

부등식의 모든 항이 양수일 때, 양변을 제곱하거나 양변에 근호 ($\sqrt{\;}$)를 씌워도 부등호의 방향은 바뀌지 않는다.

➕플러스 개념

부등식 $n<\sqrt{x}<n+1$에서 n은 $\sqrt{x}$의 정수 부분, $\sqrt{x}-n$은 $\sqrt{x}$의 소수 부분이다.

TIP

원과 수직선이 만나는 점이
① 원의 중심 $\mathrm{A}(k)$의 오른쪽에 있으면 ⇨ $k+\sqrt{a}$
② 원의 중심 $\mathrm{A}(k)$의 왼쪽에 있으면 ⇨ $k-\sqrt{a}$

01

제곱근 16을 a, $0.\dot{1}$의 음의 제곱근을 b, $\sqrt{81}$의 양의 제곱근을 c라 할 때, $a-b-c$의 값은?

① $\dfrac{1}{3}$　　② $\dfrac{2}{3}$　　③ 1

④ $\dfrac{4}{3}$　　⑤ $\dfrac{20}{3}$

02

다음 중 옳지 <u>않은</u> 것은?

① $\sqrt{2}$는 2의 양의 제곱근이다.
② $\sqrt{36}$의 제곱근은 ± 6이다.
③ $x^2=5$이면 $x=\pm\sqrt{5}$이다.
④ 제곱근 10은 $\sqrt{10}$이다.
⑤ 모든 양수의 제곱근은 2개이다.

03

오른쪽 그림과 같이 $\overline{AB}=10$, $\overline{BH}=8$인 삼각형 ABC에서 $\overline{AH}\perp\overline{BC}$이고, 삼각형 ABC의 넓이가 30일 때, $\overline{AC}$의 길이를 구하시오.

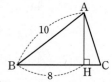

04

$\sqrt{(-4)^2}$의 제곱근의 제곱을 A, $\sqrt{32}$의 제곱의 음의 제곱근을 B라 할 때, B^2-A^2의 값을 구하시오.

05

A, B가 다음과 같을 때, $A+B$의 값을 구하시오.

$$A=(-\sqrt{0.3})^2 \div \sqrt{\left(\frac{1}{10}\right)^2} \times \sqrt{\frac{4}{25}}$$

$$B=\sqrt{(-0.2)^2} \times \sqrt{324} - \sqrt{(-3)^2} \div \left(\sqrt{\frac{5}{3}}\right)^2$$

06

$a<0$일 때, 다음 식을 간단히 하시오.

$$\sqrt{0.25a^2} + \sqrt{(2a-1)^2} - \sqrt{(a^2+1)^2} + (-\sqrt{-a})^2$$

07

$\sqrt{\dfrac{180}{x}}$이 자연수가 되도록 하는 두 자리의 자연수 x의 값 중에서 가장 큰 수를 구하시오.

08

$\sqrt{42+2x}$가 자연수가 되도록 하는 가장 작은 자연수 x의 값을 구하시오.

09

서로 다른 두 개의 주사위를 던져서 나온 눈의 수를 각각 x, y 라고 할 때, $\sqrt{36xy}$ 가 자연수가 될 확률은?

① $\dfrac{1}{9}$ ② $\dfrac{1}{6}$ ③ $\dfrac{2}{9}$

④ $\dfrac{1}{4}$ ⑤ $\dfrac{1}{3}$

11

다음 중 $-\sqrt{6}$ 과 1 사이의 수가 <u>아닌</u> 것을 모두 고르면?

(정답 2개)

① $-\sqrt{2.5}$ ② $-\sqrt{\dfrac{16}{3}}$ ③ -2.5

④ $\sqrt{1.2}$ ⑤ $\sqrt{\dfrac{1}{10}}$

10

다음을 계산하시오.

$$\sqrt{(1-\sqrt{3})^2}+\sqrt{(3-\sqrt{2})^2}-\sqrt{(\sqrt{3}-\sqrt{2})^2}$$

12

다음 중 세 수 A, B, C 사이의 대소 관계를 바르게 나타낸 것은?

$$A=1+\sqrt{3},\ B=2+\sqrt{3},\ C=\sqrt{2}+\sqrt{3}$$

① $A<B<C$ ② $A<C<B$ ③ $B<A<C$
④ $C<A<B$ ⑤ $C<B<A$

13

부등식 $6 \leq \sqrt{2x} < 7$을 만족시키는 자연수 x의 개수를 구하시오.

14

자연수 n에 대하여 $f(n)$를 $\sqrt{n}$ 이하의 자연수의 개수라 할 때, $f(1)+f(2)+f(3)+\cdots+f(20)$의 값을 구하시오.

15

그림과 같이 $\overline{AB}=1$, $\overline{BC}=3$인 직사각형 ABCD와 $\overline{QR}=3$, $\overline{PR}=4$인 직각삼각형 PQR이 있다. $\overline{AC}=\overline{CQ}$, $\overline{PQ}=\overline{QS}$이고, 점 C에 대응하는 수가 2일 때, 점 S에 대응하는 수를 구하시오.

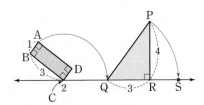

16

다음 중 $\dfrac{n}{m}$ (m, n은 정수, $m \neq 0$) 꼴로 나타낼 수 있는 수는?

① π^2 ② $\sqrt{0.144}$ ③ $\dfrac{1}{\sqrt{3}}$

④ $\sqrt{1.96}$ ⑤ $0.101001000\cdots$

01

$\sqrt{a^2}$은 제곱근 $\sqrt{256}$일 때, 양수 a의 제곱근은?

① 2   ② 4   ③ ± 2

④ ± 4 ⑤ ± 16

02

넓이가 $320\,\mathrm{cm}^2$인 정사각형 모양의 종이가 있다. 그림과 같이 [1단계]에서는 정사각형의 각 변의 중점을 꼭짓점으로 하는 정사각형 모양으로 접는다. 이와 같이 각 단계마다 정사각형 모양으로 접는 것을 반복할 때, [6단계]에서 만들어지는 정사각형의 대각선의 길이를 구하시오.

[1단계]   [2단계]   …

03

닮음비가 $2 : 3$인 두 정사각형의 넓이의 합이 $130\,\mathrm{cm}^2$일 때, 작은 정사각형의 한 변의 길이를 구하시오.

04

$\sqrt{(-3^3)^4 \times 3^{90}}$을 7로 나눈 나머지는?

① 1   ② 2   ③ 3

④ 5   ⑤ 6

05

실수 a, b에 대하여 $ab<0$일 때,
$\sqrt{a^2}\times\sqrt{4b^2}-\sqrt{a^2}\times\sqrt{(-4b)^2}$을 간단히 하시오.

06

$2a-b>0$, $\dfrac{a}{b}<0$일 때, 다음 식을 간단히 하시오. (단, a, b는 0이 아닌 실수이다.)

$$|a|+|-b|+\sqrt{(b-a)^2}-\sqrt{(2a-b)^2}$$

07

$A=\sqrt{(a+2)^2}-\sqrt{(a-2)^2}$일 때, 다음 중 옳은 것을 모두 고른 것은? (정답 2개)

① $a=0$이면 $A=4$이다.

② $a=\dfrac{1}{2}$이면 $A=1$이다.

③ $A=-4$인 a의 값의 범위는 $a<-2$이다.

④ $-1\leq a\leq1$이면 $A=2a$이다.

⑤ $A=4$인 a의 값의 범위는 $a>2$이다.

08

$\sqrt{2a+50}-\sqrt{100-b}$가 가장 작은 정수가 되도록 하는 자연수 a, b에 대하여 $a+b$의 값은?

① 7　　　　② 15　　　　③ 19

④ 22　　　　⑤ 26

09

서로 다른 두 개의 주사위를 던져서 나온 눈의 수를 각각 x, y 라고 할 때, $\sqrt{2x+2y-1}$이 자연수가 될 확률은?

① $\dfrac{1}{12}$ ② $\dfrac{1}{9}$ ③ $\dfrac{1}{6}$

④ $\dfrac{1}{4}$ ⑤ $\dfrac{1}{2}$

10

$\sqrt{3n}$, $\sqrt{4n}$, $\sqrt{5n}$이 모두 무리수가 되도록 하는 300 이하의 자연수 n의 개수를 구하시오.

11

두 자연수 a, b에 대하여 $3<\sqrt{\dfrac{b}{a}}<4$, $a-b=-24$일 때, $a+b$의 값을 구하시오.

12

$\dfrac{1}{2}<a<b<1$일 때, 다음 중 가장 작은 값은?

① $\sqrt{(1-a)^2}$ ② $\sqrt{(b-1)^2}$ ③ $\dfrac{1}{\sqrt{(-a)^2}}$

④ $\dfrac{1}{\sqrt{4b^2}}$ ⑤ $\dfrac{1}{\sqrt{(1-b)^2}}$

13

자연수 n에 대하여 $3 \le \sqrt{nx} < 4$를 만족시키는 모든 x의 값의 합이 14라고 할 때, n의 값은? (단, nx는 자연수이다.)

① 2   ② 3   ③ 5

④ 6   ⑤ 8

14

자연수 n에 대하여 $f(n)$을
$$f(n) = (\sqrt{n} \text{을 넘지 않는 최대의 정수})$$
라 할 때, $f(n) = 12$를 만족시키는 자연수 n의 개수를 구하시오.

15

그림과 같이 가로의 길이, 세로의 길이가 각각 4, 3인 직사각형 ABCD가 있다. 점 B에 대응하는 수가 1이고, 수직선 위에 $\overline{BD} = \overline{BE}$, $\overline{BF} = \overline{BP}$가 되도록 두 점 E, P를 정할 때, 점 P에 대응하는 수를 구하시오. (단, 사각형 ABEF는 직사각형이다.)

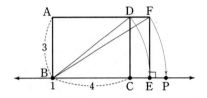

16

서로 다른 두 개의 주사위를 던져서 나온 눈의 수를 각각 x, y라고 할 때, $\sqrt{3x} - \sqrt{y}$가 순환하지 <u>않는</u> 무한소수가 될 확률은?

① $\dfrac{1}{9}$ ② $\dfrac{1}{6}$ ③ $\dfrac{5}{9}$

④ $\dfrac{5}{6}$ ⑤ $\dfrac{8}{9}$

01

칠교놀이는 그림과 같이 정사각형을 7개의 조각으로 나누어 여러 가지 형상을 만드는 놀이이다. 오른쪽 그림에서 색칠한 평행사변형의 넓이가 $3\,\text{cm}^2$일 때, 정사각형 ABCD의 한 변의 길이를 구하시오.

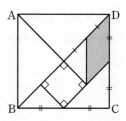

02

가로, 세로의 간격이 모두 1로 일정한 25개의 점이 오른쪽 그림과 같이 찍혀 있다. 이 점들을 연결하여 정사각형을 만들 때, 자연수 n에 대하여 넓이가 n인 정사각형의 개수를 $f(n)$이라 하자. $f(2)+f(5)+f(8)+f(10)$의 값을 구하시오.

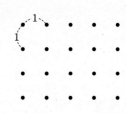

03

연속된 세 짝수 a, b, c에 대하여 $\sqrt{a+b+c}$가 100 이하의 자연수가 되도록 하는 순서쌍 (a, b, c)의 개수를 구하시오.

$$(\text{단}, 0<a<b<c)$$

04

자연수 n에 대하여 $f(n)$를 $\sqrt{n}$ 이하의 자연수의 개수라 할 때, $f(1)+f(2)+\cdots+f(n)=100$이 되는 자연수 n의 값을 구하시오.

05

자연수 n에 대하여 $f(n)$을
$$f(n)=(\sqrt{n}\text{을 소수점 아래 첫째 자리에서 반올림한 값})$$
이라 하자. 예를 들어, $f(2)=1$, $f(3)=2$이다. $f(n)=8$을 만족시키는 자연수 n의 개수를 구하시오.

06

그림과 같이 수직선 위에 직각삼각형 ABC가 있다. 직각삼각형을 수직선을 따라 시계 반대 방향으로 한 바퀴 굴려서 생긴 직각삼각형을 A′B′C′이라 하자. 점 A′에 대응하는 수가 $-7-\sqrt{13}$일 때, 선분 BC의 길이를 구하시오.

(단, $\overline{\text{BC}}$의 길이는 유리수이다.)

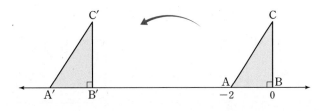

01

실수 a, b, c에 대하여 $abc<0$일 때, $\sqrt{(a-bc)^2}-\sqrt{b^2c^2}-\sqrt{(-a)^2}$을 간단히 하시오.

02

오른쪽 그림과 같이 정사각형 ABCD와 $\overline{AE}=\overline{DE}$인 이등변삼각형 ADE가 있다. 정사각형 ABCD의 넓이를 x라 할 때, 다음 조건을 만족시키는 가장 작은 자연수 x의 값을 구하시오.

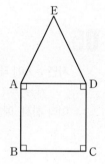

㈎ 정사각형 ABCD와 이등변삼각형 ADE의 넓이의 비는 2 : 1이다.
㈏ 선분 DE의 길이는 자연수이다.

03

[그림 1]과 같이 정사각형 ABCD에서 합동인 두 직각삼각형을 잘라 이동시키면 [그림 2]와 같이 정사각형 2개를 이어 붙인 모양이 된다. 정사각형 ABCD의 넓이가 6이고, [그림 2]에서 새로 만들어진 두 정사각형의 넓이의 비가 5 : 1이라 할 때, 색칠된 부분의 넓이를 구하시오.

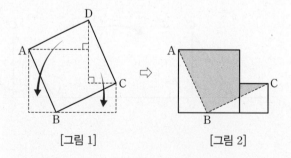

[그림 1]　　　[그림 2]

04

상수 a, b, c에 대하여 $a<0<b<1$, $\dfrac{a+b}{a-b}>0$일 때, ▌ 보기 ▌에서 옳은 것을 모두 고른 것은?

┤ 보기 ├

ㄱ. $\sqrt{(a-b)^2}=b-a$

ㄴ. $\sqrt{(a^2-b^2)^2}=b^2-a^2$

ㄷ. $\sqrt{\left(\dfrac{b}{a}+1\right)^2}=\dfrac{b}{a}+1$

ㄹ. $\sqrt{(b-\sqrt{b})^2}=b-\sqrt{b}$

ㅁ. $\sqrt{(a+2b-1)^2}=-a-2b+1$

① ㄱ, ㄷ   ② ㄱ, ㄹ   ③ ㄱ, ㄷ, ㅁ

④ ㄴ, ㄷ, ㅁ   ⑤ ㄱ, ㄴ, ㄷ, ㄹ

05

$x\leq5$일 때, $\sqrt{\dfrac{24x}{y}}$ 가 자연수가 되도록 하는 두 자연수 x, y의 값의 순서쌍 (x, y)의 개수를 구하시오.

06

자연수 n에 대하여 $\sqrt{\dfrac{1\times2\times3\times\cdots\times n}{x}}$ 이 자연수가 되도록 하는 가장 작은 자연수 x의 값을 $f(n)$이라 할 때, 다음을 계산하시오.

$$\frac{f(2)}{f(1)}+\frac{f(4)}{f(3)}+f(5)+\frac{f(7)}{f(6)}+\frac{f(9)}{f(8)}+\frac{f(11)}{f(10)}+\frac{f(13)}{f(12)}$$

2 근호를 포함한 식의 계산

고난도 대표유형 · 핵심개념

① 등급 노트

참고

① $\sqrt{a} \times \sqrt{b}$는 곱셈 기호를 생략 하여 $\sqrt{a}\sqrt{b}$로 쓸 수도 있다.

② $m\sqrt{a} = m \times \sqrt{a}$

TIP

근호 안의 수를 소인수분해하였 을 때, 지수가 짝수인 소인수의 거듭제곱은 근호 밖으로 꺼낼 수 있다.

이때 지수의 $\dfrac{1}{2}$배를 하여 근호 밖에 쓰면 된다.

예 $\underset{\text{지수의 } \frac{1}{2}\text{배}}{\sqrt{a^6 \times b} = a^3\sqrt{b}}$

참고

제곱근표에는 1.00부터 99.9까 지의 수의 양의 제곱근을 어림 한 값이 나와 있다.

용어 해설

분모의 유리화: 분수의 분모가 근호를 포함한 무리수일 때, 분 모와 분자에 적당한 수를 곱하 여 분모를 유리수로 바꾸는 것

유형 1 제곱근의 곱셈과 나눗셈

난이도 ★

$a > 0$, $b > 0$, $c > 0$, $d > 0$이고, m, n이 유리수일 때,

(1) 제곱근의 곱셈

① $\sqrt{a} \times \sqrt{b} = \sqrt{ab}$ 　　② $m\sqrt{a} \times n\sqrt{b} = mn\sqrt{ab}$

(2) 제곱근의 나눗셈

① $\dfrac{\sqrt{b}}{\sqrt{a}} = \sqrt{\dfrac{b}{a}}$ 　　② $m\sqrt{a} \div n\sqrt{b} = m\sqrt{a} \times \dfrac{1}{n\sqrt{b}} = \dfrac{m}{n}\sqrt{\dfrac{a}{b}}$ (단, $n \neq 0$)

③ $\dfrac{\sqrt{b}}{\sqrt{a}} \div \dfrac{\sqrt{d}}{\sqrt{c}} = \dfrac{\sqrt{b}}{\sqrt{a}} \times \dfrac{\sqrt{c}}{\sqrt{d}} = \sqrt{\dfrac{bc}{ad}}$

유형 2 근호가 있는 식의 변형

난이도 ★★

$a > 0$, $b > 0$일 때,

(1) 근호 안의 수를 근호 밖으로 꺼내기

① $\underset{\text{근호 밖으로} \Rightarrow \text{지수의}\frac{1}{2}\text{배}}{\sqrt{a^2 b} = \sqrt{a^2} \times \sqrt{b} = a\sqrt{b}}$ 　　② $\underset{\text{근호 밖으로} \Rightarrow \text{지수의}\frac{1}{2}\text{배}}{\sqrt{\dfrac{b}{a^2}} = \dfrac{\sqrt{b}}{\sqrt{a^2}} = \dfrac{\sqrt{b}}{a}}$

(2) 근호 밖의 양수를 근호 안으로 넣기

① $\underset{\text{근호 안으로} \Rightarrow \text{제곱하여 넣기}}{a\sqrt{b} = \sqrt{a^2} \times \sqrt{b} = \sqrt{a^2 b}}$ 　　② $\underset{\text{근호 안으로} \Rightarrow \text{제곱하여 넣기}}{\dfrac{\sqrt{b}}{a} = \dfrac{\sqrt{b}}{\sqrt{a^2}} = \sqrt{\dfrac{b}{a^2}}}$

유형 3 제곱근표에 없는 제곱근의 값 구하기

난이도 ★★★

제곱근표에 없는 제곱근의 값은 근호 안의 수를 제곱근표에 있는 수로 바꾸어 구한다.

$1.00 \leq a \leq 99.9$일 때,

(1) 100보다 큰 수의 제곱근의 값

$\Rightarrow \sqrt{100a} = \sqrt{10^2} \times \sqrt{a} = 10\sqrt{a}$, $\sqrt{10000a} = \sqrt{10^4} \times \sqrt{a} = 10^2\sqrt{a} = 100\sqrt{a}$, ⋯

(2) 0 이상 1 미만인 수의 제곱근의 값

$\Rightarrow \sqrt{\dfrac{a}{100}} = \dfrac{\sqrt{a}}{\sqrt{10^2}} = \dfrac{\sqrt{a}}{10}$, $\sqrt{\dfrac{a}{10000}} = \dfrac{\sqrt{a}}{\sqrt{10^4}} = \dfrac{\sqrt{a}}{10^2} = \dfrac{\sqrt{a}}{100}$, ⋯

유형 4 분모의 유리화

난이도 ★★

$a > 0$이고, a, b, c가 유리수일 때,

① $\dfrac{\sqrt{b}}{\sqrt{a}} = \dfrac{\sqrt{b} \times \sqrt{a}}{\sqrt{a} \times \sqrt{a}} = \dfrac{\sqrt{ab}}{a}$ (단, $b > 0$) 　　② $\dfrac{c}{b\sqrt{a}} = \dfrac{c \times \sqrt{a}}{b\sqrt{a} \times \sqrt{a}} = \dfrac{c\sqrt{a}}{ab}$ (단, $b \neq 0$)

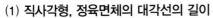

제곱근의 곱셈과 나눗셈의 도형에의 활용 유형 5

난이도 ★★★

(1) 직사각형, 정육면체의 대각선의 길이

① 가로의 길이가 a, 세로의 길이가 b인 직사각형의 대각선의 길이를 l이라 하면

$$l=\sqrt{a^2+b^2}$$

② 세 모서리의 길이가 각각 a, b, c인 직육면체의 대각선의 길이를 l이라 하면

$$l=\sqrt{a^2+b^2+c^2}$$

(2) 정삼각형의 높이와 넓이

한 변의 길이가 a인 정삼각형의 높이를 h, 넓이를 S라 하면

$$h=\frac{\sqrt{3}}{2}a,\ S=\frac{\sqrt{3}}{4}a^2$$

제곱근의 덧셈과 뺄셈 유형 6

난이도 ★★

(1) 제곱근의 덧셈과 뺄셈

m, n이 유리수, $\sqrt{a}$가 무리수일 때, $m\sqrt{a}\pm n\sqrt{a}=(m\pm n)\sqrt{a}$ (복부호동순)

(2) 분배법칙을 이용한 제곱근의 계산

$a>0$, $b>0$, $c>0$일 때,

$$\sqrt{a}(\sqrt{b}\pm\sqrt{c})=\sqrt{ab}\pm\sqrt{ac},\ (\sqrt{a}\pm\sqrt{b})\sqrt{c}=\sqrt{ac}\pm\sqrt{bc}\ \text{(복부호동순)}$$

무리수의 정수 부분과 소수 부분 유형 7

난이도 ★★★

(1) 무리수는 정수 부분과 소수 부분으로 나눌 수 있다.

⇨ (무리수)=(정수 부분)+(소수 부분), 0<(소수 부분)<1

(2) 일반적으로 n이 정수, $a>0$일 때,

$$n\le\sqrt{a}<n+1\ \Rightarrow\ \sqrt{a}=\underset{\text{정수 부분}}{n}+\underset{\text{소수 부분}}{(\sqrt{a}-n)}\ \text{(단, }0\le\sqrt{a}-n<1)$$

실수의 대소 관계 유형 8

난이도 ★★

(1) 두 실수 a, b의 대소를 비교할 때, $a-b$의 부호를 조사한다.

① $a-b>0$ ➡ $a>b$

② $a-b=0$ ➡ $a=b$

③ $a-b<0$ ➡ $a<b$

(2) 세 실수의 대소 관계

세 실수 a, b, c에 대하여 $a<b$이고 $b<c$이면 $a<b<c$임을 이용한다.

---

① 등급 노트

참고

① 한 변의 길이가 a인 정사각형의 대각선의 길이

⇨ $\sqrt{a^2+a^2}=\sqrt{2}a$

② 한 모서리의 길이가 a인 정육면체의 대각선의 길이

⇨ $\sqrt{a^2+a^2+a^2}=\sqrt{3}a$

풀이전략

근호를 포함한 식의 혼합 계산

❶ 괄호가 있으면 괄호를 푼다.

❷ 근호 안의 수를 가장 작은 자연수로 만든다.

❸ 분모를 유리화한다.

❹ 곱셈, 나눗셈을 먼저 계산한 후, 덧셈, 뺄셈을 계산한다.

풀이전략

부등식 $n^2\le a<(n+1)^2$을 만족하는 n을 찾은 후, $n\le\sqrt{a}<n+1$임을 이용하여 정수 부분, 소수 부분을 찾는다.

TIP

$m>0$, a, b는 유리수일 때, $a+\sqrt{m}$과 b의 대소는 $a+\sqrt{m}$을 어림한 값으로 쉽게 비교할 수 있다.

(예) $\sqrt{3}+3$과 4의 대소 비교

$1<\sqrt{3}<2$ ⇨ $\sqrt{3}=1.7\cdots$

이므로 $\sqrt{3}+3>4$임을 알 수 있다.

01

A, B가 다음과 같을 때, $A+B$의 값을 구하시오.

$$A=(-\sqrt{0.4})\div\sqrt{\frac{12}{5}}\times\sqrt{24}$$

$$B=\sqrt{\frac{18}{5}}\times3\sqrt{15}\div\sqrt{6}$$

02

$\dfrac{5\sqrt{2}}{2}\div\square\times\dfrac{\sqrt{7}}{3}=\dfrac{1}{\sqrt{3}}$일 때, $\square$ 안의 알맞은 수는?

① $\dfrac{\sqrt{14}}{6}$ ② $\dfrac{5\sqrt{14}}{6}$ ③ $\dfrac{5\sqrt{21}}{6}$

④ $\dfrac{5\sqrt{42}}{6}$ ⑤ $\dfrac{5\sqrt{42}}{3}$

03

$\sqrt{\dfrac{192}{25}}=a\sqrt{3}$, $\dfrac{5}{3\sqrt{2}}=\sqrt{b}$일 때, 유리수 a, b에 대하여 $\sqrt{ab}$의 값은?

① $2\sqrt{2}$ ② $2\sqrt{5}$ ③ $\dfrac{2\sqrt{5}}{3}$

④ $\dfrac{3\sqrt{5}}{2}$ ⑤ $\dfrac{5\sqrt{2}}{3}$

04

$\sqrt{32+2x}=3\sqrt{6}$을 만족시키는 x의 값은?

① 11   ② 12   ③ 13

④ 14   ⑤ 15

05

$\sqrt{5}=a$, $\sqrt{50}=b$라고 할 때, $\sqrt{500}-\sqrt{0.005}$를 a, b를 이용하여 나타내면?

① $10a-\dfrac{1}{100}b$ 　　② $10a-\dfrac{1}{10}b$

③ $100a-\dfrac{1}{1000}b$ 　　④ $100a-\dfrac{1}{100}b$

⑤ $100a-\dfrac{1}{10}b$

06

$\sqrt{4.11}=2.027$, $\sqrt{41.1}=6.411$을 이용하여 $\sqrt{a}$, $\sqrt{b}$의 값을 구하면 각각 0.2027, 64.11일 때, 두 유리수 a, b에 대하여 $\dfrac{b}{a}$의 값은?

① 10 　　② 10^2 　　③ 10^3

④ 10^4 　　⑤ 10^5

07

다음 수를 크기가 작은 것부터 차례대로 나열할 때, 두 번째에 오는 수와 세 번째에 오는 수의 합은?

$$\frac{2}{\sqrt{5}}, \quad \sqrt{2}, \quad \frac{3}{\sqrt{5}}, \quad \frac{\sqrt{5}}{2}, \quad \frac{\sqrt{2}}{5}$$

① $\dfrac{6\sqrt{2}}{5}$ 　　② $\dfrac{9\sqrt{5}}{10}$ 　　③ $\sqrt{5}$

④ $\dfrac{11\sqrt{5}}{10}$ 　　⑤ $\dfrac{13\sqrt{5}}{10}$

08

오른쪽 그림과 같이 밑면의 반지름의 길이가 $2\sqrt{5}$ cm인 원뿔의 부피가 $30\sqrt{7}\pi$ cm^{3}일 때, 원뿔의 높이는?

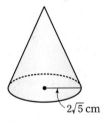

$2\sqrt{5}$ cm

① $\dfrac{3\sqrt{7}}{2}$ cm

② $3\sqrt{7}$ cm

③ $\dfrac{9\sqrt{7}}{2}$ cm

④ $9\sqrt{7}$ cm

⑤ $\dfrac{27\sqrt{7}}{2}$ cm

09

그림과 같이 한 모서리의 길이가 2인 정육면체 4개가 붙어 있다. 그림에서 표시된 선분 AB의 길이는?

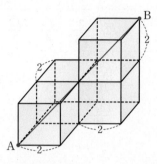

① $4\sqrt{2}$ ② $4\sqrt{3}$ ③ $6\sqrt{3}$

④ $8\sqrt{2}$ ⑤ $12\sqrt{3}$

10

오른쪽 그림에서 △ABC는 정삼각형이고 $\overline{BC} \parallel \overline{DE}$이다. $\overline{BC}=3\sqrt{5}$이고, 사각형 DBCE의 넓이는 삼각형 ADE의 넓이의 $\frac{1}{5}$일 때, 삼각형 ADE의 둘레의 길이는?

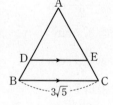

① $\dfrac{15\sqrt{6}}{6}$ ② $3\sqrt{6}$ ③ $5\sqrt{3}$

④ $5\sqrt{6}$ ⑤ $\dfrac{15\sqrt{6}}{2}$

11

오른쪽 그림과 같이 한 모서리의 길이가 4 cm인 정사각뿔 O$-$ABCD의 부피는?

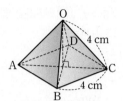

① $\dfrac{16\sqrt{2}}{3}$ cm³   ② $8\sqrt{2}$ cm³

③ $\dfrac{32\sqrt{2}}{3}$ cm³   ④ $16\sqrt{2}$ cm³

⑤ $32\sqrt{2}$ cm³

12

$a=\sqrt{10}$이고 $b=a-\dfrac{3}{a}$일 때, $\dfrac{b}{a}$의 값은?

① $\dfrac{3}{10}$ ② $\dfrac{1}{3}$ ③ $\dfrac{7}{10}$

④ $\dfrac{13}{10}$ ⑤ 3

13

$\dfrac{6-4\sqrt{2}}{\sqrt{3}} - \dfrac{\sqrt{3}}{3}\left(5-\dfrac{\sqrt{2}}{2}\right) + \sqrt{2}\left(\dfrac{1}{\sqrt{3}}+\sqrt{3}\right) = a\sqrt{3}+b\sqrt{6}$

일 때, 두 유리수 a, b의 합 $a+b$의 값은?

① $-\dfrac{1}{3}$ ② $-\dfrac{1}{6}$ ③ $\dfrac{1}{12}$

④ $\dfrac{1}{6}$ ⑤ $\dfrac{1}{2}$

14

$\sqrt{50}$의 소수 부분을 a, $\sqrt{72}$의 소수 부분을 b라 할 때,
$\dfrac{b}{b-a+1}=p\sqrt{2}+q$인 두 유리수 p, q의 곱 pq의 값을 구하시오.

15

다음 세 수 A, B, C의 대소 관계를 바르게 나타낸 것은?

$$A=2+2\sqrt{2},\ B=\dfrac{5}{\sqrt{2}}+\dfrac{\sqrt{3}}{2},\ C=\dfrac{3+\sqrt{24}}{\sqrt{3}}$$

① $A<C<B$ ② $B<A<C$ ③ $B<C<A$
④ $C<A<B$ ⑤ $C<B<A$

16

다음 식의 계산 결과가 유리수가 되도록 하는 유리수 a의 값을 구하시오.

$$\sqrt{27}\left(\dfrac{1}{3}-\dfrac{5}{\sqrt{3}}\right)+\dfrac{1}{\sqrt{3}}\left(\dfrac{6}{a}-1\right)$$

01

서로 다른 두 개의 주사위를 던져서 나온 눈의 수를 각각 a, b 라 할 때, $1 < \dfrac{\sqrt{2b}}{\sqrt{a}} < 2$일 확률은?

① $\dfrac{1}{12}$ ② $\dfrac{1}{6}$ ③ $\dfrac{1}{4}$

④ $\dfrac{1}{3}$ ⑤ $\dfrac{1}{2}$

03

$x > 0$, $y > 0$이고 $x - y = 5$, $xy = 2$일 때, $\dfrac{1}{x}\sqrt{\dfrac{x^3}{y}} - \dfrac{1}{y}\sqrt{\dfrac{y^3}{x}}$의 값은?

① $\dfrac{2\sqrt{2}}{5}$ ② $\sqrt{2}$ ③ $\dfrac{3\sqrt{2}}{2}$

④ $\dfrac{5\sqrt{2}}{2}$ ⑤ $\dfrac{7\sqrt{2}}{2}$

02

$\sqrt{24} \times \sqrt{\dfrac{3}{2}} \times \sqrt{a} \times \sqrt{2} \times \sqrt{2a} = 36$일 때, 자연수 a의 값은?

① 1 ② 2 ③ 3

④ 4 ⑤ 5

04

$a > 0$, $b > 0$이고 $ab = 252$일 때, $\dfrac{a\sqrt{b}}{2\sqrt{a}} + \dfrac{b\sqrt{a}}{3\sqrt{b}}$의 값을 구하시오.

05

$\sqrt{2}=a$, $\sqrt{7}=b$, $\sqrt{11}=c$일 때,
$\sqrt{1.54}-\sqrt{0.1386}$을 a, b, c를 이용하여 나타내면?

① $\dfrac{7}{100}abc$ ② $\dfrac{13}{100}abc$ ③ $\dfrac{7}{10}abc$

④ $\dfrac{77}{100}abc$ ⑤ $\dfrac{77}{10}abc$

06

$\sqrt{3.12}=1.766$, $\sqrt{31.2}=5.586$일 때, 다음 중 옳은 것을 모두 고르면? (정답 2개)

① $\sqrt{0.00312}=0.5586$
② $\sqrt{312}=176.6$
③ $\sqrt{78}=8.83$
④ $\sqrt{1950}=44.25$
⑤ $\sqrt{1.248}=1.1172$

07

$x=\dfrac{\sqrt{20}-\sqrt{10}}{\sqrt{5}}$, $y=\dfrac{\sqrt{6}+\sqrt{48}}{\sqrt{3}}$일 때, $\dfrac{x+y}{2x-y}$의 값은?

① $-\sqrt{3}$ ② $-\sqrt{2}$ ③ $\sqrt{2}$
④ $\sqrt{3}$ ⑤ $\sqrt{5}$

08

그림과 같이 한 모서리의 길이가 $2\sqrt{2}$인 정육면체에서 삼각뿔 C$-$BGD를 제거하고 남은 입체도형의 겉넓이를 구하시오.

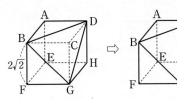

09

오른쪽 그림은 밑면의 반지름의 길이가 $\sqrt{2}$ cm, 모선의 길이가 $4\sqrt{2}$ cm인 원뿔의 전개도일 때, x의 값은?

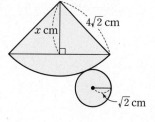

① $2\sqrt{2}$ ② $3\sqrt{2}$

③ 4 ④ $3\sqrt{3}$

⑤ $2\sqrt{7}$

10

그림과 같이 네 정사각형 A, B, C, D를 이어붙인 도형이 있다. A의 넓이는 B의 넓이의 3배, B의 넓이는 C의 넓이의 3배, C의 넓이는 D의 넓이의 3배이고, A의 넓이가 24 cm²일 때, 이 도형의 둘레의 길이는?

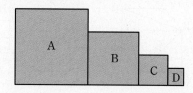

① $\left(\dfrac{14}{3}\sqrt{6}+\dfrac{8}{3}\sqrt{2}\right)$ cm   ② $\left(\dfrac{14}{3}\sqrt{6}+\dfrac{16}{3}\sqrt{2}\right)$ cm

③ $\left(\dfrac{28}{3}\sqrt{6}+\dfrac{8}{3}\sqrt{2}\right)$ cm   ④ $\left(\dfrac{28}{3}\sqrt{6}+\dfrac{16}{3}\sqrt{2}\right)$ cm

⑤ $(12\sqrt{6}+4\sqrt{2})$ cm

11

정오각형의 한 변의 길이와 대각선의 길이 사이에는 $1 : \dfrac{1+\sqrt{5}}{2}$ 의 비가 성립한다.

오른쪽 그림의 정오각형 ABCDE에서 모든 대각선의 길이의 합이 $(15+15\sqrt{5})$ cm일 때, 정오각형 ABCDE의 둘레의 길이는?

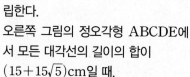

① 6 cm   ② 20 cm   ③ 30 cm

④ $15\sqrt{5}$ cm   ⑤ $30\sqrt{5}$ cm

12

$a=3$, $b=\sqrt{5}+1$일 때, $\dfrac{\sqrt{(a+b)^2}-\sqrt{(a-b)^2}}{\sqrt{(a-3b)^2}}$ 의 값을 구하시오.

13

$\sqrt{250}$의 정수 부분을 a, $\sqrt{162}$의 소수 부분을 b라 할 때, $a-\sqrt{(1-b)^2}$의 정수 부분을 구하시오.

14

수직선 위에 세 점 $O(0)$, $A(\sqrt{2})$, $B(3+\sqrt{2})$가 있다. 점 A를 중심으로 하고 $\overline{OA}$를 반지름으로 하는 원을 그려 수직선과 만나는 다른 한 점을 C라 하고, 점 C를 중심으로 하고 $\overline{BC}$를 반지름으로 하는 원을 그려 수직선과 만나는 다른 한 점을 D라 할 때, 네 점 A, B, C, D를 수직선에서 왼쪽에 있는 것부터 차례대로 나열한 것은?

① A, B, C, D   ② A, D, B, C   ③ A, D, C, B
④ D, A, B, C   ⑤ D, A, C, B

15

두 수 x, y에 대하여 $x◎y=\dfrac{1}{\sqrt{2}}x+y$라고 하자.
$(2a◎2b)-b=b◎3$을 만족하는 두 유리수 a, b의 합 $a+b$의 값은?

① $\dfrac{3}{2}$ ② $\dfrac{5}{2}$ ③ 3

④ $\dfrac{9}{2}$ ⑤ $\dfrac{11}{2}$

16

$\dfrac{6}{\sqrt{72}}-2m-n=-\dfrac{m}{2}\sqrt{2}+n\sqrt{2}-1$을 만족시키는 두 유리수 m, n의 합 $m+n$의 값을 구하시오.

Level 3 근호를 포함한 식의 계산

01

자연수 n에 대하여 $f(n)=\sqrt{n+4}-\sqrt{n}$이라 할 때,
$$\sqrt{3}f(1)+\sqrt{4}f(2)+\sqrt{5}f(3)+\cdots+\sqrt{25}f(23)=a\sqrt{2}+b\sqrt{3}+c\sqrt{39}$$
가 성립한다. 세 유리수 a, b, c의 합 $a+b+c$의 값을 구하시오.

02

오른쪽 그림과 같이 한 모서리의 길이가 6인 정사면체 $A-BCD$가 있다. 점 A에서 $\triangle BCD$에 내린 수선의 발을 G라 하면 점 G는 $\triangle BCD$의 무게중심일 때, 정사면체 $A-BCD$의 부피를 구하시오.

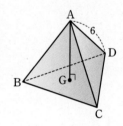

03

오른쪽 그림과 같이 한 변의 길이가 1인 정사각형 모양의 색종이 4개를 겹치고 가운데를 채워 ✖ 모양의 도형을 만들었다. 색종이끼리 겹쳐지는 부분은 모두 합동인 정사각형이고, ✖ 모양의 도형의 넓이가 $2+\sqrt{2}$일 때, ✖ 모양의 도형의 둘레의 길이를 구하시오.

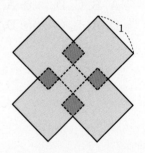

04

다음 두 조건을 만족시키는 모든 자연수 n의 값의 합은?

> (가) $\dfrac{7}{3} < \sqrt{\dfrac{n}{4}} < \dfrac{5}{2}$
>
> (나) $\sqrt{n}$의 소수 부분은 0.7보다 크고, 0.9보다 작다.

① 23   ② 24   ③ 45   ④ 47   ⑤ 69

05

자연수 n에 대하여 $\sqrt{n}$의 정수 부분을 $f(n)$, 소수 부분을 $g(n)$이라 할 때, $f(n+10)+g(n) \le \sqrt{n}$을 만족시키는 가장 작은 자연수 n의 값을 구하시오.

06

오른쪽 그림과 같이 좌표평면 위에 두 점 $A(6, \sqrt{72})$, $B(6, 0)$이 있을 때, 삼각형 AOB의 내부에 있으면서 x좌표, y좌표가 모두 자연수인 점들의 개수를 구하시오. (단, O는 원점이다.)

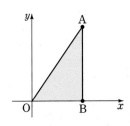

01

자연수 n에 대하여 $f(n)$, $g(n)$을 각각

$f(n) = (\sqrt{n}$의 정수 부분$)$, $g(n) = (\sqrt{n}$을 소수점 아래 둘째 자리에서 버림한 값$)$

이라 하자. 모든 자연수 n에 대하여 $g(n) = \dfrac{f(bn)}{a}$이 성립하도록 하는 자연수 a, b의 값을 구하시오.

02

자연수 n에 대하여 $f(n)$을 $f(n) = (909090\cdots$인 n자리 자연수$)$라 하자. 예를 들어, $f(3) = 909$, $f(4) = 9090$이다. $\sqrt{1.01} = a$라 할 때, $\sqrt{\dfrac{f(n+4) - f(n)}{100}} = 10^8 \times 3a$가 성립하도록 하는 자연수 n의 값을 구하시오.

03

한 변의 길이가 6인 정육각형 ABCDEF가 있다. 정육각형 ABCDEF의 각 변의 중점을 연결하여 새로운 정육각형을 그린 그림을 [그림 1]이라 하자. 같은 방법으로 [그림 1]에 정육각형의 각 변의 중점을 연결하여 새로운 정육각형을 그리고 두 정육각형의 사이를 색칠하여 얻은 그림을 [그림 2]라 할 때, 색칠한 부분의 넓이를 구하시오.

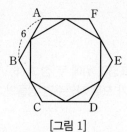

[그림 1]

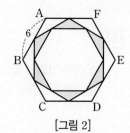

[그림 2]

04

정오각형의 한 변의 길이와 대각선의 길이 사이에는 $1 : \dfrac{1+\sqrt{5}}{2}$ 의 비가 성립한다. 오른쪽 그림과 같이
정오각형 ABCDE에서 삼각형 ACD의 내심을 I, 점 I에서 선분 AC에 내린 수선의 발을 P라 하자.
삼각형 API의 넓이가 1일 때, 삼각형 ACD의 넓이를 구하시오.

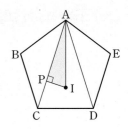

05

오른쪽 그림과 같이 수직선 위에 $\overline{AB}=\sqrt{57}$, $\overline{AD}=7$인 평행사변형 ABCD가 있다. 두 선
분 AC와 BD의 교점을 E라 하고, $\overline{BD}=\overline{BP}$, $\overline{CA}=\overline{CQ}$가 되도록 수직선 위에 두 점 P,
Q를 정한다. 삼각형 BCE의 넓이가 $7\sqrt{3}$이고, 점 Q에 대응하는 수는 0일 때, 점 P에 대응
하는 수를 구하시오.

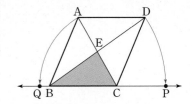

06

오른쪽 그림과 같이 정육면체 모양의 상자에 정육면체와 가로의 길이가 같고 세로의 길이와
높이가 각각 $\sqrt{2}$인 택배 상자 3개를 비스듬히 쌓아 넣었을 때, 택배 상자 1개의 부피를 구하시오.
(단, 상자의 두께는 무시한다.)

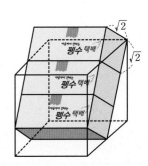

01

$\sqrt{60-2x}$가 정수가 되도록 하는 자연수 x의 값들의 합을 구하시오.

03

겉넓이가 144 cm²인 정육면체의 한 모서리의 길이는?

① $\sqrt{6}$ cm   ② $2\sqrt{2}$ cm   ③ $2\sqrt{3}$ cm

④ $2\sqrt{6}$ cm   ⑤ 12 cm

02

$\sqrt{1.1}=1.049$, $\sqrt{11}=3.317$일 때, $\sqrt{1760}+\sqrt{99}$의 값을 구하시오.

04

그림과 같이 정사각형 ABCD의 각 꼭짓점을 중심으로 하는 사분원을 그리고, 사분원의 교점을 각각 E, F, G, H라 하자. 정사각형 EFGH의 넓이가 3일 때, 정사각형 ABCD의 한 변의 길이를 구하시오.

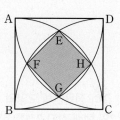

05

$\dfrac{5}{2\sqrt{3}} + \sqrt{48} - \dfrac{1}{\sqrt{2}}\left(2\sqrt{2} - \dfrac{1}{\sqrt{6}}\right)$을 계산하시오.

06

A, B가 다음과 같을 때, $A+B$의 값은?

$$A = -\sqrt{(2\sqrt{7}-4\sqrt{3})^2} + \sqrt{(1-\sqrt{7})^2}$$
$$B = \sqrt{(3\sqrt{3}+1)^2} - \sqrt{(\sqrt{3}-\sqrt{7})^2}$$

① 2 ② $2\sqrt{3}$ ③ $2\sqrt{7}$

④ $4\sqrt{7}-2\sqrt{3}$ ⑤ $6\sqrt{3}-2\sqrt{7}+2$

07

$\sqrt{5}$의 소수 부분을 a, $5-\sqrt{5}$의 소수 부분을 b, $5-2\sqrt{5}$의 소수 부분을 c라고 할 때, 세 수 a, b, c의 대소 관계를 알맞게 나타낸 것은?

① $a<b<c$ ② $a<c<b$ ③ $b<a<c$

④ $c<a<b$ ⑤ $c<b<a$

08

다음 수에 대응하는 점을 수직선 위에 나타내어 가장 멀리 있는 두 점 사이의 거리를 A, 가장 가까이 있는 두 점 사이의 거리를 B라 할 때, $A+B$의 값을 구하시오.

$$2-\sqrt{5}, \quad \sqrt{5}+\dfrac{5}{4}, \quad \dfrac{3}{2}, \quad \sqrt{5}-4$$

3 다항식의 곱셈과 곱셈 공식

고난도 대표유형·핵심개념

1 등급 노트

TIP

(1) 각각의 다항식의 항의 개수를 곱해 주면 다항식을 처음 전개했을 때 나오는 항의 개수를 알 수 있다.

(2) 특정한 항의 계수를 구해야 할 경우 필요한 문자가 들어 있는 항만을 곱하여 구할 수 있다.

➕ 플러스 개념

$x^2=(-x)^2$이므로 (1), (2)에서
$(a+b)^2=(-a-b)^2$
$(a-b)^2=(-a+b)^2$
또한 (3)에서
$(a+b)(a-b)$
$=(-a-b)(-a+b)=a^2-b^2$

풀이전략

$x^2+ax+1=0$ 꼴의 경우:
$x\neq0$이므로 양변을 x로 나누면
$x+a+\dfrac{1}{x}=0$에서
$x+\dfrac{1}{x}=-a$임을 이용한다.

TIP

$(x+a)(x+b)(x+c)(x+d)$ 꼴의 식을 전개할 때에는 상수항의 합이 같도록 두 괄호를 짝지어 먼저 전개한 후, 공통부분을 치환해 전개한다.

유형 1 다항식과 다항식의 곱셈

난이도 ★

(1) **다항식의 곱셈:** 분배법칙을 이용하여 전개한다.

$$(a+b)(c+d)=\underset{①}{ac}+\underset{②}{ad}+\underset{③}{bc}+\underset{④}{bd}$$

(2) 다항식의 곱셈을 전개한 후 동류항이 있으면 동류항끼리 모아서 계산한다.

유형 2 곱셈 공식

난이도 ★

(1) $(a+b)^2=a^2+2ab+b^2$

(2) $(a-b)^2=a^2-2ab+b^2$

(3) $(a+b)(a-b)=a^2-b^2$

(4) $(x+a)(x+b)=x^2+\underbrace{(a+b)}_{}x+\underbrace{ab}_{}$ 일차항의 계수는 두 상수의 합 / 상수항은 두 상수의 곱

(5) $(ax+b)(cx+d)=acx^2+(ad+bc)x+bd$ x에 대한 두 일차식의 곱의 전개

유형 3 곱셈 공식의 변형

난이도 ★★★

(1) $a^2+b^2=(a+b)^2-2ab=(a-b)^2+2ab=\dfrac{1}{2}\{(a+b)^2+(a-b)^2\}$

(2) $\left(x\pm\dfrac{1}{x}\right)^2=x^2+\dfrac{1}{x^2}\pm2$ (복부호동순)

(3) $a^2+b^2+c^2-ab-bc-ca=\dfrac{1}{2}\{(a-b)^2+(b-c)^2+(c-a)^2\}$

유형 4 복잡한 식의 전개

난이도 ★★★

(1) **치환을 이용한 전개**

공통부분이나 반복되는 식이 있는 경우에는 그 부분을 한 문자로 치환한 후, 전개한다.

예 $(x+y+z)(x-y+z)$에서 $x+z=A$로 놓으면

$(x+y+z)(x-y+z)=(A+y)(A-y)=A^2-y^2$
$=(x+z)^2-y^2$
$=x^2+2xz+z^2-y^2$

(2) **계수비교법:** 항등식의 성질을 이용하여 양변의 동류항의 계수를 비교하여 올바로 전개했는지 확인하거나 특정한 항의 계수를 구할 수 있다.

 곱셈 공식의 활용 (1) − 제곱근과 곱셈 공식 유형 5

(1) **제곱근과 곱셈 공식:** 양수 a, b에 대하여

① $(\sqrt{a}+\sqrt{b})^2 = a+2\sqrt{ab}+b$, $(\sqrt{a}-\sqrt{b})^2 = a-2\sqrt{ab}+b$

② $(\sqrt{a}+\sqrt{b})(\sqrt{a}-\sqrt{b}) = a-b$

(2) **분모의 유리화:** 분모가 근호를 포함한 식일 때, 곱셈 공식 $(x+y)(x-y)=x^2-y^2$ 임을 이용하여 분모를 유리화한다.

$$\frac{1}{\sqrt{a}+\sqrt{b}} = \frac{1\times(\sqrt{a}-\sqrt{b})}{(\sqrt{a}+\sqrt{b})\times(\sqrt{a}-\sqrt{b})} = \frac{\sqrt{a}-\sqrt{b}}{a-b}$$

 곱셈 공식의 활용 (2) − 수의 계산 유형 6

(1) 수의 제곱을 계산할 때, 다음의 곱셈 공식을 활용할 수 있다.

$(a+b)^2 = a^2+2ab+b^2$, $(a-b)^2 = a^2-2ab+b^2$

(2) 두 수의 곱을 계산할 때, 곱셈 공식 $(a+b)(a-b)=a^2-b^2$을 활용할 수 있다.

곱셈 공식의 활용 (3) − 식의 값 구하기 유형 7

(1) **두 수의 합 또는 차와 두 수의 곱이 주어진 경우**

곱셈 공식의 변형을 활용하여 식의 값을 구할 수 있다.

(2) **곱셈 공식을 이용하여 식을 먼저 간단히 하는 경우**

값을 구해야 하는 식이 복잡한 경우에는 곱셈 공식을 이용하여 주어진 식을 먼저 간단히 한 후, 식의 값을 구할 수 있다.

(3) **제곱근과 식의 값**

$x=a+\sqrt{b}$ 꼴이 주어진 후 식의 값을 구할 때에는 근호가 있는 수만 우변에 남긴 후 모두 좌변으로 이항하고, 양변을 제곱하여 식의 값을 구할 수 있다.

 곱셈 공식의 활용 (4) − 도형에의 활용 유형 8

도형의 길이, 넓이, 부피가 다항식으로 주어졌을 때,

(1) **길이:** 주어진 도형의 둘레의 길이나 특정 선분의 길이를 곱셈 공식을 활용하여 구할 수 있다.

(2) **넓이:** 색칠한 부분의 넓이를 구하거나 주어진 도형의 일부분의 넓이를 구할 때, 곱셈 공식을 활용하여 넓이를 구할 수 있다.

(3) **부피:** 주어진 도형의 부피를 곱셈 공식을 활용하여 구할 수 있다.

---

 1 등급 노트

TIP

분모의 꼴에 따라 분모, 분자에 곱해지는 수의 형태가 달라진다. 이때 $(\sqrt{a})^2=a$라는 제곱근의 성질이 활용됨을 이용하여 적절한 꼴을 곱해 줄 수 있다.

예시

(1) $1.01^2 = (1+0.01)^2$
$= 1^2+2\times1\times0.01+0.01^2$
$= 1.0201$

(2) 19×21
$= (20-1)(20+1)$
$= 20^2-1 = 400-1 = 399$

풀이전략

주어진 식의 형태와 유사한 곱셈 공식 혹은 곱셈 공식의 변형을 활용한다.

예시

(3) $x=1+\sqrt{2}$일 때, x^2-2x+3의 값 구하기
$x-1=\sqrt{2}$의 양변을 제곱하면 $(x-1)^2=2$
$x^2-2x+1=2$, $x^2-2x=1$
따라서
$x^2-2x+3=1+3=4$

풀이전략

도형의 길이와 넓이, 부피의 관계를 고려하여 관련된 곱셈 공식을 적용한다.

01

$(x+2y+k)(2x-ky+1)$을 전개하면 xy의 계수가 상수항보다 5만큼 클 때, 상수 k의 값은?

① -1 ② $-\dfrac{1}{2}$ ③ $\dfrac{1}{2}$

④ 1 ⑤ 5

02

$(x+1)(x^2-2x+1)$을 전개하시오.

03

다음 중 빈 칸에 들어갈 수가 가장 작은 것은?

① $(3a-2b)^2=9a^2+\square ab+4b^2$

② $\left(x-\dfrac{1}{2}\right)^2=x^2+\square x+\dfrac{1}{4}$

③ $\left(\dfrac{m+3n}{2}\right)\left(\dfrac{m-3n}{2}\right)=\dfrac{1}{4}m^2+\square n^2$

④ $\left(x+\dfrac{1}{3}\right)\left(x-\dfrac{1}{4}\right)=x^2+\square x-\dfrac{1}{12}$

⑤ $(3x-y)(5x+2y)=15x^2+\square xy-2y^2$

04

$(3x+1)^2-(2x+5)(2x-5)$를 간단히 하시오.

05

$(x+a)(bx+c)$를 전개할 때, 교육이는 a를 7로 잘못 보아서 $2x^2+11x-21$로 전개하였고, 방송이는 b를 3으로 잘못 보아서 $3x^2-3$으로 전개하였다. 이때 $(x+a)(bx+c)$를 올바로 전개한 식을 구하시오.

06

$a+b=6$이고 $ab=3$일 때, a^2+b^2의 값은?

① 9   ② 12   ③ 18

④ 24   ⑤ 30

07

$x^2-3x+1=0$일 때, $x^2+\dfrac{1}{x^2}$의 값을 구하시오.

08

$(a-2b+3)(a+2b-3)$을 전개하여 간단히 나타내시오.

09

$(x+1)(x+3)(x-3)(x-5)$를 전개하여 간단히 나타내시오.

10

$\dfrac{1}{\sqrt{2}+\sqrt{3}}+\dfrac{1}{\sqrt{2}-\sqrt{3}}$을 계산하면?

① $-2\sqrt{3}$ ② $-2\sqrt{2}$ ③ 0

④ $2\sqrt{2}$ ⑤ $2\sqrt{3}$

11

$(3+\sqrt{7})(x-4\sqrt{7})$이 유리수 p가 될 때, p의 값은? (단, x는 유리수이다.)

① 4 ② 8 ③ 12

④ 16 ⑤ 20

12

정수 p, q에 대하여

$$2(3+1)(3^2+1)(3^4+1)(3^8+1)=3^p+q$$

일 때, $p+q$의 값을 구하시오. (단, $|q|<10$)

13

p가 $2+\sqrt{3}$의 소수 부분일 때, p^2+2p+3의 값을 구하시오.

15

가로의 길이가 x, 세로의 길이가 $x+1$인 직사각형이 있다. 이 직사각형의 가로의 길이를 3만큼 줄이고 세로의 길이를 $2x$만큼 늘여서 만든 직사각형의 넓이는? (단, $x>3$)

① $9x^2-1$ ② x^2-9 ③ $3x^2+10x-3$
④ $3x^2-8x-3$ ⑤ $3x^2-6x$

16

다음 중 아래 그림을 이용하여 곱셈 공식을 설명하는 데 가장 적절한 것은?

 ⇨

① $(a+b)^2=a^2+2ab+b^2$
② $(a-b)^2=a^2-2ab+b^2$
③ $(a+b)(a-b)=a^2-b^2$
④ $(x+a)(x+b)=x^2+(a+b)x+ab$
⑤ $(ax+b)(cx+d)=acx^2+(ad+bc)x+bd$

14

$a=3+\sqrt{5}$, $b=-3+\sqrt{5}$일 때, $\dfrac{a}{b}+\dfrac{b}{a}$의 값은?

① -7 ② -3 ③ 3
④ 7 ⑤ 11

01

정수 a에 대하여 $(x+ay+2)(2x-2y+8)$의 전개식에서 xy의 계수가 상수항의 제곱근일 때, 다음 중 가능한 a의 값을 모두 고르면? (정답 2개)

① -1 ② 0 ③ 1

④ 2 ⑤ 3

02

$(1+x+x^2+x^3+x^4+x^5)(1+2x+3x^2+4x^3+5x^4+6x^5)$의 전개식에서 x^6의 계수를 구하시오.

03

다음은 '모든 홀수의 제곱은 홀수이다.'를 설명하는 과정이다. ㈎ ~ ㈐에 알맞은 식을 쓰시오. (단, 다항식의 곱의 꼴로 표현되는 경우 모두 전개해서 적는다.)

> 홀수를 $n=$ [㈎] (k는 자연수)라 하면
> $$n^2 = (\boxed{㈎})^2 = \boxed{㈏} = 2(\boxed{㈐})+1$$
> 이때 $2(\boxed{㈐})+1$은 2로 나눈 나머지가 1이므로 홀수이다.
> 따라서 모든 홀수의 제곱은 홀수이다.

04

$(x+3)(x^2+9)(x^4+81) = \dfrac{x^p-3^q}{x-3}$일 때, 상수 p, q에 대하여 $p+q$의 값은? (단, $x \neq 3$)

① 4 ② 6 ③ 8

④ 16 ⑤ 18

05

$x+y=5$이고 $xy=-3$일 때, $\left(\dfrac{1}{x}-\dfrac{1}{y}\right)\left(\dfrac{y}{x}+\dfrac{x}{y}\right)$의 값을 구하시오. (단, $x<y$)

07

$a(x+1)^2+b(x+1)+c$를 전개하여 정리하면 $3x^2+5x-6$이 된다고 한다. 상수 a, b, c의 값을 구하시오.

08

$x^2+9x+15=0$일 때, $(x+2)(x+4)(x+6)(x+8)$을 전개한 결과를 $px+q$라고 표현할 수 있다. 상수 p, q에 대하여 $p+q$의 값은? (단, $p\neq0$)

① -5 ② -3 ③ -1

④ 1 ⑤ 3

06

$a+b=4$, $a^2+b^2=12$일 때, a^3+b^3의 값은?

① 36 ② 40 ③ 44

④ 48 ⑤ 52

09

$x=\sqrt{6}-\sqrt{5}$일 때, $x^2+ax+1=0$이라고 한다. 이때 상수 a의 값을 구하시오.

10

그림과 같이 수직선 위에 원점 O를 중심으로 하고 넓이가 각각 π, 2π, 3π, 4π, 5π인 원을 그리고, 수직선의 양의 방향과 원이 만나는 점을 각각 A_1, A_2, A_3, A_4, A_5라 하자.

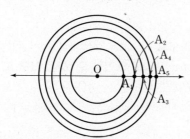

$$\frac{1}{A_1A_2}+\frac{1}{A_2A_3}+\frac{1}{A_3A_4}+\frac{1}{A_4A_5}$$
$$=a+b\sqrt{2}+c\sqrt{3}+d\sqrt{5}$$

일 때, $abcd$의 값을 구하시오. (단, a, b, c, d는 유리수이다.)

11

$a=\sqrt{5}+2$의 소수 부분을 b라 할 때, $a+\dfrac{p}{b}=q-\sqrt{5}$이다. 유리수 p, q에 대하여 pq의 값은?

① 1   ② 2   ③ 3
④ 4   ⑤ 5

12

$2021^2+2019^2-2018\times2022-2017\times2023$을 계산하시오.

13

$4a+3b=3$, $16a^2-9b^2=24$일 때, 상수 a, b의 값을 구하시오.

14

$a=5+\sqrt{m}$에 대하여 $(a-4)^2=2a+1$일 때, 양수 m의 값을 구하시오.

15

$\dfrac{3}{2}\times\dfrac{1}{2}+\dfrac{5}{6}\times\dfrac{1}{6}+\dfrac{7}{12}\times\dfrac{1}{12}+\dfrac{9}{20}\times\dfrac{1}{20}$의 값이 $\dfrac{n}{m}$일 때, $m-n$의 값을 구하시오. (단, m과 n은 서로소인 자연수이다.)

16

오른쪽 그림은 가로의 길이가 $a+1$이고 세로의 길이가 $2a+3$인 직사각형에서 가로의 길이가 $a-1$, 세로의 길이가 $a+1$인 직사각형을 잘라낸 도형이다. 이 도형의 넓이가 밑변의 길이가 $a+1$이고 높이가 $ma+n$인 삼각형의 넓이와 같을 때, 이 삼각형의 높이는?

(단, $a>1$이고 m, n은 상수이다.)

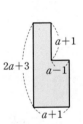

① $a+1$ ② $a+4$ ③ $2a+2$
④ $2a+4$ ⑤ $2a+8$

01

$(a+2b-3)(5a-2b+1)$의 전개식에서 상수항을 제외한 모든 항의 계수의 합을 구하시오.
(예를 들어, $ab+2a-b+3$에서 상수항을 제외한 항은 ab, $2a$, $-b$이며, 계수는 각각 1, 2, -1이다.)

02

모든 제곱수는 8로 나눈 나머지가 a 또는 b 또는 c이다. a, b, c의 값을 구하시오. (단, $a<b<c$)

03

$x^2-2x+\dfrac{1}{2}=0$일 때, $x^4+\dfrac{1}{16x^4}=p$이다. 이때 $2p$의 값은? (단, p는 상수이다.)

① 7   ② 11   ③ 13   ④ 17   ⑤ 21

04

$(a+b-c+d)(a-b-c-d)+(a+b-c+d)^2+(a-b-c-d)^2$을 전개하여 간단히 하시오.

05

유리수 a, b에 대하여 $(3\sqrt{2}-\sqrt{12})(a\sqrt{2}+b\sqrt{3})$이 유리수가 될 때, $(3\sqrt{2}-\sqrt{12})(a\sqrt{2}+b\sqrt{3})$과 항상 같은 값을 갖는 식을 ▌보기▐에서 모두 고르시오.

┌─ 보기 ┤──
ㄱ. $6a-6b$　　　　　ㄴ. $2a$　　　　　ㄷ. $3a$　　　　　ㄹ. $2b$　　　　　ㅁ. $3b$
└──

06

$0.99\times1.01\times1.0001\times1.00000001$은 a와 $a+1$ 사이의 수이며, 유한소수로 나타내었을 때 소숫점 아래 9가 총 b개 나타난다. 정수 a, b에 대하여 $a+b$의 값을 구하시오.

07

$x=-\sqrt{2}+\sqrt{3}+\sqrt{5}$, $y=\sqrt{2}-\sqrt{3}+\sqrt{5}$, $z=\sqrt{2}+\sqrt{3}-\sqrt{5}$일 때, $x^2+y^2+z^2+xy+yz+xz$의 값을 구하시오.

08

$f(n)=\dfrac{1}{\sqrt{n+1}+\sqrt{n}}$에 대하여 $f(1)+f(2)+\cdots+f(9)+f(10)$의 소수 부분을 a, a의 역수를 b라 하자.

$(a+2)x+\left(b-\dfrac{1}{2}\right)y+3=0$을 만족하는 유리수 x, y에 대하여 $x+y$의 값을 구하시오.

01

$(ax+y)(2x-by)=cx^2-4xy+dy^2$일 때, $c+d$의 최솟값을 구하시오. (단, a, b, c, d는 정수이다.)

02

실수 x, y에 대하여 $\left\{\left(x-\dfrac{1}{x}\right)^2+\left(y-\dfrac{1}{y}\right)^2\right\}^2-\left\{\left(x-\dfrac{1}{x}\right)^2-\left(y-\dfrac{1}{y}\right)^2\right\}^2=100$, $xy=4$일 때, $(x+y)^2$의 값은?

① 5   ② 23   ③ 37   ④ 45   ⑤ 52

03

자연수 a, b, c에 대하여 $a^2+b^2+c^2-ab-bc-ca=7$이다. 세 자연수 중 가장 작은 자연수가 5일 때, 가능한 나머지 두 자연수를 모두 구하시오.

04

$(x+3)(x^2-2)(ax+b)=x^4+cx^2+d$일 때, 상수 a, b, c, d에 대하여 $c+d$의 값은?

① 3   ② 4   ③ 5   ④ 6   ⑤ 7

05

자연수 n에 대하여 $\sqrt{n^2+n}$의 소수 부분을 $f(n)$, $\dfrac{n}{f(n)}$을 $g(n)$이라 하자. 상수 a, b에 대하여 $\dfrac{f(n)}{g(n)}+\dfrac{g(n)}{f(n)}+an$의 값이 b로 일정할 때, ab의 값을 구하시오.

06

$x=-2+\sqrt{5}$일 때, $x^5=ax+p$를 만족시키는 두 유리수 a, p의 값을 구하시오.

07

오른쪽 그림과 같이 밑면이 한 변의 길이가 $2\sqrt{3}+\sqrt{6}$인 정사각형이고 높이가 $\sqrt{18}+\sqrt{27}$인 정사각뿔에서 $\overline{AB}$를 $1:2$로 나누는 점을 지나고 밑면에 평행한 평면으로 꼭짓점을 포함한 부분을 잘라내고 남은 사각뿔대가 있다. 이 도형의 부피를 S라 할 때, $\dfrac{9}{52}S$의 값을 구하시오.

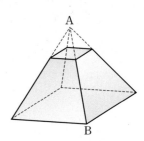

4 인수분해

고난도 대표유형 · 핵심개념

유형 1 인수분해   난이도 ★

(1) **인수:** 하나의 다항식을 두 개 이상의 다항식의 곱으로 나타낼 때, 각각의 다항식을
처음 다항식의 인수라고 한다.

(2) **인수분해:** 하나의 다항식을 두 개 이상의 인수의 곱으로 나타내는 것

참고 인수분해는 전개의 반대 과정이다.

(3) **공통인수:** 다항식의 각 항에 공통으로 들어 있는 인수

유형 2 인수분해 공식(1)   난이도 ★★

(1) $a^2+2ab+b^2=(a+b)^2,\ a^2-2ab+b^2=(a-b)^2$

(2) **완전제곱식:** 다항식의 제곱으로 된 식 또는 이 식에 상수를 곱한 식

예 $(x+1)^2,\ a^2,\ 2(a+b)^2$

이차식 $x^2+ax+b\ (b>0)$가 완전제곱식이 될 조건 $\Rightarrow b=\left(\dfrac{a}{2}\right)^2$ 즉, $a=\pm2\sqrt{b}$

(3) $a^2-b^2=(a+b)(a-b)$

유형 3 인수분해 공식(2) ─ 이차식의 인수분해   난이도 ★★

(1) **이차항의 계수가 1인 경우:** 합이 일차항의 계수, 곱이 상수항이 되는 두 정수를 찾는다.

$x^2+(a+b)x+ab=(x+a)(x+b)$

(2) **이차항의 계수가 1이 아닌 경우**

① 곱이 이차항의 계수, 상수항이 되는 정수 쌍을 각각 찾은 후
세로로 나열한다.

② 대각선으로 곱하여 합한 것이 일차항의 계수가 되는 것을 찾는다.

$acx^2+(ad+bc)x+bd=(ax+b)(cx+d)$

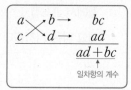

유형 4 치환과 인수분해   난이도 ★★★

(1) **공통부분이 있는 경우**

공통부분을 한 문자로 치환하여 인수분해한 후 다시 원래의 식을 대입하여 정리한다.

(2) **복이차식의 인수분해:** 짝수차수의 항과 상수항으로만 구성된 식을 복이차식이라고 한다.

복이차식의 경우 $x^2=t$로 치환한 후 적당한 식을 더하고 빼서 A^2-B^2의 꼴로 만들어
인수분해한 후, 다시 x^2을 대입하여 정리한다.

(1) 여러 문자를 포함한 경우

여러 문자 중 차수가 가장 낮은 문자를 기준으로 차수가 높은 항부터 낮은 항의 순서로
정리한 후 인수분해한다.

참고 차수가 같을 때는 어느 한 문자에 대하여 정리해 본다.

(2) 인수분해 공식의 변형

① $(a-b)^2+4ab=(a+b)^2$, $(a+b)^2-4ab=(a-b)^2$

② $x^2+\dfrac{1}{x^2}+2=\left(x+\dfrac{1}{x}\right)^2$, $x^2+\dfrac{1}{x^2}-2=\left(x-\dfrac{1}{x}\right)^2$

(1) 복잡한 수의 계산을 할 때, 인수분해 공식을 이용하면 편리하게 계산할 수 있다.

예 $98^2+2\times98\times2+2^2=(98+2)^2=100^2=10000$

$74^2-26^2=(74+26)(74-26)=100\times48=4800$

(2) 인수분해를 이용하여 약수 구하기

① 식으로 주어진 수를 인수분해하여 주어진 수의 약수를 찾을 수 있다.

② 주어진 식이 소수 혹은 항상 어떤 상수의 배수가 되는 경우를 인수분해를 통해 확인
할 수 있다.

문자의 값이나 식의 값이 주어진 경우에는 다음 순서로 식의 값을 구한다.

❶ 주어진 식을 인수분해한다.

❷ ❶에서 구한 인수의 값이 주어진 경우 대입하여 식의 값을 구한다.

❸ ❶에서 구한 인수의 형태가 나오도록 문자의 합, 곱을 구한 후 그 값을 대입하여 식의
값을 구한다.

도형의 길이, 넓이, 부피가 다항식으로 주어졌을 때, 도형의 길이와 넓이, 부피의 관계를 고
려하여 부피를 나타내는 식을 인수분해한 후, 넓이 또는 길이를 구하거나 넓이를 나타내는
식을 인수분해하여 길이를 구한다.

참고 인수분해가 더 낮은 차수의 다항식의 곱으로 분해하는 과정이므로 대개의 경우 길이
를 나타내는 식이 넓이나 부피를 나타내는 식의 인수가 되거나 넓이를 나타내는 식이 부피
를 나타내는 식의 인수가 된다.

1 등급 노트

＋플러스 개념

차수가 높은 항부터 낮은 항의
순서로 정리하는 것을 '내림차
순으로 정리한다'고 한다.

풀이전략

주어진 식에서 반복되는 수를
문자처럼 생각하여 활용 가능한
인수분해 공식을 찾는다.

＋플러스 개념

소수는 1과 자기 자신 이외의
다른 자연수로는 나누어 떨어지
지 않는 1보다 큰 자연수이다.

풀이전략

(1) 주어진 문자의 값에서 분모
에 무리수가 있는 경우 분모
를 먼저 유리화한 후 식을
정리한다.

(2) 식의 값이 주어진 경우 주어
진 식이 인수로 나타나도록
인수분해한다.

풀이전략

주어진 도형의 넓이 또는 부피
를 먼저 다항식으로 나타낸 후,
그 다항식을 인수분해한다.

01

다음 중 [　] 안의 식이 주어진 식의 인수인 것은?

① $mx+my$ $[x]$
② x^2 $[x^3]$
③ $ax+ay+az$ $[ax+ay]$
④ $(x+y)(y-z)$ $[z-y]$
⑤ $(a+1)(b+2)$ $[a+2]$

02

다음 중 $abcx+abcy$의 인수가 <u>아닌</u> 것을 모두 고르면?

(정답 2개)

① 1　　　　② ax　　　　③ abc
④ $bx+by$　　⑤ $ax+bx$

03

다음 중 완전제곱식으로 인수분해할 수 <u>없는</u> 것은?

① x^4　　　　　　　　② x^2+6x+9
③ $2a^2-16a+32$　　④ $x^2-\dfrac{1}{2}xy+\dfrac{1}{2}y^2$
⑤ $0.1a^2+0.2ab+0.1b^2$

04

$(x+2)(x-8)+6x$를 x의 계수가 1인 두 일차식의 곱으로 인수분해하시오.

05

$x^2+kx+36$이 계수와 상수항이 정수인 두 일차식의 곱으로 인수분해될 때, 다음 중 k의 값이 될 수 없는 것은?

① -37 ② -15 ③ 6
④ 13 ⑤ 20

06

이차식 ax^2+bx+c를 인수분해할 때, 펭수는 이차항의 계수를 잘못 보고 $-9(2x+1)(x-1)$로 인수분해하였고, 수펭이는 일차항의 계수를 잘못 보고 $(x-1)(2x-9)$로 인수분해하였다. 처음 이차식을 바르게 인수분해하시오. (단, a, b, c는 상수이다.)

07

$4(x+1)^2+4(x+1)-15$를 인수분해하시오.

08

$(2a+b-12)(2a+b+2)+13$을 인수분해하시오.

09

$x^4 + 2x^2 - 24$를 인수분해하시오.

11

양수 a에 대하여 $a^2 < \dfrac{1}{2}$일 때,

$\sqrt{a^2 + 1 + \dfrac{1}{4a^2}} - \sqrt{a^2 - 1 + \dfrac{1}{4a^2}}$을 간단히 하시오.

10

자연수 a, b, c에 대하여 $x^2 + ax + 6$과 $-bx^2 + c$가 $x + 2$를 공통인수로 가질 때, $a + b + c$의 값은? (단, $c \leq 5$)

① 2 ② 4 ③ 6
④ 8 ⑤ 10

12

$72^2 + 72 \times 36 + 18^2$을 계산하는 데 가장 적절한 인수분해 공식과 그 계산 결과가 올바로 짝 지어진 것은?

① $a^2 + 2ab + b^2 = (a+b)^2$, 6400
② $a^2 + 2ab + b^2 = (a+b)^2$, 8100
③ $a^2 + 2ab + b^2 = (a+b)^2$, 10000
④ $a^2 - b^2 = (a+b)(a-b)$, 8100
⑤ $a^2 - b^2 = (a+b)(a-b)$, 10000

13

3^8-1의 약수 중 두 자리의 소수를 구하시오.

14

$x=\dfrac{1}{\sqrt{6}-1}$, $y=\dfrac{1}{\sqrt{6}+1}$일 때, $5x^2y-5xy^2$의 값을 구하시오.

15

$\sqrt{7}$의 소수 부분을 x라 할 때, $(x+2)^2-6x-19$의 값을 구하시오.

16

그림과 같이 넓이가 ax^2+7x+2이고 가로의 길이가 $2x+1$인 직사각형이 있다. 이 직사각형의 세로의 길이가 x에 대한 다항식일 때, 직사각형의 둘레의 길이를 구하시오. (단, $x>0$이며, a는 0이 아닌 상수이다.)

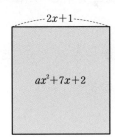

$2x+1$

ax^2+7x+2

01

$(x+m)(y-n)-2(n-y)$를 인수분해하시오.

02

$x^2+\square x+\dfrac{1}{4}$이 완전제곱식이 되도록 하는 $\square$ 안에 알맞은 두 수 중 더 큰 수를 a, $\dfrac{1}{4}x^2-\dfrac{1}{9}y^2=\left(\dfrac{1}{2}x+\diamondsuit y\right)\left(\dfrac{1}{2}x-\diamondsuit y\right)$를 만족하는 $\diamondsuit$ 안에 알맞은 두 수 중 더 작은 수를 b라 하자. 이때 $\dfrac{1}{ab}$의 값은?

① -3 ② $-\dfrac{1}{3}$ ③ $-\dfrac{1}{9}$

④ $\dfrac{1}{3}$ ⑤ 3

03

$2x^2+(4k-8)x+(2k^2-10k+14)$가 완전제곱식일 때, 상수 k의 값을 구하시오.

04

$x^2+4ax+3a^2-2a-1$을 인수분해하시오.

05

$x^2+\dfrac{11}{6}x+\dfrac{1}{2}$을 일차항의 계수가 1인 두 일차식의 곱으로 인수분해하시오.

06

$x^2-4xy+4y^2+2x-4y+1$을 인수분해하시오.

07

$x^4+9y^4-10x^2y^2$을 인수분해하시오.

08

$(x-2)(x-1)(x+3)(x+4)-36$을 인수분해하시오.

09

$ab+bc+ac+b^2$을 인수분해하시오.

10

$x^2-2xy-3y^2+3x-y+2$를 인수분해하시오.

11

$2^{16}-1$을 소인수분해하시오.

12

$f(n)=\dfrac{n^2}{n^2-1}$일 때,

$$f(2)\times f(3)\times f(4)\times\cdots\times f(10)\times f(11)$$

의 값을 구하시오.

13

$2 \le x \le 5$일 때, $\sqrt{x^2 - 10x + 25} + \sqrt{\dfrac{1}{4}x^2 - x + 1}$의 최솟값과 최댓값을 각각 구하시오.

14

$x = 2 - \sqrt{2}$, $y = 2 + \sqrt{2}$에 대하여
$(x^n + y^n)^2 - (x^n - y^n)^2 = 64$가 되도록 하는 자연수 n을 구하시오.

15

넓이가 $-x^2 + 6x + 7$이고 가로의 길이, 세로의 길이가 x의 계수와 상수항이 정수인 x에 대한 일차식으로 표현되는 직사각형이 있다. 이 직사각형의 둘레의 길이를 간단히 나타내시오.

(단, $0 < x < 7$)

16

그림과 같이 부피가 각각 x^3, x^2, x, 1인 블록이 있다.

부피가 x^3인 블록 2개, x^2인 블록 7개, x인 블록 7개, 1인 블록 2개를 이용하여 직육면체를 만들었을 때, 새로 만들어진 직육면체의 세 모서리의 길이를 구하시오.

01

다항식 $f(x)$가 x, $x+1$을 인수로 갖고 다항식 $g(x)$가 x, $x+y$를 인수로 가질 때, 다음 중 항상 $f(x)g(x)$의 인수가 되는 것이 <u>아닌</u> 것은?

① x ② x^2 ③ x^2+1 ④ x^2+xy ⑤ $x(x+1)(x+y)$

02

실수 k와 정수 m에 대하여 $m<k<m+1$일 때, m을 k의 정수 부분이라 한다. 예를 들어, $-2<-1.2<-1$이므로 -1.2의 정수 부분은 -2이다.

실수 a, b에 대하여 $x^2+axy+2y^2$이 완전제곱식 $(x+by)^2$으로 인수분해될 때, $a+b$의 정수 부분을 구하시오.

(단, $a+b<0$)

03

자연수 n에 대한 식 $f(n)$, $g(n)$에 대하여 $x^2+f(n)x+2^{2n}$, $x^2+g(n)x+3^{2n}$이 모두 x에 대한 완전제곱식으로 인수분해될 때, $\dfrac{f(8)g(9)}{f(9)g(8)}$의 값을 구하시오. (단, $f(n)$과 $g(n)$은 0보다 크다.)

04

다음은 '상수 c에 대하여 x^2+x+c가 계수와 상수항이 정수인 두 일차식으로 인수분해될 때 c는 0보다 작거나 같은 정수이다.' 를 설명하는 과정이다. ㈎ ∼ ㈺에 알맞은 수 또는 식을 쓰시오. (단, ㈎ ∼ ㈺는 모두 다르다.)

> x^2+x+c가 계수와 상수항이 정수인 두 일차식으로 인수분해될 때 한 식을 $x+a$ (a는 정수)라 하면
> 일차항의 계수가 1이므로 나머지 한 식은 ☐㈎ 이다.
> 이때 $x^2+x+c=(x+a)($ ☐㈎ $)$이므로 $c=$ ☐㈏
> (i) a가 0 또는 1이면 $c=$ ☐㈐
> (ii) a가 2 이상의 자연수이면 ☐㈑ 는 정수이며, $a≥2$, ☐㈑ $≤-1$이므로 ☐㈏ 는 음의 정수이다.
> (iii) a가 음의 정수이면 ☐㈑ 는 정수이며, $a≤-1$, ☐㈑ $≥$ ☐㈺ 이므로 ☐㈏ 는 음의 정수이다.
> 따라서 c는 0보다 작거나 같은 정수이다.

05

x^4-6x^2+1을 인수분해하시오.

06

$a^2(c-b)+b^2(a-c)+c^2(b-a)$를 인수분해하시오.

07

인수분해를 이용하여 다음의 값을 구하시오.

$$\sqrt{102+\frac{1}{100}}+\sqrt{98+\frac{1}{100}}+\sqrt{11\times12\times13\times14+1}$$

08

삼각형의 세 변의 길이를 a, b, c라 할 때, $a^3+a^2c+ab^2+b^2c-ac^2-c^3=0$을 만족하는 삼각형은 어떤 삼각형인가?

① $a=b$인 이등변삼각형   ② $b=c$인 이등변삼각형
③ 빗변의 길이가 a인 직각삼각형   ④ 빗변의 길이가 b인 직각삼각형
⑤ 빗변의 길이가 c인 직각삼각형

01

$f(x)$가 $g(x)$의 인수일 때, 다항식 $f(x)$, $g(x)$, $h(x)$에 대하여 ▮ 보기 ▮에서 항상 옳은 것을 모두 고르시오.

┤ 보기 ├

ㄱ. $f(x)$는 차수가 $g(x)$보다 작은 다항식이거나 상수이다.
ㄴ. $f(x)$의 인수는 $g(x)$의 인수이다.
ㄷ. $g(x)$가 $h(x)$의 인수이면 $f(x)$도 $h(x)$의 인수이다.

02

$\sqrt{x^2+6x+9}-\sqrt{x^2-2x+1}=3$을 만족시키는 x의 값을 구하시오.

03

일차항의 계수가 1인 두 일차식의 곱으로 인수분해되는 두 다항식 x^2+ax+b, $x^2+2bx+a$에 대하여

$$(x^2+ax+b)(x^2+2bx+a)=(x+a)(x+b)(x+c)^2, \quad \frac{x^2+ax+b}{x^2+2bx+a}=\frac{x+b}{x+a}$$

가 성립할 때, abc의 값을 구하시오. (단, a, b, c는 $abc \neq 0$인 상수이다.)

04

$(ax+bx-ay+by)(ax-bx+ay+by)-4abxy$를 인수분해하시오.

05

두 다항식 $f(x)=x^3+ax+b$, $g(x)=x^3+bx+a$가 일차항의 계수가 1인 일차식 $h(x)$를 공통인수로 가지며 $g(2)=5$일 때, $f(x)$를 최고차항의 계수가 1인 다항식으로 인수분해하시오. (단, $f(x)\neq g(x)$이고, a, b는 상수이다.)

06

정수 x에 대하여 $2x^2+5x-7$이 소수 p가 될 때, 가능한 p의 값을 모두 고르면? (정답 2개)

① 3   ② 5   ③ 7   ④ 11   ⑤ 13

07

다항식 $f(n)=8n^3+12n^2-2n-3$에 대하여
$$f(a) \times f(b) \times f(c)=1 \times 3 \times 5 \times \cdots \times 13 \times 15 \times 17$$
일 때, $a+b+c$의 값을 구하시오. (단, a, b, c는 자연수이다.)

08

직육면체에서 대각선의 길이가 $\sqrt{10}$이고, 겉넓이가 20인 직육면체의 세 모서리의 길이를 a, b, c라 할 때, 순서쌍 (a, b, c)를 구하시오. (단, $0<a \leq b \leq c$)

01

다음 ▌보기▐ 중 서로 전개와 인수분해의 관계인 식을 모두 짝 지으시오.

▌ 보기 ▐
ㄱ. $2(2x-3y)(3x-5y)$
ㄴ. $3(x-2y)(4x-5y)$
ㄷ. $6(x-y)(2x-5y)$
ㄹ. $12x^2-39xy+30y^2$
ㅁ. $12x^2-38xy+30y^2$
ㅂ. $12x^2-42xy+30y^2$

02

$(1-2x+3x^2-4x^3)(4-3x+2x^2-x^3)$의 전개식에서 x^2항 의 계수와 x^3항의 계수의 합을 구하시오.

03

$\dfrac{1}{1+\sqrt{3}}+\dfrac{1}{\sqrt{2}+2}+\dfrac{1}{\sqrt{3}+\sqrt{5}}+\cdots+\dfrac{1}{\sqrt{6}+\sqrt{8}}+\dfrac{1}{\sqrt{7}+3}$
의 값을 구하시오.

04

이차식 ax^2+5x-2가 완전제곱식이 되도록 하는 상수 a의 값 을 구하시오.

05

$0.125x^2+0.25x-1$을 $a(x+b)(x+c)$ 꼴로 인수분해했을 때, 상수 a, b, c에 대하여 $a+b+c$의 값을 구하시오.

06

$x=\dfrac{1-5\sqrt{2}}{2}$에 대하여 $\sqrt{x^2+4x+4}+\sqrt{x^2+6x+9}$의 값을 구하시오.

07

삼각형의 세 변의 길이 a, b, c에 대하여
$$(b^2-ab)(b+c)-(a-b)(bc+c^2)=0$$
을 만족시키는 삼각형은 어떤 삼각형인지 쓰시오.

08

다음은 '소수의 제곱에서 1을 뺀 자연수가 소수가 되도록 하는 유일한 소수는 2이다.'를 설명하는 과정이다. ㈎ ~ ㈻에 알맞은 식 또는 수를 쓰시오.

소수 p에 대하여 p^2-1을 인수분해하면
$$p^2-1=(\boxed{㈎})(\boxed{㈏})$$
이때 $p \geq \boxed{㈐}$ 인 소수라 하면 $\boxed{㈎}$ 과 $\boxed{㈏}$ 은
$$\boxed{㈎} \geq \boxed{㈑}, \quad \boxed{㈏} \geq \boxed{㈒}$$
인 자연수이므로 $p^2-1=(\boxed{㈎})(\boxed{㈏})$은 소수가 아니다.
$p=2$인 경우 $\boxed{㈎}=\boxed{㈐}$, $\boxed{㈏}=\boxed{㈒}$ 이 되어
$p^2-1=2^2-1=3$으로 소수이다.
따라서 소수의 제곱에서 1을 뺀 자연수가 소수가 되도록 하는 유일한 소수는 2이다.

5 이차방정식의 뜻과 풀이

고난도 대표유형·핵심개념

 ① 등급 노트

참고

이차방정식 $ax^2+bx+c=0$을 풀 때, 특별한 언급이 없는 한 x의 값의 범위는 실수 전체이다.

➕ 플러스 개념

$AB=0$일 때, A의 값에 따라 다음 두 경우로 나눌 수 있다.
(ⅰ) $A=0$일 때,
(ⅱ) $A\neq0$일 때,
　양변을 A로 나누면 $B=0$
따라서 $AB=0$이면
$A=0$ 또는 $B=0$

TIP

이차방정식 $(x-p)^2=q$에서
(1) $q=0$일 때,
　$(x-p)^2=0$, $x-p=0$
　따라서 $x=p$ (중근)
(2) $q<0$일 때,
　모든 실수는 제곱하면 0 이상인 수가 되므로 제곱해서 음수가 되는 경우는 존재하지 않는다.
　따라서 해가 없다.

➕ 플러스 개념

이차방정식 $ax^2+bx+c=0$이 중근을 가질 조건:
(완전제곱식)=(상수) 꼴로 변형했을 때, 우변이 0이어야 하므로
$\left(x+\dfrac{b}{2a}\right)^2=\dfrac{b^2-4ac}{4a^2}$에서
$b^2-4ac=0$

유형 1　이차방정식　　　　난이도 ★

(1) x에 대한 이차방정식

방정식의 우변에 있는 모든 항을 좌변으로 이항하여 정리하였을 때,
(x에 대한 이차식)=0 꼴이 되는 방정식, 즉
　　$ax^2+bx+c=0$ (단, a, b, c는 상수, $a\neq0$)

(2) 이차방정식의 해 또는 근: 이차방정식이 참이 되게 하는 x의 값

(3) 이차방정식을 푼다: 이차방정식의 해를 모두 구하는 것

유형 2　인수분해를 이용한 이차방정식의 풀이　　　난이도 ★★

$AB=0$이면 $A=0$ 또는 $B=0$임을 이용하여 다음과 같이 이차방정식을 풀 수 있다.
❶ 주어진 이차방정식의 모든 항을 좌변으로 이항하여 정리한다.
❷ 좌변을 인수분해하여 $AB=0$ 꼴로 만든다.
❸ $AB=0$의 성질을 이용하여 해를 구한다.

유형 3　완전제곱식을 이용한 이차방정식의 풀이　　　난이도 ★

(1) 제곱근을 이용한 이차방정식의 풀이

$(x-p)^2=q$ $(q>0)$의 해는　　$x=p\pm\sqrt{q}$

(2) 완전제곱식을 이용한 이차방정식의 풀이

이차방정식 $ax^2+bx+c=0$은 좌변을 완전제곱식으로 고쳐서 다음과 같이 풀 수 있다.
❶ 양변을 a로 나누어 x^2의 계수를 1로 만든다.
❷ 상수항을 우변으로 이항한다.
❸ 양변에 $\left\{\dfrac{(x의\ 계수)}{2}\right\}^2$을 더하고, 좌변을 완전제곱식으로 인수분해한다.
❹ 제곱근을 이용하여 해를 구한다.

유형 4　이차방정식의 중근　　　난이도 ★★

(1) 중근: 이차방정식의 두 해가 중복되어 서로 같을 때, 이 해를 그 이차방정식의 중근이라 한다.

(2) 이차방정식이 중근을 가질 조건

이차방정식이 (완전제곱식)=0 꼴로 나타내어질 때, 중근을 갖는다.
이차방정식 $x^2+bx+c=0$이 중근을 가질 조건 ⇨ $\left(\dfrac{b}{2}\right)^2=c$

(1) 이차방정식의 해 $x=\alpha$ 또는 $x=\beta$가 주어진 경우

이차항의 계수가 a이고, 해가 $x=\alpha$ 또는 $x=\beta$인 이차방정식은
$$a(x-\alpha)(x-\beta)=0$$

(2) 계수가 유리수인 이차방정식의 한 근 $x=p+\sqrt{q}$가 주어진 경우 (단, p는 유리수, $\sqrt{q}$는 무리수)

무리수만 우변에 남긴 후 나머지를 모두 좌변으로 이항하고, 양변을 제곱하여 원래의 이차방정식을 구할 수 있다. 이때 나머지 한 근은 $p-\sqrt{q}$이다.

(1) 이차방정식 $x^2+bx+c=0$의 두 근이 α 또는 β일 때,
$$(x-\alpha)(x-\beta)=x^2-(\alpha+\beta)x+\alpha\beta=0$$이므로
$$\alpha+\beta=-b,\ \alpha\beta=c$$

(2) 이차방정식 $ax^2+bx+c=0$의 두 근이 α 또는 β일 때,
$$a(x-\alpha)(x-\beta)=ax^2-a(\alpha+\beta)x+a\alpha\beta=0$$이므로
$$\alpha+\beta=-\frac{b}{a},\ \alpha\beta=\frac{c}{a}$$

(1) 해의 범위가 제한되는 경우

절댓값, 무리수의 정수 부분 등 해에 대한 조건이 주어진 경우에는 이차방정식을 푼 후, 구한 해가 주어진 범위에 해당하는지 확인한다.

(2) 방정식 $x+\dfrac{1}{x}=a$를 푸는 경우

$x\neq0$이므로 양변에 x를 곱하고 정리하여 이차방정식 $x^2-ax+1=0$을 푼다.

(1) 식에 절댓값이 있는 경우

절댓값 안의 식이 0 이상인 범위와 0보다 작은 범위로 나누어 문제를 해결한다.

(2) 복이차방정식 $ax^4+bx^2+c=0$ 꼴인 경우

방정식에서 $x^2=t$로 치환한 후, 인수분해하거나 A^2-B^2 꼴로 좌변을 변형하여 인수분해한 후 해를 구한다.

1 등급 노트

╋플러스 개념

계수가 유리수인 이차방정식의 한 근이 $x=p+\sqrt{q}$인 경우 무리수인 $\sqrt{q}$는 이차방정식을
(완전제곱식)$=$(상수)
꼴로 변형한 후 제곱근을 구하는 과정에서 나온다.

TIP

두 근의 합과 곱을 구한 후 곱셈 공식과 연계되어 두 근의 제곱의 합을 구하는 등의 문제가 출제될 수 있다.

╋플러스 개념

$x^2=(-x)^2=|x|^2$이므로
$$ax^2+b|x|+c$$
$$=a|x|^2+b|x|+c$$

TIP

$|x^2+3x|=2$는
$x^2+3x=2$
또는 $x^2+3x=-2$
로 나누어 풀 수 있다.

01

다음 중 x에 대한 방정식 $(ax-2)^2=ax^2+3x+a$가 이차방정식이 되도록 하는 상수 a의 값이 <u>아닌</u> 것을 모두 고르면?

(정답 2개)

① -2 ② -1 ③ 0

④ 1 ⑤ 2

02

다음 중 [ ] 안의 수가 주어진 이차방정식의 해인 것은?

① $2x^2-4=0$ $[2]$

② $x^2-x+\dfrac{1}{2}=0$ $\left[\dfrac{1}{2}\right]$

③ $-(x+5)(x-3)=16$ $[-3]$

④ $0.3x^2-0.1x-\dfrac{1}{5}=0$ $\left[-\dfrac{2}{3}\right]$

⑤ $2x(x+1)+2=5$ $[1]$

03

이차방정식 $2x(x+7)=5-x^2$의 양수인 근을 α라 할 때, 이차방정식 $\dfrac{1}{\alpha}x^2-3x-\dfrac{2}{\alpha}=0$을 푸시오.

04

이차방정식 $ax^2+9x+4=0$의 한 근이 $-\dfrac{1}{2}$이고 다른 한 근이 이차방정식 $2x^2+(b+2)x=4b$의 근일 때, ab의 값을 구하시오. (단, a, b는 상수이다.)

05

자연수 n에 대하여 이차방정식 $x^2-(n+2)x+2n=0$의 두 근 사이에 있는 자연수의 개수를 $f(n)$이라 하자.
$f(n)=198$을 만족시키는 자연수 n의 값은?

① 198   ② 199   ③ 200

④ 201   ⑤ 202

06

이차방정식 $2x^2+5x+1=0$을 $(x-p)^2=q$ 꼴로 변형했을 때, $\dfrac{q}{p}$의 값을 구하시오. (단, p, q는 상수이다.)

07

이차방정식 $(x-1)^2=b$의 두 근의 차가 $\sqrt{7}$일 때, 양수 b의 값을 구하고, 이차방정식을 푸시오.

08

이차방정식 $x^2-(k+2)x+k+3=0$이 중근을 가지도록 하는 모든 상수 k의 값의 곱을 구하시오.

09

이차방정식 $(k-3)x^2+kx-3x+k=0$이 중근을 가질 때, 상수 k의 값을 구하시오.

11

이차방정식 $2x^2+ax+b=0$의 해가 $x=\dfrac{1}{2}$ 또는 $x=-3$일 때, 상수 a, b에 대하여 $a+b$의 값은?

① 1   ② 2   ③ 3

④ 4   ⑤ 5

10

주사위를 두 번 던져서 처음 나온 수를 a, 두 번째 나온 수를 b라 할 때, 이차방정식 $ax^2+bx+a=0$이 중근을 가질 확률은?

① $\dfrac{1}{12}$ ② $\dfrac{1}{9}$ ③ $\dfrac{5}{36}$

④ $\dfrac{1}{6}$ ⑤ $\dfrac{7}{36}$

12

이차항의 계수가 1이고 계수가 유리수인 이차방정식의 한 근이 $1+\sqrt{2}$일 때, 이 이차방정식을 $x^2+bx+c=0$ (b, c는 상수) 꼴로 나타내시오.

13

이차방정식 $(2x-1)^2=3x^2+2$의 두 근을 α, β라 할 때, $\alpha^2+\beta^2$의 값은?

① 12   ② 14   ③ 16

④ 18   ⑤ 20

14

이차방정식 $x^2+4x-3=0$의 두 근이 α, β일 때, $\alpha+1$, $\beta+1$을 두 근으로 하는 이차방정식은 $x^2+ax+b=0$이다. 상수 a, b에 대하여 $a-b$의 값을 구하시오.

15

일차함수 $y=ax-2$의 그래프가 제2사분면 위의 점 $(4a-7, -2a^2+3)$을 지날 때, 상수 a의 값을 구하시오.

16

방정식 $x-\dfrac{3}{x}=2$를 푸시오. (단, $x\neq0$)

01

$a^2(x^2-1)=3ax^2-4x$는 x에 대한 이차방정식이고, $(a^2+3)x^2+3=ax(4x-1)$은 x에 대한 이차방정식이 <u>아니</u> <u>도록</u> 하는 상수 a의 값을 구하시오.

02

이차방정식 $x^2+x-3=0$의 한 근이 α일 때, $a^2+\dfrac{9}{\alpha^2}$의 값은?

① 4   ② 5   ③ 6

④ 7   ⑤ 8

03

한 근이 k인 이차방정식 $2x^2+(k+4)x-4=0$이 정수가 아닌 근을 가질 때, 나머지 한 근은?

① -3 ② -2 ③ -1

④ 1   ⑤ 2

04

이차방정식 $x^2-2020\times2022x-2021^2=0$을 푸시오.

05

이차방정식 $x^2 - 2mx + m^2 = 8 - 2m$이 서로 다른 두 근을 갖고 두 근의 차가 유리수일 때, 자연수 m의 값은?

① 1   ② 2   ③ 3
④ 4   ⑤ 5

06

이차방정식 $2(x-7)^2 = k + 1$이 해를 가지며, 그 해가 모두 자연수가 되도록 하는 정수 k의 값을 모두 구하시오.

07

이차방정식 $(x - a^2)(6x - 5a) - 6x = -6a^2$이 중근을 가지도록 하는 상수 a의 값을 모두 구하시오.

08

두 이차방정식 $x^2 + ax + 2b = 0$, $ax^2 + x + \dfrac{b}{4} = 0$이 모두 중근을 가질 때, 상수 a, b의 값을 각각 구하시오. (단, a는 정수이다.)

09

두 이차식 $f(x)=x^2+ax+6$, $g(x)=2x^2+bx+c$에 대하여 이차방정식 $f(x)=0$을 풀면 $x=\sqrt{3}$ 또는 $x=a$이고, 이차방정식 $g(x)=0$을 풀면 $x=a$(중근)일 때, 이차방정식 $g(x)-f(x)=0$을 푸시오. (단, a, b, c는 상수이다.)

10

이차항의 계수가 1이고, 해가 $x=-\sqrt{5}+2$ 또는 $x=-\sqrt{5}-2$인 이차방정식을 구하시오.

11

이차방정식 $x^2-ax+6=0$의 두 근이 α, β이고, 이차방정식 $x^2+x+b=0$의 두 근이 $\alpha+\beta$, $\alpha\beta$일 때, 상수 a, b에 대하여 $\dfrac{b}{a}$의 값을 구하시오.

12

이차방정식 $x^2-3x+1=0$의 두 근 m, n에 대하여 $\dfrac{1}{m^2+1}+\dfrac{1}{n^2+1}$의 값을 구하면?

① 1   ② 2   ③ 3
④ 4   ⑤ 5

13

방정식 $x^2-7|x|+10=0$을 푸시오.

15

방정식 $|x^2+5x|=6$을 푸시오.

14

방정식 $x+\dfrac{c}{x}=5$의 해가 모두 자연수가 되도록 하는 상수 c의 값을 모두 구하시오. (단, $c\neq0$)

16

방정식 $x^4-5x^2+6=0$을 푸시오.

01

이차방정식 $2x^2-x-3=0$의 두 근을 α, β라 할 때, $(4\alpha^2-2\alpha+5)\left(\dfrac{1}{\beta}+\dfrac{3}{\beta^2}\right)$의 값을 구하시오.

02

자연수 n에 대하여 이차방정식 $x^2+(\sqrt{n}-\sqrt{n+1})x-\sqrt{n^2+n}=0$의 두 해 중 양수인 것을 α_n, 음수인 것을 β_n이라 하자. $\dfrac{\alpha_1\times\alpha_2\times\cdots\times\alpha_9\times\alpha_{10}}{\beta_1\times\beta_2\times\cdots\times\beta_9\times\beta_{10}}$의 값을 구하시오.

03

▌보기▐ 중 옳은 것을 모두 고르시오.

┌─ 보기 ┐

ㄱ. 모든 이차방정식은 $(x-p)^2=q$ 꼴로 표현할 수 있다. (단, p, q는 상수이다.)

ㄴ. 이차방정식 $(x-a)^2=b$가 해가 있을 때, 이차방정식의 두 해의 평균은 $2a$이다. (단, a, b는 상수이다.)

ㄷ. 이차방정식 $(x-a)^2=b$가 서로 다른 두 근을 가질 때, 두 근의 곱은 a^2보다 작다. (단, a, b는 상수이다.)

04

이차방정식 $(x+1)^2-(ax+3b)(x+1)=0$이 중근을 가질 때, 상수 a, b에 대하여 $\dfrac{a}{b}$의 값을 구하시오. (단, $b\neq0$)

05

차수가 2인 세 다항식 $f(x)$, $g(x)$, $h(x)$에 대하여 ▌보기▐에서 옳은 것을 모두 고르시오.

┤ 보기 ├

ㄱ. $\alpha \neq \beta$인 실수 α, β에 대하여 $f(\alpha)=0$이고 $f(\beta)=0$이면 $f(x)=k(x-\alpha)(x-\beta)$ (k는 상수) 꼴로 나타낼 수 있다.

ㄴ. $f(\alpha)=0$이고 $g(\alpha)=0$이면 $f(x)+g(x)=0$도 $x=\alpha$를 해로 갖는 이차방정식이다.

ㄷ. $f(x)g(x)=2\{h(x)\}^2$일 때, $h(\alpha)=0$이면 α는 $f(x)=0$ 또는 $g(x)=0$의 해이다.

ㄹ. $f(\alpha)=0$, $g(\alpha)=0$이고 $h(x)=f(x)-g(x)$일 때, $f(x)$, $g(x)$, $h(x)$는 모두 $x-\alpha$를 공통인수로 갖는다.

06

$x+y=-\dfrac{1}{28}$, $xy=-\dfrac{1}{14}$을 만족하는 두 실수 x, y를 각각 구하시오. (단, $x>y$)

07

방정식 $|x|x^2-x^2-6|x|=0$을 푸시오.

08

다음은 방정식 $x^4-6x^2+1=0$을 푸는 과정이다. ㈎~㈐에 알맞은 수 또는 식을 쓰시오.

$$x^4-6x^2+1=(x^2-1)^2-\boxed{\text{㈎}}=(x^2-1)^2-\left(\boxed{\text{㈏}}\right)^2$$
$$=(x^2+2x-1)(\boxed{\text{㈐}})=0$$

따라서 $x^2+2x-1=0$ 또는 $\boxed{\text{㈐}}=0$

(i) $x^2+2x-1=0$을 $(x+p)^2=q$ 꼴로 나타내면 $\boxed{\text{㈑}}$이므로 $x=\boxed{\text{㈒}}$

(ii) $\boxed{\text{㈐}}=0$을 $(x+p)^2=q$ 꼴로 나타내면 $\boxed{\text{㈓}}$이므로 $x=\boxed{\text{㈔}}$

따라서 $x=\boxed{\text{㈒}}$ 또는 $x=\boxed{\text{㈔}}$

01

방정식 $(m^2+1)x^2+mx+3=k(mx^2+1)$이 실수 m의 값에 관계없이 항상 이차방정식이 되도록 하는 정수 k의 값을 모두 구하시오.

02

두 이차방정식 $x^2+ax+2b=0$, $x^2+bx+2a=0$이 공통인 근을 가질 때, 상수 a, b에 대하여 $a+b$의 값을 구하시오.

(단, $a \neq b$)

03

이차방정식 $2x^2-(k+2)x-6k^2-3k=0$의 두 근을 α, β라 할 때, $\alpha<n<\beta$를 만족시키는 정수 n이 9개가 되도록 하는 양수 k의 값의 범위를 구하시오.

04

일차함수 $y=mx-4a$와 점 $P(m, m+1)$에 대하여 점 P가 일차함수 $y=mx-4a$의 그래프 위에 존재하도록 하는 실수 m의 값이 하나뿐이도록 하는 실수 a의 값을 모두 구하시오.

05

이차방정식 $x^2-(2m-3)x+m^2-3m=0$의 두 근이 모두 양수이고, 한 근이 나머지 한 근의 2배일 때, 상수 m의 값을 구하시오.

06

이차방정식 $x^2+ax+b=0$ $(b\neq0)$의 두 근이 α, β일 때, $\dfrac{1}{\alpha}$, $\dfrac{1}{\beta}$을 두 근으로 하고 상수항이 1인 이차방정식을 a, b를 사용하여 나타내시오. (단, a, b는 상수이다.)

07

$[x]$는 x보다 작거나 같은 정수 중 가장 큰 수라 하자. 예를 들어, $[3.4]=3$, $[-2.1]=-3$이다.
두 방정식 $[x]^2+[x]-6=0$, $2[y]^2-9[y]-5=0$을 만족하는 x, y에 대하여 $x+y$의 최솟값을 구하시오.

08

방정식 $x^2+\dfrac{16}{x^2}+3\left(x-\dfrac{4}{x}\right)-8=0$을 푸시오.

Ⅲ. 이차방정식

6 이차방정식의 근의 공식과 활용 고난도 대표유형·핵심개념

① 등급 노트

TIP

이차방정식의 일차항의 계수가 짝수일 때, (2)의 공식을 활용하면 약분하여 정리하는 과정을 단축시킬 수 있다.

TIP

양변에 곱하는 적당한 수란
① 분수인 경우: 분모의 최소공배수
② 소수인 경우: 10의 거듭제곱

＋ 플러스 개념

이차방정식 $ax^2+bx+c=0$을 풀면

$$x=\frac{-b\pm\sqrt{b^2-4ac}}{2a}$$

이때 $b^2-4ac<0$일 경우 제곱해서 음수가 되는 실수는 존재하지 않으므로 실수인 해가 존재하지 않는다.

＋ 플러스 개념

(1) b^2-4ac의 부호
 $b^2-4ac\geq0$일 때, 두 근을 갖는다. 이때 a와 c의 부호가 다르면 b^2-4ac는 항상 0보다 크다.

(2) $-\dfrac{b}{a}$는 두 근의 합

(3) $\dfrac{c}{a}$는 두 근의 곱

유형 1 **이차방정식의 근의 공식** 난이도 ★

(1) 이차방정식 $ax^2+bx+c=0$의 근은

$$x=\frac{-b\pm\sqrt{b^2-4ac}}{2a}\ (\text{단, } b^2-4ac\geq0)$$

(2) 이차방정식 $ax^2+2b'x+c=0$의 근은

$$x=\frac{-b'\pm\sqrt{b'^2-ac}}{a}\ (\text{단, } b'^2-ac\geq0)$$

유형 2 **복잡한 이차방정식의 풀이** 난이도 ★★

복잡한 이차방정식을 풀 때

(1) 계수나 상수항이 분수 또는 소수인 경우

  양변에 적당한 수를 곱하여 계수와 상수항을 정수로 고친 후, 이차방정식을 푼다.

(2) 공통부분이 있는 경우

  공통부분을 치환하여 이차방정식을 푼 후, 다시 원래의 식을 대입하여 해를 구한다.

유형 3 **이차방정식의 근의 개수** 난이도 ★★

이차방정식 $ax^2+bx+c=0$의 근의 개수는 b^2-4ac의 부호를 통해 확인할 수 있다.

(1) $b^2-4ac>0$인 경우 ⇨ 서로 다른 두 근을 갖는다.

(2) $b^2-4ac=0$인 경우 ⇨ 중근을 갖는다.

(3) $b^2-4ac<0$인 경우 ⇨ 근이 없다. (실수인 해가 존재하지 않는다.)

유형 4 **이차방정식의 두 근의 부호** 난이도 ★★

이차방정식 $ax^2+bx+c=0$에 대하여

(1) 두 근이 모두 양수일 조건 ⇨ $b^2-4ac\geq0$, $-\dfrac{b}{a}>0$, $\dfrac{c}{a}>0$

(2) 두 근이 모두 음수일 조건 ⇨ $b^2-4ac\geq0$, $-\dfrac{b}{a}<0$, $\dfrac{c}{a}>0$

(3) 두 근의 부호가 반대일 조건 ⇨ $\dfrac{c}{a}<0$

05

두 실수 x, y에 대하여 $(x-y)^2-4x+4y-5=0$이고
$2(x-y)^2+x-y-1\neq0$일 때, $x-y$의 값은?

① -5 ② -1 ③ $\dfrac{1}{2}$

④ 1 ⑤ 5

06

이차방정식 $x^2-2mx-5m+7=0$이 중근을 갖도록 하는 양수 m을 구하시오.

07

이차방정식 $kx^2+3x-\dfrac{1}{2}=0$이 해를 갖지 않도록 하는 정수 k의 최댓값을 구하시오.

08

다음 중 이차방정식 $2x^2-11x+3=0$에 대한 설명으로 옳은 것을 모두 고르면? (정답 2개)

① 중근을 갖는다.
② 서로 다른 두 근을 갖는다.
③ 두 근이 모두 양수이다.
④ 두 근이 모두 음수이다.
⑤ 두 근의 부호가 반대이다.

09

연속하는 세 자연수의 제곱의 합이 365일 때, 세 자연수를 구하시오.

11

오른쪽 그림과 같은 일차함수의 그래프 위의 점 A에서 x축, y축에 내린 수선의 발과 원점을 연결하여 만든 직사각형의 넓이가 $\frac{3}{2}$일 때, 점 A의 좌표를 구하시오. (단, 점 A는 제1사분면 위의 점이다.)

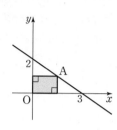

10

다음 중 대각선의 수가 14개인 다각형인 것은?

① 육각형   ② 칠각형   ③ 팔각형
④ 구각형   ⑤ 십각형

12

그림과 같이 반지름의 길이가 7 cm인 원 O에서 반지름의 길이를 r cm씩 늘려가며 그린 세 원을 각각 O_1, O_2, O_3이라 하자. (원 O_1의 넓이)$-$(원 O의 넓이) : (원 O_3의 넓이)$-$(원 O_2의 넓이)$=1 : 2$일 때, r의 값을 구하시오.

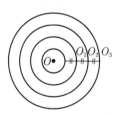

13

오른쪽 그림과 같이 가로의 길이가 10 cm, 세로의 길이가 7 cm인 직사각형에서 가로의 길이는 매초 1 cm씩 줄어들고, 세로의 길이는 매초 2 cm씩 늘어난다고 한다. 이때 넓이가 처음과 같아지는 것은 몇 초 후인가?

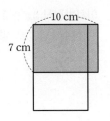

① 6초 후　　　② 6.5초 후　　　③ 7초 후
④ 7.5초 후　　　⑤ 8초 후

14

농구 경기에서 선수가 슛을 던진 농구공은 그림과 같이 포물선을 그리며 골대의 림을 통과한다. 선수가 슛을 던진 농구공의 t 초 후의 높이가 $(2+6t-5t^2)$ m이고 림의 높이가 3 m일 때, 농구공이 림을 통과하는 것은 슛을 던진 지 몇 초 후인지 구하시오.

15

흰 구슬과 검은 구슬이 총 10개 들어 있는 주머니가 있다. 이 주머니에서 구슬을 두 번 꺼냈을 때, 둘 다 검은 구슬이 나올 확률이 $\dfrac{7}{15}$이다. 주머니에 들어 있는 검은 구슬의 개수는?

(단, 뽑은 구슬은 다시 넣지 않는다.)

① 4　　　② 5　　　③ 6
④ 7　　　⑤ 8

16

어느 문구 공장에서 하루 10000개만큼 생산했던 샤프를 3월 신학기를 맞아 생산량을 x %만큼 늘렸다가 4월이 된 후 생산량을 다시 x %만큼 줄였더니 처음의 99.36 %가 되었다고 한다. x의 값을 구하시오.

01

이차방정식 $x^2-2x-11=0$의 두 근 중 큰 근을 α, 이차방정식 $3x^2+6x-1=0$의 두 근 중 작은 근을 β라 할 때, $\alpha+3\beta$의 값은?

① $-2-4\sqrt{3}$　　② -2　　　③ $-2+4\sqrt{3}$

④ 2　　　⑤ $2+4\sqrt{3}$

02

이차방정식 $x^2-\sqrt{29}x+1=0$을 푸시오.

03

이차방정식 $2x^2+3x+k=0$의 두 근의 차가 1보다 작도록 하는 상수 k의 값의 범위를 구하시오.

04

차가 3인 두 정수 x, y에 대하여
$(2x+y)^2-4(2x+y)+3=0$일 때, x, y의 값을 구하시오.

(단, $x>y$)

05

이차방정식
$$(x+1)^2+2(x+1)(x+2)+(x+2)^2=(x+3)^2$$
을 푸시오.

06

이차방정식 $x^2+\sqrt{2}ax+\sqrt{6}b+2=0$이 중근을 가질 때, 유리수 a, b에 대하여 $a+b$의 값은? (단, $a>0$)

① -2 ② -1 ③ 0

④ 1 ⑤ 2

07

이차방정식 $x^2-2x+9-4k=0$은 해가 없고, 이차방정식 $3kx^2+2x-1=0$은 서로 다른 두 근을 가지도록 하는 정수 k의 값을 구하시오.

08

이차방정식 $x^2-3x+3-k=0$의 두 근이 모두 양수가 되도록 하는 정수 k의 값을 모두 구하시오.

09

어떤 정수의 3배에서 2를 뺀 것과 처음 정수의 5배에 3을 더한 것의 곱이 56이 되었다고 한다. 처음 정수를 구하시오.

11

그림과 같이 바둑돌을 나열할 때, 바둑돌의 개수가 105개가 되는 단계를 구하시오.

[1단계] [2단계] [3단계]   [4단계]   [5단계]

10

시우와 지우는 3살 터울의 남매이다. 2021년의 두 사람의 나이의 곱은 2014년의 두 사람의 나이의 곱의 세 배보다 28만큼 더 클 때, 2021년의 두 사람의 나이를 구하시오.

12

오른쪽 그림과 같이 가로의 길이가 $2x$ cm, 세로의 길이가 $(x+3)$ cm인 직사각형 ABCD에서 한 변의 길이가 $(x+3)$ cm인 정사각형 AEFD를 오려내고 남은

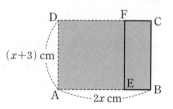

직사각형 FEBC가 직사각형 ABCD와 닮은 도형일 때, x의 값을 구하시오. (단, $2x > x+3$)

13

오른쪽 그림과 같이 밑변의 길이가
10 cm, 나머지 두 변의 길이가 13 cm
인 이등변삼각형의 변 AB, AC 위에
점 D, E를 각각 잡아 만든 직사각형
DGFE의 넓이가 $\dfrac{126}{5}$ cm²일 때,
변 DE의 길이를 구하시오.
(단, $\overline{DE} < \overline{EF}$)

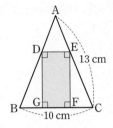

14

가로의 길이와 세로의 길이의 비가 4 : 3인 직사각형 모양의 땅
위에 그림과 같이 폭이 일정한 길을 냈다. 길을 제외한 부분의
넓이가 17 m²일 때, 직사각형 모양의 땅의 넓이를 구하시오.

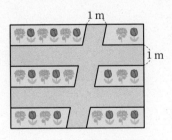

15

a m 높이의 발사대에서 쏘아올린 물로켓의 t초 후의 높이가
$(a+bt-5t^2)$ m이다. 이 물로켓이 0.2초와 3초일 때 30 m인
지점을 지난다고 한다. 이때 상수 a, b의 값을 구하시오.

16

옷가게에서 할인행사를 할 때, 바지의 가격을 x % 인하하였더
니 바지의 판매량이 $2x$ % 증가했다고 한다. 바지의 총 매출이
6.02 % 증가했을 때, x의 값을 구하시오. (단, $x < 20$)

Level ③ 이차방정식의 근의 공식과 활용

01

이차방정식 $x^2-5x+a-\dfrac{23}{4}=0$의 모든 근이 유리수가 되도록 하는 자연수 a의 값을 모두 더하시오.

02

방정식 $(x-5)(x-2)(x+1)(x+4)+81=0$을 푸시오.

03

주사위를 두 번 던져 첫 번째 나오는 수를 a, 두 번째 나오는 수를 b라 할 때, 이차방정식 $x^2+ax+b=0$이 해를 가질 확률은?

① $\dfrac{4}{9}$ ② $\dfrac{17}{36}$ ③ $\dfrac{1}{2}$ ④ $\dfrac{19}{36}$ ⑤ $\dfrac{5}{9}$

04

이차방정식 $x^2+kx+k+1=0$에 대하여 ▌보기▐에서 옳은 것을 모두 고르시오.

┤ 보기 ├

ㄱ. $k=2+2\sqrt{5}$일 때, 중근을 갖는다.
ㄴ. $k=2-\sqrt{10}$일 때, 서로 다른 두 근을 갖는다.
ㄷ. 해를 갖지 않도록 하는 정수 k는 5개이다.

05

A회사에서는 마스크를 판매할 때, 한 봉투에 마스크 n개를 넣어 판매하며, 이러한 봉투가 $(3n+2)$개가 되면 이를 상자에 포장한다. 이와 같은 방법으로 379개의 마스크를 포장했더니 포장 과정에서 마스크 1개는 오염되어 폐기처분되었고, 3개의 상자와 3개의 봉투가 생겼다고 한다. 이때 n의 값을 구하시오.

06

3월 달력에서 금요일의 날의 수 네 개를 모두 곱하였더니 19800이 되었다고 한다. 첫 번째 금요일의 날짜를 구하시오.

07

오른쪽 그림과 같이 한 변의 길이가 2 cm인 정사각형에 밑변의 길이가 2 cm고 높이가 $(x+2)$ cm인 이등변삼각형 네 개를 붙여 정사각뿔의 전개도를 만들었다. 이 전개도를 접어 만든 정사각뿔의 부피가 $(4x+4)$ cm³일 때, 이 정사각뿔의 겉넓이를 구하시오.

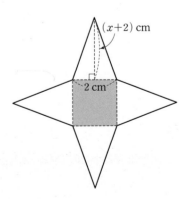

Level ④ 이차방정식의 근의 공식과 활용

01

윤서는 이차방정식 $ax^2+bx+c=0$의 근의 공식을 $x=\dfrac{-b\pm\sqrt{b^2-ac}}{a}$로 잘못 기억하여 이차방정식을 풀었더니 근이 $-5\pm\sqrt{22}$이었다고 한다. 이차방정식을 올바로 풀었을 때의 두 근을 구하시오. (단, a, b, c는 유리수이다.)

02

이차방정식 $-(x-\alpha)(x-\beta)=4(x-c)^2$이 $x=\dfrac{\alpha+\beta}{2}$를 근으로 갖도록 하는 c의 값을 α, β를 사용하여 나타내시오.

(단, α, β는 상수이다.)

03

이차방정식 $5x^2+cx+c+k=0$이 실수 c의 값에 관계없이 항상 해를 갖도록 하는 상수 k의 최댓값을 구하시오.

04

양의 무리수 a에 대하여 a의 소수 부분을 b라 하자. $a^2+b^2=67$을 만족할 때, a의 값을 구하시오.

05

이차방정식을 이용하여 한 변의 길이가 2인 정오각형의 대각선의 길이를 구하시오.

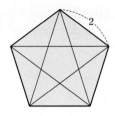

06

오른쪽 그림과 같이 가로의 길이가 12 cm, 세로의 길이가 8 cm인 직사각형 위에 점 P는 점 A에서 출발하여 변 AD와 변 DC를 따라 점 C까지 1초에 1.5 cm씩, 점 Q는 점 A에서 출발하여 변 AB와 변 BC를 따라 점 C까지 1초에 1 cm씩 움직인다고 한다. 삼각형 APQ의 넓이가 30 cm²가 되는 것은 출발한 지 a초 후와 b초 후일 때, $b-a$의 값을 구하시오. (단, $a<b$이고, 점 P와 점 Q는 점 C에 도착하면 멈춘다.)

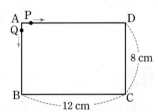

07

300 mL 커피 원액을 x mL 따라낸 후 따라낸 양만큼 물로 채우고, 다시 처음보다 20 mL 덜 따라낸 후 따라낸 양만큼 물로 채웠더니 커피 원액과 물의 비가 44 : 31이 되었다고 한다. 이때 x의 값을 구하시오.

01

이차방정식 $(a+1)x^2-2a^2x-4a=0$의 한 근이 2일 때, 나머지 한 근을 구하시오. (단, a는 상수이다.)

03

이차항의 계수가 1인 두 이차방정식 $f(x)=0$, $g(x)=0$이 각각 5와 6, -3과 5를 근으로 가질 때, 방정식 $f(x)+g(x)=0$을 푸시오.

02

1부터 9까지의 자연수가 각각 적힌 9장의 카드가 있다. 이 중에서 두 장을 차례로 뽑아 처음 뽑은 카드의 수를 a, 두 번째로 뽑은 카드의 수를 b라 할 때, 이차방정식 $x^2+ax+b=0$이 중근을 가질 확률을 구하시오. (단, 뽑은 카드는 다시 넣지 않는다.)

04

이차방정식 $ax^2+bx+c=0$을 풀 때, 서준이는 상수항을 잘못 보고 풀어 $x=1$ 또는 $x=-\dfrac{5}{6}$라는 해를 구했고, 예준이는 일차항의 계수를 잘못 보고 풀어 $x=1$ 또는 $x=-2$라는 해를 구했다. 주어진 이차방정식의 올바른 두 근을 구하시오.

(단, a, b, c는 상수이다.)

05

이차방정식 $\dfrac{(2x-3)(5x+3)}{4}=x^2-1.5x+0.75$의 두 근 사이에 있는 정수 중 가장 큰 정수를 구하시오.

06

이차방정식 $x^2+(2k+1)x+3-k=0$이 양수인 중근을 갖도록 하는 상수 k의 값을 구하시오.

07

모임에 참석한 n명의 사람이 모두 서로 악수를 했을 때, 악수를 한 총 횟수는 45번이었다고 한다. 이때 모임에 참석한 사람의 수를 구하시오.

08

동아리 축제부스 운영을 위해 $3\,\mathrm{L}$의 주스 원액과 물을 섞어 총 $x\,\mathrm{L}$의 주스를 준비했는데, 기대했던 것보다 더 많은 사람이 축제부스에 참석할 것이라는 얘기를 듣고 준비한 주스에 $x\,\mathrm{L}$의 주스 원액과 $1\,\mathrm{L}$의 물을 더 넣었더니 처음 만든 주스와 농도가 같았다. 이때 x의 값을 구하시오.

7 이차함수와 그 그래프

고난도 대표유형 · 핵심개념

+ 플러스 개념

함수 $y=ax^2+bx+c$가 x에 대한 이차함수이려면 $a\neq 0$인 조건이 필요하다.

용어 해설

① 포물선: 이차함수 $y=ax^2$의 그래프와 같은 모양의 곡선
② 축: 포물선의 대칭축
③ 꼭짓점: 포물선과 축의 교점
⇨ 포물선에서 가장 튀어나온 점

풀이전략

함수 $y=f(x)$의 그래프가 점 (p, q)를 지난다는 조건이 있으면 $x=p$, $y=q$를 식에 대입해 본다.

유형 1 이차함수의 뜻

난이도 ★

(1) **이차함수**: 함수 $y=f(x)$에서 y가 x에 대한 이차식
$$y=ax^2+bx+c \ (a, b, c\text{는 상수}, a\neq 0)$$
으로 나타날 때, 이 함수를 x에 대한 이차함수라 한다.

(2) **이차함수의 함숫값**: 이차함수 $f(x)=ax^2+bx+c$에 대하여
  ① $x=p$일 때의 함숫값 ⇨ $f(p)=ap^2+bp+c$
  ② 이차함수의 그래프가 점 (p, q)를 지나면 ⇨ $f(p)=q$이므로 $ap^2+bp+c=q$

유형 2 이차함수 $y=ax^2$의 그래프

난이도 ★

(1) **이차함수 $y=ax^2$의 그래프**
  ⇨ 꼭짓점의 좌표: $(0, 0)$, 축의 방정식: $x=0$ (y축)

(2) **이차함수 $y=ax^2$의 그래프의 성질**
  ① 원점을 지나고 y축에 대하여 대칭이다.
  ② $a>0$이면 아래로 볼록($\cup$)하고,
    $a<0$이면 위로 볼록($\cap$)하다.
  ③ $|a|$의 값이 클수록 그래프의 폭은 좁다.
  ④ $y=-ax^2$의 그래프와 x축에 대하여 대칭이다.

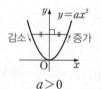

$a>0$

$a<0$

유형 3 이차함수 $y=ax^2$의 식 구하기

난이도 ★

원점을 꼭짓점으로 하는 이차함수의 식은 다음과 같이 구한다.

❶ 원점을 꼭짓점으로 하는 이차함수의 식은 $y=ax^2$으로 놓는다.
❷ 그래프가 지나는 점의 좌표를 $y=ax^2$에 대입하여 a의 값을 구한다.
❸ a의 값을 $y=ax^2$에 대입하여 이차함수의 식을 구한다.

유형 4 이차함수 $y=ax^2$의 그래프의 평행이동

난이도 ★★

(1) **이차함수 $y=ax^2+q$의 그래프**: 이차함수 $y=ax^2$의 그래프를
  y축의 방향으로 q만큼 평행이동 ⇨ 꼭짓점의 좌표: $(0, q)$, 축의 방정식: $x=0$

(2) **이차함수 $y=a(x-p)^2$의 그래프**: 이차함수 $y=ax^2$의 그래프를
  x축의 방향으로 p만큼 평행이동 ⇨ 꼭짓점의 좌표: $(p, 0)$, 축의 방정식: $x=p$

난이도
★★

이차함수 $y=a(x-p)^2+q$의 그래프 유형 5

(1) 이차함수 $y=a(x-p)^2+q$의 그래프

이차함수 $y=ax^2$의 그래프를 x축의 방향으로 p만큼, y축의 방향으로 q만큼 평행이동하면 $y=a(x-p)^2+q$의 그래프가 된다.

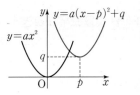

(2) 이차함수 $y=a(x-p)^2+q$의 그래프 분석하기

① 꼭짓점의 좌표: (p, q), 축의 방정식: $x=p$
② $a>0$이면 아래로 볼록($\cup$)하고, $a<0$이면 위로 볼록($\cap$)하다.
③ y축과의 교점의 좌표는 $x=0$을 대입하여 구한다. $\Rightarrow (0, ap^2+q)$

난이도
★★

이차함수 $y=a(x-p)^2+q$의 그래프의 평행이동 유형 6

이차함수 $y=a(x-p)^2+q$의 그래프를 x축의 방향으로 m만큼, y축의 방향으로 n만큼 평행이동하면 $y=a(x-m-p)^2+q+n$의 그래프가 된다.

(1) 식: $y=a(x-p)^2+q \Rightarrow y=a(x-m-p)^2+q+n$

(2) 꼭짓점의 좌표: 점 $(p, q) \Rightarrow$ 점 $(p+m, q+n)$

난이도
★★★

이차함수 $y=a(x-p)^2+q$의 식 구하기 유형 7

(1) 꼭짓점의 좌표가 (m, n)이고, 점 A를 지나는 이차함수의 식

식을 $y=a(x-m)^2+n$으로 놓고, 점 A의 좌표를 대입하여 상수 a의 값을 구한다.

(2) 직선 $x=m$을 축으로 하고, 두 점 A, B를 지나는 이차함수의 식

식을 $y=a(x-m)^2+q$로 놓고, 두 점 A, B의 좌표를 대입하여 두 상수 a와 q의 값을 구한다.

난이도
★★★

이차함수 $y=a(x-p)^2+q$의 그래프에서 a, p, q의 부호 유형 8

(1) a의 부호: 그래프의 모양(볼록 방향)에 따라 결정된다.
$\Rightarrow$ 아래로 볼록($\cup$)이면 $a>0$, 위로 볼록($\cap$)이면 $a<0$

(2) p, q의 부호: 꼭짓점의 위치에 따라 결정된다.
$\Rightarrow$ 제1사분면 위에 있으면 $p>0$, $q>0$, 제2사분면 위에 있으면 $p<0$, $q>0$,
제3사분면 위에 있으면 $p<0$, $q<0$, 제4사분면 위에 있으면 $p>0$, $q<0$

난이도
★★★

이차함수의 그래프와 도형 유형 9

❶ 구하는 이차함수 $y=f(x)$의 그래프 위의 점의 좌표를 $(t, f(t))$로 놓는다.
❷ 주어진 조건과 도형의 성질을 이용하여 t에 대한 방정식을 세운 후, t의 값을 구한다.

① 등급 노트

+플러스 개념

x축과의 교점의 좌표를 구할 때에는 $y=0$을 대입하여 x에 대한 이차방정식을 푼다.

TIP

① x축의 방향으로 m만큼 평행이동 $\Rightarrow$ x를 $x-m$으로 바꾼다.
② y축의 방향으로 n만큼 평행이동 $\Rightarrow$ 이차식에 상수 n를 더해 준다.

TIP

축의 방정식이 $x=p$이면 꼭짓점의 x좌표는 p이다.

✓주의

이차함수의 그래프가 지나는 사분면을 구할 때에는 y축과의 교점도 고려해야 한다.

01

다음 중 y가 x에 대한 이차함수가 <u>아닌</u> 것을 모두 고르면?

(정답 2개)

① x^2의 양의 제곱근 y
② 대각선의 길이가 x인 정사각형의 넓이 y
③ 밑변의 길이가 x이고 높이가 $2x$인 평행사변형의 넓이 y
④ 한 변의 길이가 각각 $x+2$, x인 두 정삼각형의 넓이의 차 y
⑤ 밑면의 반지름의 길이가 x이고 높이가 5인 원기둥의 부피 y

02

함수 $y=(2a-3)x^2-2x+x^2$이 x에 대한 이차함수일 때, 다음 중 실수 a의 값이 될 수 <u>없는</u> 것은?

① $-\dfrac{3}{2}$ ② -1 ③ 1

④ $\dfrac{3}{2}$ ⑤ 2

03

이차함수 $f(x)=x^2-ax+b$에서 $f(-1)=4$, $f(3)=6$일 때, $f(2)$의 값을 구하시오. (단, a, b는 상수이다.)

04

다음 중 이차함수 $y=-2x^2$의 그래프에 대한 설명으로 옳은 것은?

① 점 $(-1, 2)$를 지난다.
② 아래로 볼록한 포물선이다.
③ 이차함수 $y=x^2$의 그래프보다 폭이 좁다.
④ x의 값이 증가하면 y의 값은 감소한다.
⑤ 모든 실수 x에 대하여 $y<0$이다.

05

다음 이차함수 중 그래프의 폭이 가장 좁은 것은?

① $y=-5x^2$ 　② $y=\dfrac{5}{6}x^2$ 　③ $y=\dfrac{\sqrt{50}}{2}x^2$

④ $y=\dfrac{1}{5}x^2$ 　⑤ $y=-3x^2$

06

원점을 지나고 대칭축이 y축인 이차함수의 그래프가 두 점 $(3, -12)$, $(k, -3)$을 지날 때, 양수 k의 값을 구하시오.

07

다음 중 원점을 꼭짓점으로 하고 점 $(-\sqrt{3}, -1)$을 지나는 포물선과 x축에 대하여 대칭인 포물선이 지나는 점이 <u>아닌</u> 것은?

① $\left(-1, \dfrac{1}{3}\right)$ 　② $(-3, 3)$ 　③ $\left(\dfrac{3}{2}, -\dfrac{3}{4}\right)$

④ $\left(\dfrac{1}{2}, \dfrac{1}{12}\right)$ 　⑤ $\left(-\dfrac{6}{5}, \dfrac{12}{25}\right)$

08

다음 중 이차함수 $y=ax^2+q$의 그래프에 대한 설명으로 항상 옳은 것은?

① 꼭짓점의 좌표는 $(q, 0)$이다.
② $q<0$이면 모든 사분면을 지난다.
③ 축의 방정식은 $x=q$이다.
④ 이차함수 $y=ax^2$의 그래프를 x축의 방향으로 q만큼 평행이동한 것이다.
⑤ 이차함수 $y=-ax^2-q$의 그래프와 x축에 대하여 대칭이다.

09

다음 중 이차함수 $y=-\dfrac{3}{2}x^2$의 그래프를 평행이동하여 완전히 포갤 수 있는 그래프를 모두 고르면? (정답 2개)

① $y=-x^2$

② $y=-\dfrac{2}{3}x^2+1$

③ $y=-\dfrac{3}{2}\left(x-\dfrac{2}{3}\right)^2$

④ $y=-\left(x-\dfrac{2}{3}\right)^2+\dfrac{3}{2}$

⑤ $y=-\dfrac{1}{2}(x+1)^2-x^2$

10

오른쪽 그림과 같이 이차함수 $y=\dfrac{1}{4}x^2+3$의 그래프의 꼭짓점 A와 그래프 위의 한 점 $P(a,\ b)$에 대하여 삼각형 AOP의 넓이가 9일 때, 상수 a, b의 합 $a+b$의 값을 구하시오. (단, $a>0$이고, O는 원점이다.)

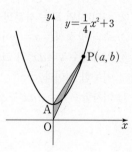

11

이차함수 $y=2(x+1)^2-2$의 그래프를 x축의 방향으로 m만큼, y축의 방향으로 n만큼 평행이동하였더니 이차함수 $y=2(x-1)^2+1$의 그래프가 되었다. 상수 m, n의 합 $m+n$의 값을 구하시오.

12

이차함수 $y=(x-2)^2+1$의 그래프를 x축의 방향으로 m만큼, y축의 방향으로 $-2m$만큼 평행이동하면 점 $(4,\ 12)$를 지날 때, 양수 m의 값을 구하시오.

13

이차함수 $y=ax^2$의 그래프를 x축의 방향으로 p만큼, y축의 방향으로 q만큼 평행이동한 포물선이 두 점 $(1, 6)$, $\left(\dfrac{3}{2}, 3\right)$을 지나고 직선 $x=2$에 대하여 대칭일 때, 이 그래프의 꼭짓점의 좌표를 구하시오.

14

이차함수 $y=3(x-1)^2$의 그래프와 모양이 같고, 꼭짓점의 좌표가 $(-1, 2)$인 포물선을 그래프로 하는 이차함수의 식을 $y=a(x+p)^2+q$라 할 때, $a+p+q$의 값을 구하시오.

(단, a, p, q는 상수이다.)

15

다음 중 꼭짓점의 좌표가 $(-2, 0)$이고, 점 $(1, 6)$을 지나는 이차함수의 그래프 위의 점인 것은?

① $\left(-1, -\dfrac{4}{3}\right)$ ② $(2, 0)$ ③ $\left(0, \dfrac{4}{3}\right)$

④ $\left(\dfrac{1}{2}, \dfrac{25}{3}\right)$ ⑤ $\left(-\dfrac{1}{2}, \dfrac{3}{2}\right)$

16

오른쪽 그림과 같이 이차함수 $y=\dfrac{3}{2}x^2$의 그래프 위의 두 점 A, B와 x축 위의 두 점 C, D에 대하여 사각형 ACDB가 직사각형이고 사각형 ACDB의 둘레의 길이가 7일 때, 사각형 ACDB의 넓이를 구하시오.

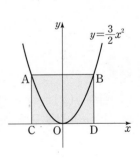

01

함수 $y=a^2x^2+5x-(2ax+1)(x+1)$이 x에 대한 이차함수가 되도록 하는 상수 a의 조건은?

① $a=0$

② $a=0$ 또는 $a=2$

③ $a\neq0$인 모든 실수

④ $a\neq2$인 모든 실수

⑤ $a\neq0$이고, $a\neq2$인 모든 실수

02

이차함수 $f(x)=ax^2+3(a-1)x+a^2$에서 $f(a)=-3a$일 때, 상수 a의 값을 구하시오.

03

제2사분면 위의 점 $(-a,\ a)$가 이차함수 $y=-2x^2+1$의 그래프 위의 점일 때, 상수 a의 값을 구하시오.

04

이차함수 $y=ax^2$의 그래프에서 x의 값이 1에서 4로 증가할 때, y의 값은 3만큼 감소한다고 한다. x의 값이 -5에서 -2로 증가할 때, y의 값은 얼마나 증가하는가?

① 3

② $\dfrac{16}{5}$

③ $\dfrac{21}{5}$

④ $\dfrac{29}{5}$

⑤ 6

05

오른쪽 그림과 같이 두 점 A$(1, 2)$, B$(2, 1)$에 대하여 이차함수 $y=ax^2$의 그래프와 선분 AB가 만나도록 하는 실수 a의 값의 범위를 구하시오.

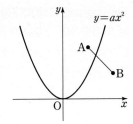

06

그림의 이차함수 $y=f(x)$의 그래프는 이차함수 $y=ax^2$의 그래프를 y축의 방향으로 평행이동한 포물선이고, 두 점 $(2, 0)$, $(3, 3)$을 지난다.
$f(-3)+f(-2)+f(-1)+f(0)+f(1)$의 값을 구하시오.
(단, a는 상수이다.)

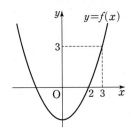

07

이차함수 $y=(k-1)(x+k)^2-2k^2$의 그래프의 꼭짓점이 일차함수 $y=6x+4$의 그래프 위에 있을 때, 상수 k의 값을 구하시오.

08

이차함수 $y=a(x+p-3)^2-\dfrac{2}{3}p+2$의 그래프에서 $x>0$일 때 x의 값이 증가하면 y의 값이 감소한다. 이 그래프의 꼭짓점이 있는 사분면을 구하시오. (단, p는 3이 아닌 상수이다.)

09

이차함수 $y=-(x-3)^2-2$의 그래프를 x축의 방향으로 -2만큼, y축의 방향으로 5만큼 평행이동한 그래프가 있다. 이 그래프와 x축에 대하여 서로 대칭인 그래프가 $(0, a)$를 지날 때, a의 값은?

① -22 ② -2 ③ 4
④ 18   ⑤ 22

10

이차함수 $y=a(x+5)^2+2$의 그래프는 이차함수 $y=-2(x+b)^2-c$의 그래프를 x축의 방향으로 5만큼, y축의 방향으로 -2만큼 평행이동한 것이다. 상수 a, b, c에 대하여 $a+b+c$의 값은?

① -16 ② -8 ③ -6
④ 4   ⑤ 8

11

직선 $x=2$에 대하여 대칭이고, 두 점 $(4, 6)$, $(-1, 1)$을 지나는 이차함수의 그래프가 직선 $y=6$과 만나는 두 점 중 제1사분면 위의 점을 $P(m, n)$이라 할 때, 상수 m, n의 합 $m+n$의 값을 구하시오.

12

일차함수 $y=-ax+b$의 그래프가 오른쪽 그림과 같을 때, 다음 중 이차함수 $y=a(x+b)^2$의 그래프의 개형으로 알맞은 것은? (단, a, b는 상수이다.)

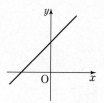

①
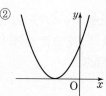

②

③
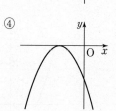

④

⑤
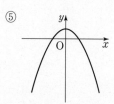

13

이차함수 $y=a(x+3)^2-5$의 그래프가 모든 사분면을 지나도록 하는 실수 a의 값의 범위를 구하시오.

14

이차함수 $y=a(x+p)^2+q$의 그래프가 오른쪽 그림과 같을 때, 다음 중 이차함수 $y=q(x+a)^2+p$의 그래프의 개형으로 알맞은 것은? (단, a, p, q는 상수이다.)

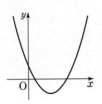

①   ②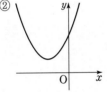

③ 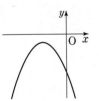 ④

⑤

15

오른쪽 그림과 같이 이차함수 $y=x^2$의 그래프 위에 두 점 A, B가 있다. △AOB가 정삼각형일 때, 이 정삼각형의 넓이를 구하시오. (단, O는 원점이다.)

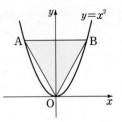

16

그림과 같이 이차함수 $y=-2x^2-1$의 그래프 위의 한 점 P에서 y축과 평행한 직선을 그어 일차함수 $y=-\dfrac{1}{2}x+1$의 그래프와 만나는 점을 Q라 할 때, $\overline{PQ}=\dfrac{7}{2}$을 만족시키는 점 P의 x좌표를 모두 구하시오.

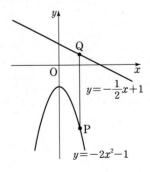

Level 3 이차함수와 그 그래프

01

$a^2(x^2+y^2)-a(x+5y^2)-9x(x+1)+y(6y+1)=0$에 대하여 y가 x의 이차함수가 되도록 하는 실수 a의 값을 구하시오.

02

오른쪽 그림과 같이 이차함수 $y=ax^2$의 그래프 위의 점 $A(1, 2)$를 지나고 기울기가 $\dfrac{5}{4}$인 직선을 그어 이차함수 $y=bx^2$과 제1사분면에서 만나는 점을 B라 할 때, $\overline{AB}=\dfrac{\sqrt{41}}{2}$이다. 상수 a, b의 값을 구하시오. (단, $a>b>0$)

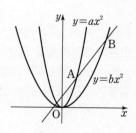

03

오른쪽 그림과 같이 이차함수 $y=x^2+m$의 그래프의 꼭짓점 A를 지나고 기울기가 1인 직선을 그어 이차함수의 그래프와 만나는 다른 한 점을 B, x축과 만나는 점을 C라 하자. $\overline{CA}:\overline{AB}=1:2$일 때, 상수 m의 값을 구하시오. (단, $m>0$)

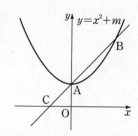

04

오른쪽 그림과 같이 이차함수 $y=-\dfrac{3}{4}x^2+3$의 그래프의 꼭짓점을 A, x축과의 교점을 각각 B,
C라 하고, 이차함수 $y=ax^2$의 그래프를 y축의 방향으로 m만큼 평행이동한 포물선의 꼭짓점을
D라 하면 이 포물선은 점 B를 지난다. 사각형 ABDC의 넓이가 10일 때, am의 값을 구하시오.
(단, a는 상수이고 $a>0$, $m<0$이다.)

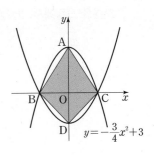

05

일차함수 $y=ax+b$의 그래프가 오른쪽 그림과 같고, 일차함수 $y=x$의 그래프와의 교점이 제3사
분면에 있을 때, 이차함수 $y=(1-a)(x-b)^2+\dfrac{b}{a-1}$의 그래프가 지나는 사분면을 모두 구하시
오. (단, a, b는 상수이다.)

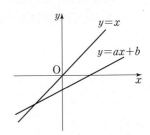

06

이차함수 $y=-\dfrac{1}{2}(x-p)^2+q$의 그래프가 x축과 만나는 두 점을 A, B, y축과 만나는 점을 C라 할 때, 삼각형 ABC가 정삼
각형이다. 상수 p, q의 값을 구하시오. (단, $q>0$)

01

오른쪽 그림에서 이차함수 $y=ax^2$과 $y=cx^2$, $y=bx^2$과 $y=dx^2$의 그래프가 각각 x축에 대하여 대칭일 때, 식 $\dfrac{\sqrt{4(b+c)^2}}{|d|-a}$을 간단히 하면? (단, a, b, c, d는 상수이다.)

① -2 ② 2 ③ $a+b$
④ $a-b$ ⑤ $-a+b$

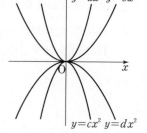

02

이차함수 $y=ax^2$의 그래프를 x축의 방향으로 -2만큼, y축의 방향으로 2만큼 평행이동한 포물선에서 $x<k$이면 x의 값이 증가할 때 y의 값도 증가한다. 이차함수 $y=-a(x+k+2)^2+2ak^2+10ak+12a$의 그래프가 세 사분면만을 지나도록 하는 실수 k의 값의 범위를 구하시오. (단, a는 상수이다.)

03

이차함수 $y=-\dfrac{1}{2}x^2+k\ (k>0)$의 그래프의 꼭짓점을 A, 이 그래프가 x축과 만나는 두 점 중 x좌표가 음수인 점을 B라 할 때, 점 B를 꼭짓점으로 하는 포물선이 두 점 A, $\mathrm{P}\left(1, \dfrac{9}{2}\right)$를 지나도록 하는 상수 k의 값을 구하시오.

04

이차함수 $y=-\dfrac{1}{2}(x-1)^2+1$의 그래프를 x축의 방향으로 p만큼, y축의 방향으로 q만큼 평행이동한 그래프가 x축과 만나는 두 점 사이의 거리가 $6\sqrt{2}$이고, y축과 만나는 점이 $(0, 7)$일 때, 두 상수 p, q의 합 $p+q$의 값을 구하시오. (단, $p<0$)

05

이차함수 $y=a(x+pq)^2+aq$의 그래프가 제1사분면, 제2사분면, 제4사분면만을 지날 때, 이차함수 $y=\dfrac{q}{a}(x+p)^2+\dfrac{1}{2a}$의 그래프가 지나는 사분면을 모두 구하시오. (단, a, p, q는 상수이다.)

06

오른쪽 그림과 같이 이차함수 $y=\dfrac{1}{2}x^2$의 그래프 위의 점 P, 이차함수 $y=-\dfrac{1}{2}(x-2)^2$의 그래프의 꼭짓점 A와 그래프 위의 다른 한 점 Q에 대하여 사각형 POQA가 평행사변형이고, 직선 PQ의 기울기가 $-\dfrac{1}{2}$이다. 사각형 POQA의 넓이를 $a+b\sqrt{5}$라 할 때, 유리수 a, b의 합 $a+b$의 값을 구하시오. (단, 점 P는 제2사분면 위의 점이고, O는 원점이다.)

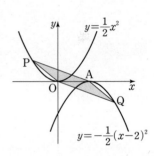

07

오른쪽 그림과 같이 두 이차함수 $y=2x^2-2$, $y=\dfrac{1}{4}x^2+m$의 그래프의 꼭짓점을 각각 A, B라 하고, 두 이차함수의 그래프의 두 교점을 P, Q라 하자. 사각형 PAQB의 넓이가 14일 때, 상수 m의 값을 구하시오. (단, $m>0$)

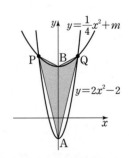

Ⅳ. 이차함수

8 이차함수 $y=ax^2+bx+c$의 그래프

고난도 대표유형·핵심개념

---

① 등급 노트

참고

$x^2+Ax+\square$가 완전제곱식이 되려면 $\square=\left(\dfrac{A}{2}\right)^2$이어야 한다.

$\Rightarrow x^2+Ax+\left(\dfrac{A}{2}\right)^2$

$=\left(x+\dfrac{A}{2}\right)^2$

TIP

꼭짓점의 x좌표가 $-\dfrac{b}{2a}$임을 알아두면 꼭짓점의 y좌표는

$x=-\dfrac{b}{2a}$를 식

$y=ax^2+bx+c$에 대입하여 구할 수 있다.

참고

이차함수의 그래프와 y축과의 교점은 항상 존재하지만, x축과의 교점은 존재하지 않을 수도 있다.

TIP

이차함수 $y=f(x)$에 대하여 이차식 $f(x)$의 상수항과 y축과의 교점의 y좌표가 일치한다.

TIP

식을 $y=a(x-p)^2+q$ 꼴로 변형하여 평행이동하면 그래프의 꼭짓점의 좌표를 쉽게 알 수 있다.

유형 1 이차함수 $y=ax^2+bx+c$를 $y=a(x-p)^2+q$ 꼴로 변형하기 난이도

이차함수 $y=ax^2+bx+c$의 식을 다음과 같이 $y=a(x-p)^2+q$ 꼴로 변형한다.

❶ x^2의 계수로 이차항과 일차항을 묶는다. 이때 상수항은 괄호 밖에 남겨 놓는다.

❷ 괄호 안의 식이 완전제곱식 꼴이 되도록 적당한 상수를 더하고 뺀다.

❸ 분배법칙을 이용하여 중괄호 안의 상수항을 괄호 안에서 빼고, 괄호 안의 식을 완전제곱식 꼴로 변형한다.

$$\Rightarrow y=ax^2+bx+c=a\left(x^2+\dfrac{b}{a}x\right)+c$$

$$=a\left\{x^2+\dfrac{b}{a}x+\left(\dfrac{b}{2a}\right)^2-\left(\dfrac{b}{2a}\right)^2\right\}+c$$

$$=a\left(x+\dfrac{b}{2a}\right)^2-\dfrac{b^2-4ac}{4a}$$

유형 2 이차함수 $y=ax^2+bx+c$의 그래프 난이도

(1) 이차함수 $y=ax^2+bx+c$의 그래프 분석하기

① 꼭짓점의 좌표: $\left(-\dfrac{b}{2a},\ -\dfrac{b^2-4ac}{4a}\right)$, 축의 방정식: $x=-\dfrac{b}{2a}$

② $a>0$이면 아래로 볼록($\cup$)하고, $a<0$이면 위로 볼록($\cap$)하다.

③ y축과의 교점의 좌표: $(0,\ c)$

(2) 이차함수 $y=ax^2+bx+c$의 그래프가 축과 만나는 점

① x축과의 교점: $y=0$을 대입하여 x의 값을 구한다.

$\qquad\Rightarrow$ 이차방정식 $ax^2+bx+c=0$의 해를 구한다.

② y축과의 교점: $x=0$을 대입하여 y의 값을 구한다. $\Rightarrow (0,\ c)$

유형 3 이차함수 $y=ax^2+bx+c$의 그래프 그리기 난이도

이차함수 $y=ax^2+bx+c$의 그래프는 다음과 같이 그린다.

❶ $y=a(x-p)^2+q$꼴로 변형하여 꼭짓점의 좌표 $(p,\ q)$를 구한다.

❷ a의 부호에 따라 그래프의 모양을 결정한다.

❸ y축과의 교점 $(0,\ c)$를 표시한다.

유형 4 이차함수 $y=ax^2+bx+c$의 그래프의 평행이동 난이도

이차함수 $y=ax^2+bx+c$의 그래프를 평행이동할 때에는 식을 $y=a(x-p)^2+q$ 꼴로 변형한 후 평행이동한다.

이차함수 $y=ax^2+bx+c$의 그래프의 성질과 활용 | 유형 5

난이도 ★★

(1) 이차함수의 그래프가 지나는 사분면을 구할 때 ⇨ 그래프의 개형을 그려서 판단한다.

(2) 이차함수 $y=ax^2+bx+c$의 그래프가 증가, 감소하는 범위를 구할 때
  ⇨ 축 $x=-\dfrac{b}{2a}$를 기준으로 증가, 감소하는 범위를 판단한다.

(3) 이차함수의 그래프 위의 세 점으로 이루어진 삼각형의 넓이를 구할 때 ⇨ 삼각형의 한 변이 x축 또는 y축에 평행하다면, x축 또는 y축과 평행한 변을 밑변으로 하여 밑변과 높이를 구한다.

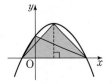

이차함수의 식 구하기 | 유형 6

난이도 ★★★

(1) 꼭짓점 (p, q)와 그래프 위의 다른 한 점을 알 때
  ⇨ 식을 $y=a(x-p)^2+q$로 놓고, 다른 한 점의 좌표를 대입하여 a의 값을 구한다.

(2) 축의 방정식 $x=p$와 그래프 위의 두 점을 알 때
  ⇨ 식을 $y=a(x-p)^2+q$로 놓고, 두 점의 좌표를 각각 대입하여 a, q의 값을 구한다.

(3) 그래프 위의 서로 다른 세 점을 알 때
  ⇨ 식을 $y=ax^2+bx+c$로 놓고, 세 점의 좌표를 각각 대입하여 a, b, c의 값을 구한다.

(4) x축과의 교점 $(m, 0)$, $(n, 0)$과 그래프 위의 다른 한 점을 알 때
  ⇨ 식을 $y=a(x-m)(x-n)$으로 놓고, 다른 한 점의 좌표를 대입하여 a의 값을 구한다.

이차함수 $y=ax^2+bx+c$의 그래프에서 a, b, c의 부호 | 유형 7

난이도 ★★★

(1) **a의 부호:** 그래프의 모양(볼록 방향)에 따라 결정된다.
  ⇨ 아래로 볼록($\cup$)이면 $a>0$, 위로 볼록($\cap$)이면 $a<0$

(2) **b의 부호:** 축 $x=-\dfrac{b}{2a}$의 위치에 따라 결정된다.
  ① 축이 y축의 왼쪽 ⇨ a, b는 서로 같은 부호
  ② 축이 y축과 일치 ⇨ $b=0$
  ③ 축이 y축의 오른쪽 ⇨ a, b는 서로 다른 부호

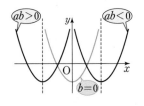

(3) **c의 부호:** y축과의 교점의 위치에 따라 결정된다.
  ① y축과의 교점이 원점의 위쪽 ⇨ $c>0$
  ② y축과의 교점이 원점 ⇨ $c=0$
  ③ y축과의 교점이 원점의 아래쪽
    ⇨ $c<0$

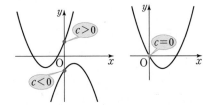

① 등급 노트

풀이전략

이차함수의 그래프의 개형을 그릴 때에는 y축과의 교점이 원점보다 위쪽에 있는지 아래쪽에 있는지 고려해야 한다.

참고

(1) $a>0$일 때

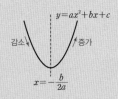

(2) $a<0$일 때

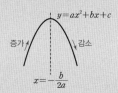

➕플러스 개념

이차함수의 그래프는 축에 대하여 대칭이므로 x축과의 두 교점의 좌표가 $(m, 0)$, $(n, 0)$이면 축의 방정식은 $x=\dfrac{m+n}{2}$이다.

TIP

① $ab>0$ 또는 $\dfrac{a}{b}>0$ $(b\neq0)$
  ⇨ a, b의 부호가 같다.
  ⇨ $a>0$, $b>0$
    또는 $a<0$, $b<0$

② $ab<0$ 또는 $\dfrac{a}{b}<0$ $(b\neq0)$
  ⇨ a, b의 부호가 다르다.
  ⇨ $a>0$, $b<0$
    또는 $a<0$, $b>0$

01

이차함수 $y=2x^2+6x+1$의 그래프의 꼭짓점의 좌표를 (p, q) 라 할 때, 상수 p, q에 대하여 $p+q$의 값은?

① -5 ② -2 ③ $\dfrac{3}{2}$

④ 2 ⑤ $\dfrac{7}{2}$

02

이차함수 $y=-3x^2+6x+5$의 그래프는 이차함수 $y=-3(x+1)^2+1$의 그래프를 x축의 방향으로 p만큼, y축의 방향으로 q만큼 평행이동한 것이다. 상수 p, q의 합 $p+q$의 값은?

① 5 ② 6 ③ 7

④ 8 ⑤ 9

03

오른쪽 그림과 같이 이차함수 $y=-x^2+5x+2$의 그래프의 꼭짓점을 A, y축과의 교점을 B 라 할 때, 삼각형 OAB의 넓이를 구하시오. (단, O는 원점이다.)

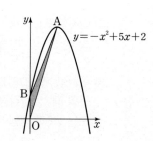

04

이차함수 $y=-3x^2+2kx+1$의 그래프의 꼭짓점의 y좌표가 4일 때, 양수 k의 값은?

① 3 ② 6 ③ 9

④ 12 ⑤ 15

05

이차함수 $y=-\dfrac{2}{3}x^2+4x-5$의 그래프가 지나는 사분면을 모두 구하시오.

06

다음 이차함수 중 그 그래프가 x축과 만나지 않는 것은?

① $y=x^2-x$

② $y=x^2-4x+2$

③ $y=2x^2-2x+1$

④ $y=-\dfrac{1}{2}x^2-3x-4$

⑤ $y=-x^2-3x+1$

07

이차함수 $y=-\dfrac{1}{4}x^2+x-2$의 그래프를 x축의 방향으로 a만큼, y축의 방향으로 3만큼 평행이동한 포물선의 꼭짓점의 좌표가 $(-5,\,b)$일 때, 상수 a, b의 합 $a+b$의 값을 구하시오.

08

이차함수 $y=-2x^2+2x+k$의 그래프를 x축의 방향으로 $\dfrac{3}{2}$만큼 평행이동한 포물선이 제2사분면을 지나지 않도록 하는 실수 k의 값의 범위를 구하시오.

09

점 $(2, -1)$을 지나는 이차함수 $y=-3x^2+kx-5$의 그래프에서 x의 값이 증가할 때 y의 값이 감소하는 x의 값의 범위는? (단, k는 상수이다.)

① $x > \dfrac{4}{3}$ ② $x < \dfrac{4}{3}$ ③ $x > -\dfrac{4}{3}$

④ $x < \dfrac{8}{3}$ ⑤ $x < -\dfrac{4}{3}$

11

오른쪽 그림과 같이 이차함수 $y=-\dfrac{1}{3}x^2+\dfrac{4}{3}x+\dfrac{8}{3}$의 그래프가 x축과 만나는 두 점을 A, B, y축과 만나는 점을 C, 꼭짓점을 D라 할 때, $\triangle ABC : \triangle ABD$를 가장 간단한 자연수의 비로 나타내면?

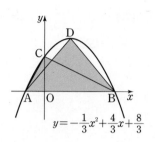

① $1:2$ ② $2:3$ ③ $3:4$
④ $3:5$ ⑤ $3:8$

10

이차함수 $y=-\dfrac{1}{4}x^2+(a-2)x+a^2$의 그래프가 제1사분면을 지나지 않을 때, 이 그래프에서 x의 값이 증가할 때 y의 값도 증가하는 x의 값의 범위를 구하시오. (단, a는 상수이다.)

12

그림과 같이 이차함수 $y=-x^2+a$의 그래프와 이차함수 $y=-x^2+a$의 그래프를 x축의 방향으로 3만큼 평행이동한 그래프가 있다. 두 이차함수의 그래프의 꼭짓점을 각각 A, B라 하자. 색칠한 부분의 넓이가 12일 때, 상수 a의 값을 구하시오.

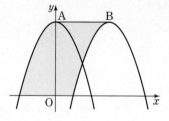

13

이차함수 $y=ax^2+bx+c$의 그래프의 꼭짓점의 좌표가 $(-2, 3)$이고 점 $(-1, 2)$를 지날 때, 상수 a, b, c의 합 $a+b+c$의 값을 구하시오.

15

이차함수 $y=ax^2+bx+c$의 그래프가 오른쪽 그림과 같을 때, 다음 중 옳은 것을 모두 고르면? (단, a, b, c는 상수이다.) (정답 2개)

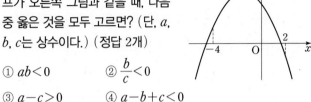

① $ab<0$ ② $\dfrac{b}{c}<0$

③ $a-c>0$ ④ $a-b+c<0$

⑤ $4a+2b+c<0$

14

세 점 $(-1, 5)$, $(0, 4)$, $(1, -1)$을 지나는 이차함수의 그래프의 꼭짓점의 좌표를 (p, q)라 할 때, $-p+2q$의 값을 구하시오.

16

이차함수 $y=ax^2+bx+c$의 그래프가 오른쪽 그림과 같을 때, 이차함수 $y=cx^2+bx+a$의 그래프가 지나는 사분면을 모두 구하면?
(단, a, b, c는 상수이다.)

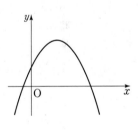

① 제1사분면, 제2사분면
② 제2사분면, 제3사분면
③ 제1사분면, 제2사분면, 제3사분면
④ 제1사분면, 2사분면, 제4사분면
⑤ 모든 사분면을 지난다.

01

이차함수 $y=-\dfrac{1}{2}x^2+2x-1$의 그래프와 꼭짓점의 좌표가 같고, 이차함수 $y=-\dfrac{1}{4}x^2$의 그래프와 모양이 같은 포물선이 x축과 만나는 두 점을 A, B라 할 때, 선분 AB의 길이는?

① 1   ② 2   ③ 3
④ 4   ⑤ 5

02

이차함수 $y=5x^2+x+q$의 그래프와 이차함수 $y=a(x-p)^2-\dfrac{19}{20}$의 그래프가 x축에 대하여 대칭일 때, 상수 a, p, q에 대하여 apq의 값을 구하시오.

03

점 $(2, 5)$를 지나는 이차함수 $y=\dfrac{1}{2}x^2-ax+b$의 그래프의 꼭짓점이 직선 $y=3x+\dfrac{7}{2}$ 위에 있을 때, 상수 a, b에 대하여 $b-a$의 값을 구하시오.

04

이차함수 $y=ax^2-\dfrac{5}{2}x-7$의 그래프가 x축과 서로 다른 두 점에서 만나고, 그 중 한 점의 좌표가 $(7, 0)$일 때, 다른 한 점의 좌표를 구하시오. (단, a는 상수이다.)

05

그림과 같이 이차함수 $y=-x^2+ax+b$의 그래프가 일차함수 $y=\dfrac{4}{5}x+4$의 그래프와 두 점에서 만날 때, 이차함수 $y=-x^2+bx+a$의 그래프의 꼭짓점의 좌표를 구하시오.

(단, a, b는 상수이다.)

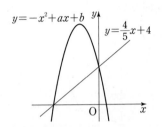

06

이차함수 $y=-x^2+2x+a$의 그래프가 네 점 $(0, 2)$, $(4, 2)$, $(4, 6)$, $(0, 6)$을 꼭짓점으로 하는 정사각형과 만나도록 하는 실수 a의 값의 범위를 $p \le a \le q$라 할 때, 두 상수 p, q의 합 $p+q$의 값을 구하시오.

07

이차함수의 $y=ax^2-4a$의 그래프가 네 점 $(3, 3)$, $(3, 6)$, $(-3, 6)$, $(-3, 3)$을 꼭짓점으로 하는 직사각형과 만나도록 하는 실수 a의 값의 범위는 $a \ge p$ 또는 $a \le q$이다. 두 상수 p, q에 대하여 $\dfrac{p}{q}$의 값을 구하시오.

08

이차함수 $y=ax^2+bx+7$의 그래프가 점 $\left(\dfrac{1}{a}, 2a\right)$를 지나고, x의 값이 증가할 때 y의 값이 증가하는 x의 값의 범위가 $x<3$이다. 상수 a, b의 합 $a+b$의 값을 구하시오.

09

오른쪽 그림과 같이 이차함수 $y=\dfrac{1}{2}x^2-3x-8$의 그래프가 y축과 만나는 점을 A, 꼭짓점을 B, x축의 양의 방향과 만나는 점을 C라 할 때, 사각형 OABC의 넓이를 구하시오.
(단, O는 원점이다.)

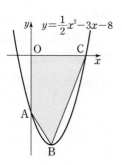

11

그림과 같이 두 이차함수 $y=x^2$, $y=x^2-6x+10$의 그래프와 두 직선 $y=ax$, $y=ax+\dfrac{14}{3}$가 있다. 직선 $y=ax$가 이차함수 $y=x^2-6x+10$의 그래프의 꼭짓점을 지날 때, 색칠한 부분의 넓이를 구하시오. (단, a는 상수이고, 색칠한 부분은 직선 $y=ax$보다 위쪽에 있다.)

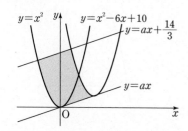

10

오른쪽 그림과 같이 이차함수 $y=x^2+3x+\dfrac{5}{4}$의 그래프가 x축과 만나는 두 점 중 x좌표가 더 작은 점을 A, 꼭짓점을 B, y축과 만나는 점을 C라 할 때, 삼각형 ABC의 넓이를 구하시오.

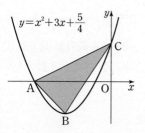

12

오른쪽 그림과 같이 이차함수 $y=ax^2+bx+c$의 그래프가 x축과 두 점 O(0, 0), A(8, 0)에서 만나고, 이 그래프의 꼭짓점 B에 대하여 삼각형 OAB의 넓이가 20일 때, 상수 a, b, c의 합 $a+b+c$의 값은?
(단, $a<0$)

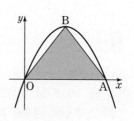

① $\dfrac{15}{16}$　　② $\dfrac{5}{4}$　　③ $\dfrac{25}{16}$

④ $\dfrac{15}{8}$　　⑤ $\dfrac{35}{16}$

13

$f(x)=ax^2+bx+c$에 대하여 $f(-3)=f(4)$인 이차함수 $y=f(x)$의 그래프가 두 점 $(0, 2)$, $\left(\dfrac{3}{2}, 5\right)$를 지날 때, 상수 a, b, c의 곱 abc의 값을 구하시오.

14

x축과의 두 교점의 좌표가 $(k, 0)$, $(2k+1, 0)$인 이차함수의 그래프가 직선 $x=5$에 대하여 대칭이고 점 $\left(6, -\dfrac{9}{4}\right)$를 지날 때, 이 그래프의 꼭짓점의 좌표를 구하시오.

15

일차함수 $y=ax-b$의 그래프가 오른쪽 그림과 같을 때, 다음 중 이차함수 $y=ax^2+bx-a+b$의 그래프의 개형으로 알맞은 것은? (단, a, b는 상수이다.)

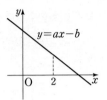

① 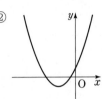 ②

③ 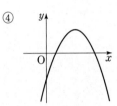 ④

⑤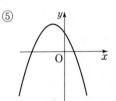

16

이차함수 $y=ax^2+abx$의 그래프의 꼭짓점이 제2사분면 위에 있을 때, 이차함수 $y=bx^2+abx$의 그래프의 꼭짓점은 제몇 사분면 위의 점인지 구하시오. (단, a, b는 상수이다.)

01

이차함수 $y=\dfrac{1}{2}ax^2+2ax+b$의 그래프가 x축과 만나지 않을 때, ∥ 보기 ∥에서 이 그래프에 대한 설명으로 항상 옳은 것을 모두 고른 것은? (단, a, b는 상수이다.)

┌─ 보기 ──┐

ㄱ. 점 $(4,\ 10a+b)$를 지난다.　　　　　　ㄴ. 꼭짓점의 좌표는 $(-2,\ -2a+b)$이다.

ㄷ. $b>2a$　　　　　　　　　　　　　　ㄹ. $\dfrac{b}{a}>2$

└──┘

① ㄱ, ㄴ　　　　　　　　② ㄴ, ㄷ　　　　　　　　③ ㄴ, ㄹ

④ ㄷ, ㄹ　　　　　　　　⑤ ㄴ, ㄷ, ㄹ

02

두 이차함수 $y=-x^2+6x-3.5$, $y=0.5x^2+4x+6$의 그래프가 직선 $y=k$와 만나서 생기는 교점의 개수를 $f(k)$라 할 때, $f(k)=4$인 정수 k의 범위가 $m\leq k\leq n$이다. 두 정수 m, n의 합 $m+n$의 값을 구하시오.

03

오른쪽 그림과 같이 이차함수 $y=\dfrac{3}{4}x^2$의 그래프를 x축의 방향으로 a만큼, y축의 방향으로 a만큼 평행이동한 포물선을 $y=f(x)$, x축의 방향으로 $-a$만큼, y축의 방향으로 a만큼 평행이동한 포물선을 $y=g(x)$라 하자. 두 이차함수 $y=f(x)$, $y=g(x)$의 그래프와 두 직선 $x=a$, $x=-a$ 및 x축으로 둘러싸인 부분의 넓이를 S, 이차함수 $y=-\dfrac{3}{4}x^2$의 그래프와 직선 $y=-a$로 둘러싸인 부분의 넓이를 T라 할 때, $S+T$의 값을 구하시오. (단, $a>0$)

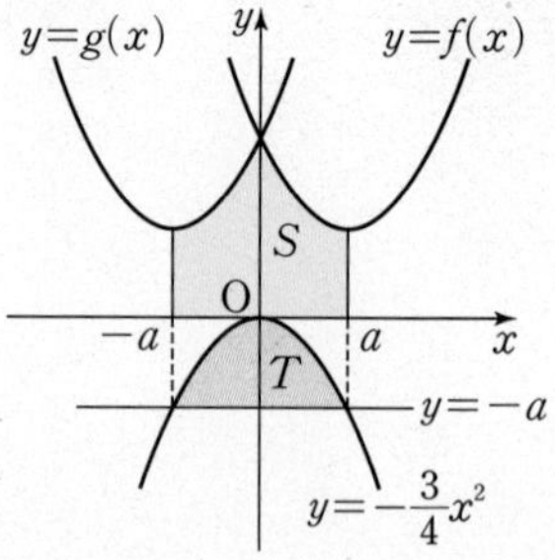

04

이차함수 $y=f(x)$가 다음 조건을 만족하도록 하는 실수 k의 값을 모두 구하시오.

> (가) 모든 실수 x에 대하여 $f(x+3)-f(x-1)=2k(x-2)$가 성립한다.
> (나) 두 점 $(0, 0)$, $(k, f(k))$를 지나는 직선의 기울기는 -2이다.
> (다) $f(0)=0$

05

오른쪽 그림과 같이 이차함수 $y=\dfrac{5}{4}x^2+\dfrac{5}{2}x-\dfrac{15}{4}$의 그래프가 x축과 만나는 두 점을 A, B, y축과 만나는 점을 C라 하고, 이차함수 $y=f(x)$의 그래프의 꼭짓점을 P, y축과 만나는 점을 Q라 하면 $\overline{OC}=\overline{OQ}$이고 두 이차함수의 그래프가 점 A에서 만난다. 삼각형 ABP가 직각삼각형일 때, 삼각형 ABP의 넓이를 구하시오. (단, 점 A의 x좌표는 음수이고, O는 원점이다.)

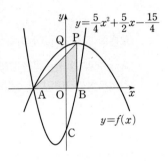

06

이차함수 $y=ax^2+bx+c$의 그래프가 오른쪽 그림과 같고, x의 값이 2, 4일 때의 함숫값이 서로 같을 때, ▍보기▍에서 옳은 것을 모두 고른 것은? (단, a, b, c는 상수이다.)

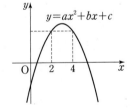

┤ 보기 ├
ㄱ. $a-2b+4c<0$　　　　　　ㄴ. $abc<0$
ㄷ. $3a+b<0$　　　　　　　　ㄹ. $6a+b=0$

① ㄱ, ㄷ　　　　　　② ㄱ, ㄹ　　　　　　③ ㄴ, ㄷ
④ ㄴ, ㄹ　　　　　　⑤ ㄷ, ㄹ

01

오른쪽 그림과 같이 이차함수 $y=\dfrac{1}{2}x^2+ax+b$의 그래프의 꼭짓점을 A, y축과 만나는 점을 B, x축의 양의 방향과 만나는 점을 C라 하고, 선분 AC가 y축과 만나는 점을 P라 하자. $\triangle$ABP와 $\triangle$BCP의 넓이의 비가 $2:1$이고 $\triangle$ABC의 넓이가 $\dfrac{3}{4}a$일 때, 상수 a, b의 곱 ab의 값을 구하시오. (단, $a>0$, $b<0$)

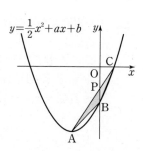

02

오른쪽 그림과 같이 이차함수 $y=\dfrac{5}{12}x^2+mx-4$의 그래프가 x축의 음의 방향과 만나는 점을 A, y축과 만나는 점을 B라 하자. 그래프 위의 한 점 C에 대하여 삼각형 ABC가 $\angle$B$=90°$인 직각이등변삼각형일 때, 상수 m의 값을 구하시오. (단, $m<0$)

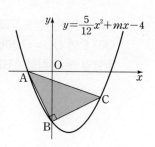

03

이차함수 $y=ax^2+bx+c$의 그래프가 오른쪽 그림과 같을 때, □ 안에 알맞은 부등호를 순서대로 나열한 것은? (단, a, b, c는 상수이다.)

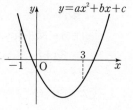

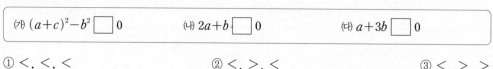

| ㈎ $(a+c)^2-b^2$ □ 0 | ㈏ $2a+b$ □ 0 | ㈐ $a+3b$ □ 0 |

① $<$, $<$, $<$ ② $<$, $>$, $<$ ③ $<$, $>$, $>$

④ $>$, $<$, $<$ ⑤ $>$, $<$, $>$

04

오른쪽 그림과 같이 이차함수 $y=-ax^2+2ax+8a$의 그래프가 x축과 만나는 두 점을 각각 A, B, y축과 만나는 점을 C라 하고, 점 A를 지나고 삼각형 ABC의 넓이를 이등분하는 직선이 선분 BC와 만나는 점을 P, 이차함수의 그래프와 만나는 다른 한 점을 Q라 하자. 삼각형 CPQ 의 넓이가 $\dfrac{9}{4}$일 때, 상수 a의 값을 구하시오. (단, $a>0$)

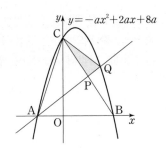

05

오른쪽 그림과 같이 이차함수 $y=x^2-4x+5$의 그래프 위의 점 중 x좌표가 자연수인 점이 좌표평면 위에 찍혀 있다. 자연수 n에 대하여 다음 조건을 만족시키는 가장 작은 원의 반지름의 길이를 $f(n)$이 라 하자.

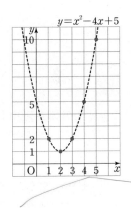

> (개) 원의 중심은 (n, n^2-4n+5)이다.
> (내) 찍힌 점 중에서 원의 내부와 원주 위에 있는 점은 3개뿐이다.

예를 들어, $f(1)=2$이다. $\{f(1)\}^2+\{f(2)\}^2+\{f(3)\}^2+\cdots+\{f(6)\}^2$의 값을 구하시오.

06

신기전은 조선 시대에 사용된 로켓추진 화살로, 크 기에 따라 대·중·소신기전으로 나뉘며 산화신기 전은 2단 로켓 구조이다. 오른쪽 그림과 같이 대신 기전의 화살은 포물선 모양의 궤적을 따라 날아가 고, 산화신기전의 화살은 대신기전의 궤적을 따라 1차 추진한 후, 수평거리가 150 m이고 높이가 300 m인 지점에서 재점화되어 포물선 모양의 궤적 으로 2차 추진을 한다. 대신기전의 목표 지점은 발

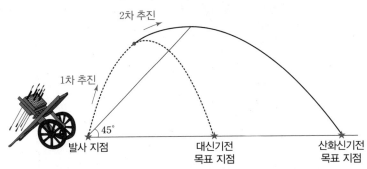

사 지점으로부터 450 m 떨어진 곳이고, 산화신기전 화살이 최고 높이에 도달하였을 때 발사 지점에서 화살을 바라본 각도는 45°이다. 산화신기전의 발사 지점으로부터 목표 지점까지의 거리는 대신기전의 2배일 때, 산화신기전 화살이 도달하는 최고 높 이와 대신기전 화살이 도달하는 최고 높이의 차를 구하시오. (단, 산화신기전의 화살은 대신기전의 화살보다 더 높이 날아가고, 두 궤적은 대칭축이 y축과 평행한 포물선 모양이다.)

01

점 $A(2, 4)$를 지나는 이차함수 $y=ax^2$의 그래프 위의 다른 한 점 B와 y축 위의 점 C, 원점 O에 대하여 사각형 ACBO가 마름모일 때, 사각형 ACBO의 넓이를 구하시오. (단, a는 상수이다.)

02

그림과 같이 좌표평면의 제1사분면에 있는 정사각형 ABCD의 모든 변은 x축 또는 y축과 평행이다. 두 점 A, C는 각각 이차함수 $y=-(x-2)^2+4$, $y=\dfrac{1}{2}x^2$의 그래프 위에 있고, 점 A의 y좌표는 점 C의 y좌표보다 크다. $\overline{AB}=1$일 때, 점 A의 x좌표와 y좌표의 합을 구하시오.

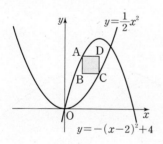

03

그림과 같이 두 이차함수 $y=(x-2)^2$, $y=(x+3)^2$의 그래프가 직선 $y=k$와 만나는 네 점을 각각 A, B, C, D라 하면 $\overline{AB}=\overline{BC}=\overline{CD}$이다. 이차함수 $y=(x+3)^2$의 꼭짓점을 E라 할 때, 사각형 BEOD의 넓이를 구하시오. (단, $k>0$이고, O는 원점이다.)

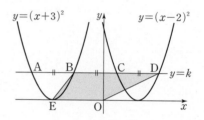

04

오른쪽 그림과 같이 이차함수 $y=ax^2$의 그래프 위의 두 점 A, B, 이차함수 $y=-\dfrac{a}{2}x^2$의 그래프 위의 두 점 C, D에 대하여 사각형 ACDB가 정사각형이고, $\overline{AC}$는 y축에 평행하다. $\triangle$ACO의 넓이와 $\triangle$AOB의 넓이의 비를 $1:k$라 할 때, k의 값을 구하시오. (단, $a>0$이고, O는 원점이다.)

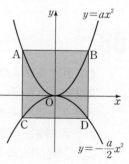

05

이차함수 $y=\dfrac{1}{2}x^2+3x+5$의 그래프를 x축의 방향으로 m만큼, y축의 방향으로 n만큼 평행이동하였더니 이차함수 $y=\dfrac{1}{2}x^2+5x+8$의 그래프와 일치하였을 때, 두 상수 m, n의 곱 mn의 값을 구하시오.

06

이차함수 $y=-\dfrac{5}{4}x^2+5x+1$의 그래프에서 x의 값이 증가할 때 y의 값도 증가하는 x의 값의 범위를 구하시오.

07

오른쪽 그림과 같이 이차함수 $y=-\dfrac{1}{2}x^2+ax+6$의 그래프의 꼭짓점을 A, y축과 만나는 점을 B, x축의 양의 방향과 만나는 점을 C 라 하자. 삼각형 BOC가 직각이등변삼각형일 때, 삼각형 ABC의 넓이를 구하시오. (단, a는 상수이고, O는 원점이다.)

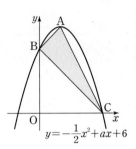

08

이차함수 $y=ax^2+bx+c$의 그래프의 꼭짓점의 좌표가 $(-1, 8)$이고, x축과의 두 교점 사이의 거리가 8일 때, 상수 a, b, c에 대하여 $a+b+c$의 값을 구하시오.

정답과 풀이

Level 4

Level 3

Level 2

Level 1

심화·고난도 수학으로 상위권 도약!

뉴런 고난도

수학 3(상)

고난도 대표유형 · 핵심개념   ➕   Level별 문항 구성   ➕   정답과 풀이

뉴런 고난도 수학 3(상)

정답과 풀이

Ⅰ. 실수와 그 연산

1 제곱근과 실수

 Level ①   본문 6~9쪽

01 ④   **02** ②   **03** $\sqrt{40}$ **04** 16   **05** 3   **06** $-a^2-\dfrac{7}{2}a$

07 45   **08** 11   **09** ③   **10** 2   **11** ③, ④   **12** ②   **13** 7

14 54   **15** $7+\sqrt{10}$ **16** ④

---

01 (제곱근 16)$=\sqrt{16}=4$이므로
$a=4$
$0.\dot{1}=\dfrac{1}{9}$이고, $\dfrac{1}{9}$의 음의 제곱근은 $-\dfrac{1}{3}$이므로
$b=-\dfrac{1}{3}$
$\sqrt{81}=9$이고, 9의 양의 제곱근은 3이므로
$c=3$
따라서
$a-b-c=4-\left(-\dfrac{1}{3}\right)-3=\dfrac{4}{3}$

02 ② $\sqrt{36}=6$이고, 6의 제곱근은 $\pm\sqrt{6}$이다.

03 삼각형 ABH에서 피타고라스 정리에 의하여
$\overline{AH}=\sqrt{10^2-8^2}=6$
삼각형 ABC의 넓이가 30이므로
$\dfrac{1}{2}\times\overline{BC}\times6=30$
따라서 $\overline{BC}=10$이므로
$\overline{CH}=\overline{BC}-8=10-8=2$
삼각형 AHC에서 피타고라스 정리에 의하여
$\overline{AC}=\sqrt{2^2+6^2}=\sqrt{40}$

04 $\sqrt{(-4)^2}=4$이고, 4의 제곱근의 제곱은 4이므로
$A=4$
$\sqrt{32}$의 제곱은 32이고, 32의 음의 제곱근은 $-\sqrt{32}$이므로
$B=-\sqrt{32}$
따라서
$B^2-A^2=(-\sqrt{32})^2-4^2$
$=32-16=16$

05 $A=(-\sqrt{0.3})^2\div\sqrt{\left(\dfrac{1}{10}\right)^2}\times\sqrt{\dfrac{4}{25}}$
$=(-\sqrt{0.3})^2\div\sqrt{\left(\dfrac{1}{10}\right)^2}\times\sqrt{\left(\dfrac{2}{5}\right)^2}$
$=0.3\div\dfrac{1}{10}\times\dfrac{2}{5}$
$=\dfrac{3}{10}\times10\times\dfrac{2}{5}$
$=\dfrac{6}{5}$
$B=\sqrt{(-0.2)^2}\times\sqrt{324}-\sqrt{(-3)^2}\div\left(\sqrt{\dfrac{5}{3}}\right)^2$
$=\sqrt{(-0.2)^2}\times\sqrt{18^2}-\sqrt{(-3)^2}\div\left(\sqrt{\dfrac{5}{3}}\right)^2$
$=0.2\times18-3\div\dfrac{5}{3}$
$=\dfrac{1}{5}\times18-3\times\dfrac{3}{5}$
$=\dfrac{18}{5}-\dfrac{9}{5}$
$=\dfrac{9}{5}$
따라서 $A+B=\dfrac{6}{5}+\dfrac{9}{5}=\dfrac{15}{5}=3$

06 $\sqrt{0.25a^2}+\sqrt{(2a-1)^2}-\sqrt{(a^2+1)^2}+(-\sqrt{-a})^2$
$=\sqrt{(0.5a)^2}+\sqrt{(2a-1)^2}-\sqrt{(a^2+1)^2}+(\sqrt{-a})^2$
$=|0.5a|+|2a-1|-|a^2+1|+(-a)$
$=-0.5a+(-2a+1)-(a^2+1)+(-a)$
$=-\dfrac{1}{2}a-2a+1-a^2-1-a$
$=-a^2-\dfrac{7}{2}a$

실수하기 쉬운 부분 짚어보기
$a<0$이면 $\sqrt{a^2}=-a$임에 유의한다.

07 $180=2^2\times3^2\times5$이므로 x는 반드시 5의 배수이어야 한다.
이때 x는 두 자리의 자연수이고 $\dfrac{180}{x}$의 소인수의 지수가 모두 짝수가 되기 위해서는
$x=5\times2^2=20$ 또는 $x=5\times3^2=45$
이어야 한다.
따라서 가장 큰 두 자리의 자연수 x의 값은 45이다.

08 x는 자연수이므로 42보다 큰 (자연수)^2 꼴인 수를 찾으면
$7^2, 8^2, 9^2, \cdots$

이때 $42+2x$는 짝수이므로 짝수 중에서 가장 작은 $(\text{자연수})^2$ 꼴인 수는 8^2이다.

따라서 $42+2x=8^2$이므로

$2x=22$ $\therefore x=11$

09 x, y는 각각 1부터 6까지의 수이므로 모든 경우의 수는

$6\times6=36$

$\sqrt{36xy}$에서 $36xy$를 소인수분해하면

$36xy=2^2\times3^2\times x\times y$

이므로 $\sqrt{36xy}$가 자연수가 되려면 xy는 $(\text{자연수})^2$ 꼴이 되어야 한다.

이를 만족시키는 순서쌍 (x, y)를 구하면

$(1, 1), (2, 2), (3, 3), (4, 4), (5, 5), (6, 6),$

$(1, 4), (4, 1)$

의 8가지이다.

따라서 구하는 확률은

$\dfrac{8}{36}=\dfrac{2}{9}$

실수하기 쉬운 부분 짚어보기

$(1, 4), (4, 1)$일 때도 xy가 $(\text{자연수})^2$ 꼴인 수임을 유의한다.

10 $\sqrt{(1-\sqrt3)^2}+\sqrt{(3-\sqrt2)^2}-\sqrt{(\sqrt3-\sqrt2)^2}$

$=|1-\sqrt3|+|3-\sqrt2|-|\sqrt3-\sqrt2|$

$=(\sqrt3-1)+(3-\sqrt2)-(\sqrt3-\sqrt2)$

$=\sqrt3-1+3-\sqrt2-\sqrt3+\sqrt2$

$=2$

실수하기 쉬운 부분 짚어보기

$a-b>0 \Rightarrow \sqrt{(a-b)^2}=|a-b|=a-b$

$a-b<0 \Rightarrow \sqrt{(a-b)^2}=|a-b|=b-a$

11 ① $-\sqrt6<-\sqrt{2.5}<1$

② $\dfrac{16}{3}=5.333\cdots$이므로 $-\sqrt6<-\sqrt{\dfrac{16}{3}}<1$

③ $-2.5=-\sqrt{(2.5)^2}=-\sqrt{6.25}$이므로

$-\sqrt{6.25}<-\sqrt6$

따라서 $-2.5<-\sqrt6$

④ $\sqrt{1.2}>\sqrt1=1$

⑤ $\dfrac{1}{10}=0.1$이므로 $-\sqrt6<\sqrt{\dfrac{1}{10}}<1$

따라서 $-\sqrt6$과 1 사이의 수가 아닌 것은 ③, ④이다.

12 $1<2$이므로 $1<\sqrt2$

위의 부등식의 양변에 $\sqrt3$을 더하면

$1+\sqrt3<\sqrt2+\sqrt3$

이므로 $A<C$

$2<4$이므로 $\sqrt2<\sqrt4=2$

위의 부등식의 양변에 $\sqrt3$을 더하면

$\sqrt2+\sqrt3<2+\sqrt3$

이므로 $C<B$

따라서 $A<C<B$

13 $6\le\sqrt{2x}<7$에서 각 변을 제곱하여 정리하면

$6^2\le(\sqrt{2x})^2<7^2$, $36\le2x<49$

$18\le x<\dfrac{49}{2}$

이때 x는 자연수이므로

$18, 19, \cdots, 24$

따라서 부등식 $6\le\sqrt{2x}<7$을 만족시키는 자연수 x는 7개이다.

14 $\sqrt1=1, \sqrt4=2, \sqrt9=3, \sqrt{16}=4, \cdots$이고,

$f(1)=(\sqrt1 \text{ 이하의 자연수의 개수})=1$

$f(2)=(\sqrt2 \text{ 이하의 자연수의 개수})=1$

$f(3)=(\sqrt3 \text{ 이하의 자연수의 개수})=1$

$f(4)=(\sqrt4=2 \text{ 이하의 자연수의 개수})=2$

$f(5)=(\sqrt5 \text{ 이하의 자연수의 개수})=2$

$\vdots$

이므로

$f(1)=f(2)=f(3)=1,$

$f(4)=f(5)=f(6)=f(7)=f(8)=2,$

$f(9)=f(10)=\cdots=f(15)=3,$

$f(16)=f(17)=\cdots=f(20)=4$

따라서

$f(1)+f(2)+f(3)+\cdots+f(20)$

$=1\times3+2\times5+3\times7+4\times5$

$=54$

함정 피하기

$f(1), f(4), f(9), \cdots$과 같이 $n=(\text{자연수})^2$ 꼴인 수를 기준으로 생각한다. 즉, $1\le n<4$일 때 $f(n)=1$, $4\le n<9$일 때 $f(n)=2$, $\cdots$이다.

15 삼각형 ABC에서 피타고라스 정리에 의하여

$\overline{AC}=\sqrt{1^2+3^2}=\sqrt{10}$

$\overline{AC}=\overline{CQ}$이므로 $\overline{CQ}=\sqrt{10}$

삼각형 PQR에서 피타고라스 정리에 의하여
$$\overline{PQ}=\sqrt{3^2+4^2}=5$$
$\overline{PQ}=\overline{QS}$이므로 $\overline{QS}=5$
따라서 점 S에 대응하는 수는
$$2+\overline{CQ}+\overline{QS}=2+\sqrt{10}+5$$
$$=7+\sqrt{10}$$

16 $\dfrac{n}{m}$(m, n은 정수, $m\neq0$) 꼴로 나타낼 수 있는 수는 유리수이다.

π^2, $\sqrt{0.144}$, $\dfrac{1}{\sqrt{3}}$, $0.101001000\cdots$는 모두 무리수이고,

$$\sqrt{1.96}=\sqrt{(1.4)^2}=1.4$$
이므로 $\sqrt{1.96}$은 유리수이다.

본문 10~13쪽

01 ③	**02** $\sqrt{10}$ cm	**03** $\sqrt{40}$ cm	**04** ⑤	**05** $2ab$
06 $-b$	**07** ②, ④	**08** ⑤	**09** ②	**10** 266	**11** 28	**12** ②
13 ④	**14** 25	**15** $1+\sqrt{34}$	**16** ⑤	

01 $a>0$이므로 $\sqrt{a^2}=a$
$\sqrt{256}=16$이므로
(제곱근 $\sqrt{256}$)=(제곱근 16)=$\sqrt{16}=4$
$\therefore a=4$
따라서 4의 제곱근은 ±2이다.

02 [1단계]에서의 정사각형의 넓이는 처음 정사각형의 넓이의 $\dfrac{1}{2}$배
이므로
$$320\times\dfrac{1}{2}$$
[2단계]에서의 정사각형의 넓이는 [1단계]에서의 정사각형의 넓이의 $\dfrac{1}{2}$배이므로
$$\left(320\times\dfrac{1}{2}\right)\times\dfrac{1}{2}=320\times\left(\dfrac{1}{2}\right)^2$$
$\vdots$

이와 같이 각 단계를 반복하면 정사각형의 넓이는 이전 단계의 정사각형의 넓이의 $\dfrac{1}{2}$배가 되므로 [6단계]에서의 정사각형의 넓이는
$$320\times\left(\dfrac{1}{2}\right)^6=5(\text{cm}^2)$$
따라서 넓이가 $5\,\text{cm}^2$인 정사각형의 한 변의 길이는 $\sqrt{5}\,\text{cm}$이므로 피타고라스 정리에 의하여 대각선의 길이는
$$\sqrt{5+5}=\sqrt{10}(\text{cm})$$

TIP 정사각형의 한 변의 길이 또는 대각선의 길이를 구할 때는 그 정사각형의 넓이를 구하면 쉽다.

03 닮음비가 2 : 3인 두 정사각형의 넓이의 비는
$$2^2 : 3^2=4 : 9$$
이므로 두 정사각형의 넓이를 각각 $4a$, $9a$라 하면
$$4a+9a=130$$
$$13a=130 \quad\therefore a=10$$
따라서 작은 정사각형의 넓이는 $4a=40(\text{cm}^2)$이므로 작은 정사각형의 한 변의 길이는 $\sqrt{40}\,\text{cm}$이다.

04 $\sqrt{(-3^3)^4\times3^{90}}=\sqrt{3^{12}\times3^{90}}$
$$\qquad\qquad\qquad\quad=\sqrt{3^{102}}=3^{51}$$
3의 거듭제곱을 7로 나누어 나머지를 구하면
$$3^1\div7=0 \quad\cdots3$$
$$3^2\div7=1 \quad\cdots2$$
$$3^3\div7=3 \quad\cdots6$$
$$3^4\div7=11 \quad\cdots4$$
$$3^5\div7=34 \quad\cdots5$$
$$3^6\div7=104 \quad\cdots1$$
$$3^7\div7=312 \quad\cdots3$$
$$\vdots$$
따라서 3의 거듭제곱을 7로 나눈 나머지는 3, 2, 6, 4, 5, 1이 반복된다.
이때 $51=6\times8+3$이므로 3^{51}을 7로 나눈 나머지는 6이다.

05 $ab<0$이므로 $|ab|=-ab$
이를 이용하여 주어진 식을 계산하면

$$\sqrt{a^2} \times \sqrt{4b^2} - \sqrt{a^2} \times \sqrt{(-4b)^2}$$
$$=\sqrt{a^2} \times \sqrt{(2b)^2} - \sqrt{a^2} \times \sqrt{(-4b)^2}$$
$$=|a| \times |2b| - |a| \times |-4b|$$
$$=2|ab| - 4|ab|$$
$$=-2|ab|$$
$$=2ab$$

06 $2a-b>0$이므로 $2a>b$

$\dfrac{a}{b}<0$이므로 a와 b의 부호는 서로 다르다.

따라서 $a>0$, $b<0$이므로

$$|a|+|-b|+\sqrt{(b-a)^2}-\sqrt{(2a-b)^2}$$
$$=|a|+|b|+|b-a|-|2a-b|$$
$$=a+(-b)-(b-a)-(2a-b)$$
$$=-b$$

$\dfrac{a}{b}<0$이면 a, b는 서로 다른 부호이고, $\dfrac{a}{b}>0$면 a, b는 서로 같은 부호이다.

07 $A=\sqrt{(a+2)^2}-\sqrt{(a-2)^2}$
$\quad =|a+2|-|a-2|$

① $a=0$이면 $A=|0+2|-|0-2|=0$

② $a=\dfrac{1}{2}$이면 $A=\left|\dfrac{1}{2}+2\right|-\left|\dfrac{1}{2}-2\right|=1$

③ $a=-2$이면 $A=-4$이므로
$\quad A=-4$인 a의 값의 범위는 $a\le-2$

④ $-1\le a\le1$이면 $a+2>0$, $a-2<0$이므로
$\quad A=|a+2|-|a-2|$
$\qquad =(a+2)+(a-2)$
$\qquad =2a$

⑤ $a=2$이면 $A=4$이므로
$\quad A=4$인 a의 값의 범위는 $a\ge2$

따라서 옳은 것은 ②, ④이다.

$|a|=a$인 a의 값의 범위는 $a\ge0$임에 유의한다.

08 자연수 a, b에 대하여 $\sqrt{2a+50}-\sqrt{100-b}$가 가장 작은 정수가 되려면 $\sqrt{2a+50}$은 가장 작은 정수, $\sqrt{100-b}$는 가장 큰 정수이어야 한다.

50보다 큰 (자연수)^2 꼴인 수 중 가장 작은 자연수는 $8^2=64$이므로

$2a+50=64$, $2a=14$ $\quad\therefore a=7$

100보다 작은 (자연수)^2 꼴인 수 중 가장 큰 자연수는 $9^2=81$이므로

$100-b=81$ $\quad\therefore b=19$

따라서 $a+b=7+19=26$

$-\sqrt{100-b}$가 가장 작은 정수가 되려면 $\sqrt{100-b}$가 가장 큰 정수가 되어야 함에 유의한다.

09 x, y는 각각 1부터 6까지의 수이므로 모든 경우의 수는

$6\times6=36$

$\sqrt{2x+2y-1}$이 자연수가 되기 위해서는

$2x+2y-1$이 (자연수)^2 꼴이 되어야 한다.

x, y는 각각 1부터 6까지의 수이므로

$3\le2x+2y-1\le23$

따라서 $2x+2y-1$의 값이 될 수 있는 것은 2^2, 3^2, 4^2이다.

이때 $2x+2y-1$은 홀수이므로

$2x+2y-1=3^2$

$2x+2y=10$ $\quad\therefore x+y=5$

$x+y=5$를 만족하는 순서쌍 (x, y)를 구하면

$(1, 4)$, $(2, 3)$, $(3, 2)$, $(4, 1)$

로 4개이다.

따라서 구하는 확률은

$$\frac{4}{36}=\frac{1}{9}$$

10 $\sqrt{3n}$, $\sqrt{4n}$, $\sqrt{5n}$ 중 하나 이상의 수가 유리수가 되는 경우의 수를 먼저 구한 후, 300에서 빼면 $\sqrt{3n}$, $\sqrt{4n}$, $\sqrt{5n}$이 모두 무리수가 되는 자연수 n의 개수를 구할 수 있다.

(i) $\sqrt{3n}$이 유리수가 되는 경우 가능한 자연수 n은
$\quad 3\times1^2$, 3×2^2, 3×3^2, $\cdots$, 3×10^2으로 10개이다.

(ii) $\sqrt{4n}=\sqrt{2^2\times n}$이 유리수가 되는 경우 가능한 자연수 n은
$\quad 1^2$, 2^2, 3^2, $\cdots$, 17^2으로 17개이다.

(iii) $\sqrt{5n}$이 유리수가 되는 경우 가능한 자연수 n은
$\quad 5\times1^2$, 5×2^2, 5×3^2, $\cdots$, 5×7^2으로 7개이다.

(i)~(iii)에서 구한 자연수 n은 중복되지 않으므로 $\sqrt{3n}$, $\sqrt{4n}$, $\sqrt{5n}$ 중 하나 이상의 수가 유리수가 되는 경우의 수는

$10+17+7=34$

따라서 $\sqrt{3n}$, $\sqrt{4n}$, $\sqrt{5n}$이 모두 무리수가 되는 자연수 n의 개수는

$300-34=266$

11 $3 < \sqrt{\dfrac{b}{a}} < 4$의 각 변을 제곱하면

$9 < \dfrac{b}{a} < 16$

a는 자연수이므로 $9a < b < 16a$

$a - b = -24$에서 $b = a + 24$를 위의 부등식에 대입하면

$9a < a + 24 < 16a$

$8a < 24 < 15a$, $\dfrac{24}{15} < a < 3$

이때 a는 자연수이므로 $a = 2$

$b = a + 24$에 대입하면 $b = 26$

따라서 $a + b = 2 + 26 = 28$

12 $\dfrac{1}{2} < a < b < 1$이므로

① $\sqrt{(1-a)^2} = |1-a| = 1-a$

② $\sqrt{(b-1)^2} = |b-1| = 1-b$

③ $\dfrac{1}{\sqrt{(-a)^2}} = \dfrac{1}{|a|} = \dfrac{1}{a}$

④ $\dfrac{1}{\sqrt{4b^2}} = \dfrac{1}{\sqrt{(2b)^2}} = \dfrac{1}{|2b|} = \dfrac{1}{2b}$

⑤ $\dfrac{1}{\sqrt{(1-b)^2}} = \dfrac{1}{|1-b|} = \dfrac{1}{1-b}$

이제 $1-a$, $1-b$, $\dfrac{1}{a}$, $\dfrac{1}{2b}$, $\dfrac{1}{1-b}$ 의 대소를 비교하면 된다.

$0 < a < b < 1$이므로 $0 < 1-b < 1-a < 1$

$0 < 1-b < 1$, $0 < a < 1$이므로

$\dfrac{1}{1-b} > 1$, $\dfrac{1}{a} > 1$

$1 < 2b < 2$이므로 $\dfrac{1}{2} < \dfrac{1}{2b} < 1$

따라서 $1-b$와 $\dfrac{1}{2b}$ 중 더 작은 값이 가장 작은 값이다.

$1-b < \dfrac{1}{2}$, $\dfrac{1}{2} < \dfrac{1}{2b} < 1$이므로

$1-b < \dfrac{1}{2b}$

그러므로 주어진 값 중 가장 작은 값은 $\sqrt{(b-1)^2}$이다.

13 $3 \leq \sqrt{nx} < 4$이므로

$3^2 \leq (\sqrt{nx})^2 < 4^2$

$9 \leq nx < 16$

nx는 자연수이므로 nx가 될 수 있는 자연수는

$9, 10, 11, \cdots, 15$

이고, x가 될 수 있는 값은

$\dfrac{9}{n}, \dfrac{10}{n}, \dfrac{11}{n}, \cdots, \dfrac{15}{n}$

이므로 모든 x의 값의 합은

$\dfrac{9 + 10 + 11 + \cdots + 15}{n} = \dfrac{84}{n}$

따라서 $\dfrac{84}{n} = 14$이므로 $n = 6$

14 $f(n) = 12$를 만족시키는 n에 대하여

$12 \leq \sqrt{n} < 13$

$\therefore 144 \leq n < 169$

따라서 자연수 n의 개수는

$169 - 144 = 25$

15 삼각형 BCD에서 피타고라스 정리에 의하여

$\overline{BD} = \sqrt{3^2 + 4^2} = 5$

$\overline{BD} = \overline{BE}$이므로 $\overline{BE} = 5$

삼각형 BEF에서 피타고라스 정리에 의하여

$\overline{BF} = \sqrt{5^2 + 3^2} = \sqrt{25 + 9} = \sqrt{34}$

$\overline{BF} = \overline{BP}$이므로 $\overline{BP} = \sqrt{34}$

따라서 점 P에 대응하는 수는 $1 + \sqrt{34}$이다.

> **실수하기 쉬운 부분 짚어보기**
>
> 점 B에 대응하는 수가 1이므로 점 P에 대응하는 수를 구할 때, $\overline{BP}$의 길이를 구한 후 1을 더해야 함을 유의한다.

16 x, y는 각각 1부터 6까지의 수이므로 모든 경우의 수는

$6 \times 6 = 36$

순환하지 않는 무한소수는 무리수이므로 $\sqrt{3x} - \sqrt{y}$가 유리수가 되는 경우의 수를 구하여 전체 경우의 수 36에서 빼면

$\sqrt{3x} - \sqrt{y}$가 순환하지 않는 무한소수가 되는 경우의 수를 구할 수 있다.

$\sqrt{3x} - \sqrt{y}$가 유리수가 되는 경우를 구하면

(i) $\sqrt{3x} - \sqrt{y} = 0$인 경우 $(1, 3)$, $(2, 6)$

(ii) $\sqrt{3x}$, $\sqrt{y}$가 둘 다 유리수인 경우 $(3, 1)$, $(3, 4)$

(i), (ii)에서 $\sqrt{3x} - \sqrt{y}$가 유리수가 되는 경우의 수는 4이므로

$\sqrt{3x} - \sqrt{y}$가 무리수가 되는 경우의 수는

$36 - 4 = 32$

따라서 구하는 확률은 $\dfrac{32}{36} = \dfrac{8}{9}$

> **실수하기 쉬운 부분 짚어보기**
>
> $\sqrt{3x} - \sqrt{y} = 0$인 경우도 $\sqrt{3x} - \sqrt{y}$가 유리수가 된다는 점을 빠트리지 않도록 유의한다.

01 $\sqrt{24}$ cm   **02** 20   **03** 16   **04** 30   **05** 16   **06** 3

01 오른쪽 그림의 색칠된 평행사변형
DFGH에서
$$\overline{DF}=\frac{1}{2}\overline{DE}=\frac{1}{4}\overline{DB}$$
이고, 높이는 $\frac{1}{2}\overline{CE}$이다.

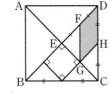

따라서 평행사변형 DFGH의 넓이는
$$\square DFGH=\frac{1}{4}\overline{DB}\times\frac{1}{2}\overline{CE}$$
$$=\frac{1}{4}\times\left(\frac{1}{2}\times\overline{DB}\times\overline{CE}\right)$$
$$=\frac{1}{4}\triangle BCD$$
이므로 △BCD의 넓이는
$$\triangle BCD=4\times\square DFGH$$
$$=4\times 3=12(\text{cm}^2)$$
따라서
$$\square ABCD=2\times\triangle BCD$$
$$=2\times 12$$
$$=24(\text{cm}^2)$$
이므로 정사각형 ABCD의 한 변의 길이는 $\sqrt{24}$ cm이다.

02 넓이가 n인 정사각형의 한 변의 길이는 $\sqrt{n}$이다. 2, 5, 8, 10은 모두 (자연수)^2 꼴인 수가 아니므로 넓이가 2, 5, 8, 10 중 하나인 정사각형의 각 변은 가로줄, 또는 세로줄과 평행할 수 없다.
오른쪽 그림과 같이 정사각형의 한 변을 빗변으로 하고 수평선과 수직선을 나머지 두 변으로 하는 직각삼각형을 생각해 보자.
피타고라스 정리에 의하여 직각삼각형의 두 변의 길이를 각각 a, b라 하면
$$a^2+b^2=n$$

이때 a, b가 자연수이고, n이 2, 5, 8, 10 중 하나이므로 가능한 경우는 다음과 같다.
(i) $n=1^2+1^2=2$이므로 그림과 같이 9가지 경우가 있다.

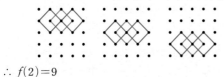

$$\therefore f(2)=9$$

(ii) $n=1^2+2^2=5$이므로 그림과 같이 8가지 경우가 있다.

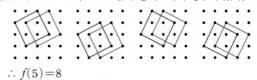

$$\therefore f(5)=8$$

(iii) $n=2^2+2^2=8$이므로 그림과 같이 1가지 경우가 있다.

$$\therefore f(8)=1$$

(iv) $n=1^2+3^2=10$이므로 그림과 같이 2가지 경우가 있다.

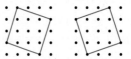

$$\therefore f(10)=2$$
따라서
$$f(2)+f(5)+f(8)+f(10)=9+8+1+2=20$$

03 a, b, c가 $a<b<c$인 연속된 짝수이므로
$$a=2k-2, b=2k, c=2k+2\ (k>1인\ 자연수)$$
라 하면
$$\sqrt{a+b+c}=\sqrt{(2k-2)+2k+(2k+2)}$$
$$=\sqrt{6k}$$
이때 $6k$는 (자연수)^2 꼴이 되어야 하므로
$$k=2\times 3\times \square^2\ (단,\ \square는\ 자연수)$$
조건에서 $\sqrt{6k}\leq 100$이므로
$$6k\leq 10000$$
$$\therefore k\leq\frac{10000}{6}$$
따라서 $2\times 3\times \square^2\leq\frac{10000}{6}$이므로
$$\square^2\leq\frac{10000}{36}=\left(\frac{100}{6}\right)^2$$
이때 $\square$에 들어갈 수 있는 자연수는
$$1, 2, 3, \cdots, 16$$
이다.
따라서 $\sqrt{a+b+c}$가 100 이하의 자연수가 되도록 하는 k의 개수는 16이므로 순서쌍 (a, b, c)의 개수는 16이다.

TIP 연속된 세 자연수는 다음과 같이 놓고 문제를 해결한다.

연속된 세 자연수	$n-1, n, n+1$
연속된 세 홀수	$2n-1, 2n+1, 2n+3$
연속된 세 짝수	$2n-2, 2n, 2n+2$

04 $\sqrt{1}=1$, $\sqrt{4}=2$, $\sqrt{9}=3$, $\sqrt{16}=4$, $\sqrt{25}=5$, $\sqrt{36}=6$이고

$f(1)=(\sqrt{1}$ 이하의 자연수의 개수$)=1$

$f(2)=(\sqrt{2}$ 이하의 자연수의 개수$)=1$

$f(3)=(\sqrt{3}$ 이하의 자연수의 개수$)=1$

$f(4)=(\sqrt{4}=2$ 이하의 자연수의 개수$)=2$

$f(5)=(\sqrt{5}$ 이하의 자연수의 개수$)=2$

$\vdots$

$f(1)=f(2)=f(3)=1$이므로

$f(1)+f(2)+f(3)=1\times3=3$

$f(4)=f(5)=f(6)=f(7)=f(8)=2$이므로

$f(4)+f(5)+f(6)+f(7)+f(8)=2\times5=10$

$f(9)=f(10)=\cdots=f(15)=3$이므로

$f(9)+f(10)+\cdots+f(15)=3\times7=21$

$f(16)=f(17)=\cdots=f(24)=4$이므로

$f(16)+f(17)+\cdots+f(24)=4\times9=36$

$f(25)=f(26)=\cdots=f(35)=5$이므로

$f(25)+f(26)+\cdots+f(35)=5\times11=55$

이때 $f(1)+f(2)+\cdots+f(24)=70$,

$f(1)+f(2)+\cdots+f(35)=125$이므로 조건을 만족하는 n은 24와 35 사이의 자연수이다.

따라서

$100=f(1)+f(2)+\cdots+f(24)+5\times6$

$\quad=f(1)+f(2)+\cdots+f(24)+f(25)+f(26)+f(27)$

$\qquad+f(28)+f(29)+f(30)$

이므로 $f(1)+f(2)+\cdots+f(n)=100$을 만족하는 자연수 n의 값은 30이다.

TIP

$f(n)=k$가 되는 자연수 n은 $2k+1$개이다. (단, k는 자연수)

05 $f(n)=8$이므로 $\sqrt{n}$을 소수점 아래 첫째 자리에서 반올림한 값이 8이다.

반올림하여 8이 되는 값은 7.5 이상 8.5 미만이므로

$7.5\leq\sqrt{n}<8.5$

$\dfrac{15}{2}\leq\sqrt{n}<\dfrac{17}{2}$

$\left(\dfrac{15}{2}\right)^2\leq n<\left(\dfrac{17}{2}\right)^2$

$\dfrac{225}{4}\leq n<\dfrac{289}{4}$

$56.25\leq n<72.25$

이 부등식을 만족하는 자연수 n은 57, 58, 59, $\cdots$, 72이므로 자연수 n의 개수는 16이다.

06 $\triangle ABC$를 수직선을 따라 시계 반대 방향으로 한 바퀴 굴리면 다음 그림과 같다.

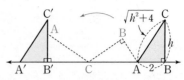

$\overline{BC}=h$라 하면 $\triangle ABC$에서 피타고라스 정리에 의하여

$\overline{AC}=\sqrt{\overline{AB}^2+\overline{BC}^2}=\sqrt{4+h^2}$

$\overline{A'A}=\overline{AC}+\overline{CB}+\overline{BA}$이므로

$\overline{A'A}=\sqrt{4+h^2}+h+2$

이때 점 A에 대응하는 수가 -2이므로 점 A′에 대응하는 수는

$-2-\overline{A'A}=-2-(\sqrt{4+h^2}+h+2)$

$\qquad\qquad=-(4+h)-\sqrt{4+h^2}$

점 A′에 대응하는 수가 $-7-\sqrt{13}$이므로

$-(4+h)-\sqrt{4+h^2}=-7-\sqrt{13}$

위 등식에서 -7과 $-\sqrt{4+h^2}$을 이항하면

$3-h=\sqrt{4+h^2}-\sqrt{13}$

h가 유리수이므로 좌변은 유리수이며, 우변 역시 유리수이어야 한다.

이때 우변이 유리수가 되는 경우는

$\sqrt{4+h^2}-\sqrt{13}=0$

인 경우뿐이며, 좌변에서 $3-h=0$이므로

$h=3$

검토하기 $h=3$일 때, 우변 $\sqrt{4+h^2}-\sqrt{13}=0$도 성립한다.

Level ④ 본문 16~17쪽

01 0 **02** 20 **03** $6-\sqrt{5}$ **04** ③ **05** 14 **06** 65

---

01 세 수의 곱이 음수이고 주어진 식에서 a와 bc의 부호를 알아야 하므로 $a>0$, $a<0$인 경우를 나누어 생각한다.

(ⅰ) $a>0$인 경우

$abc<0$이므로 $bc<0$이고, $-bc>0$이므로 $a-bc>0$이다.

주어진 식을 간단히 하면

$\sqrt{(a-bc)^2}-\sqrt{b^2c^2}-\sqrt{(-a)^2}$

$=|a-bc|-|bc|-|a|$

$=(a-bc)-(-bc)-a=0$

(ii) $a<0$인 경우

$abc<0$이므로 $bc>0$이고, $-bc<0$이므로 $a-bc<0$이다.

주어진 식을 간단히 하면

$\sqrt{(a-bc)^2}-\sqrt{b^2c^2}-\sqrt{(-a)^2}$

$=|a-bc|-|bc|-|a|$

$=-(a-bc)-bc-(-a)=0$

따라서 주어진 식의 값은 0이다.

02 풀이전략 $\overline{AD}$의 길이를 $\sqrt{x}$로 놓고, $\overline{DE}$의 길이가 자연수가 되도록 하는 가장 작은 자연수 x의 값을 생각해 본다.

정사각형 ABCD의 넓이가 x이므로 정사각형의 한 변의 길이는 $\sqrt{x}$이다.

$\therefore \overline{AD}=\sqrt{x}$

점 E에서 선분 AD에 내린 수선의 발을 H라 하면 조건 (가)에 의하여

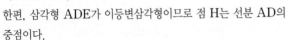

$\triangle ADE=\dfrac{1}{2}\times\sqrt{x}\times\overline{EH}=\dfrac{1}{2}x$

이므로 $\overline{EH}=\sqrt{x}$

한편, 삼각형 ADE가 이등변삼각형이므로 점 H는 선분 AD의 중점이다.

$\therefore \overline{DH}=\dfrac{\sqrt{x}}{2}$

$\triangle$EHD에서 피타고라스의 정리에 의하여

$\overline{DE}=\sqrt{\overline{EH}^2+\overline{DH}^2}=\sqrt{x+\dfrac{1}{4}x}=\sqrt{\dfrac{5x}{4}}$

조건 (나)에서 $\overline{DE}$가 자연수이므로 $\dfrac{5x}{4}$는 (자연수)^2 꼴인 수가 되어야 한다.

따라서 $x=4\times5\times$(자연수)^2 꼴이므로 이를 만족하는 가장 작은 자연수 x의 값은 20이다.

03 풀이전략 정사각형을 잘라 붙여 다른 모양으로 만들어도 그 넓이는 유지됨을 이용한다.

[그림 2]에서 작은 정사각형의 한 변의 길이를 x라 하면 작은 정사각형의 넓이는 x^2이다.

넓이의 비가 5 : 1이므로 [그림 2]에서 큰 정사각형의 넓이는 $5x^2$이다.

정사각형을 잘라 붙여 다른 모양으로 만들어도 그 넓이가 유지되므로 [그림 2]의 두 정사각형의 넓이의 합은 정사각형 ABCD의 넓이와 같아야 한다.

$5x^2+x^2=6$, $6x^2=6$, $x^2=1$

$x>0$이므로 $x=1$

따라서 [그림 2]에서 큰 정사각형의 넓이가 5이므로 한 변의 길이는 $\sqrt{5}$이다.

오른쪽 그림과 같이 [그림 2]의 도형의 양 끝 꼭짓점을 각각 E, F라 하자.

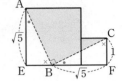

$\triangle$AEB$\equiv\triangle$BFC (RHA 합동)

이므로

$\overline{BF}=\overline{AE}=\sqrt{5}$

이때 $\triangle$AEB의 넓이와 $\triangle$BFC의 넓이는 같고,

$\triangle BFC=\dfrac{1}{2}\times\sqrt{5}\times1=\dfrac{\sqrt{5}}{2}$

이므로 색칠된 부분의 넓이는

$6-\triangle BFC\times2=6-\dfrac{\sqrt{5}}{2}\times2=6-\sqrt{5}$

04 풀이전략 $\dfrac{a+b}{a-b}$의 부호가 주어졌으므로 이를 이용하여 $a-b$, $a+b$의 부호를 조사한다.

$a<0<b$이므로 $a-b<0$이고, $\dfrac{a+b}{a-b}>0$이므로 $a+b<0$이다.

ㄱ. $a-b<0$이므로

$\sqrt{(a-b)^2}=-(a-b)=b-a$ (참)

ㄴ. $a<0<b$, $a+b<0$이므로

$0<b<-a$

$|b|<|a|$이므로 $b^2<a^2$에서 $a^2-b^2>0$

$\therefore \sqrt{(a^2-b^2)^2}=a^2-b^2$ (거짓)

ㄷ. $\dfrac{b}{a}+1=\dfrac{a+b}{a}$이고, $a<0$, $a+b<0$이므로

$\dfrac{b}{a}+1>0$

$\therefore \sqrt{\left(\dfrac{b}{a}+1\right)^2}=\dfrac{b}{a}+1$ (참)

ㄹ. $0<b<1$이므로 $b<\sqrt{b}$에서 $b-\sqrt{b}<0$

$\therefore \sqrt{(b-\sqrt{b})^2}=-(b-\sqrt{b})=-b+\sqrt{b}$ (거짓)

ㅁ. $a+b<0$, $b-1<0$이므로

$a+2b-1=(a+b)+(b-1)<0$

$\therefore \sqrt{(a+2b-1)^2}=-a-2b+1$ (참)

따라서 옳은 것은 ㄱ, ㄷ, ㅁ이다.

05 풀이전략 $\sqrt{\dfrac{A}{y}}$가 자연수가 되려면 $\dfrac{A}{y}$가 (자연수)^2 꼴인 수이면서 A의 약수이어야 하므로, $\sqrt{\dfrac{A}{y}}$가 자연수가 되도록 하는 자연수 y의 개수는 A의 약수 중 (자연수)^2 꼴인 수의 개수와 일치한다.

$\sqrt{\dfrac{24x}{y}}=\sqrt{\dfrac{2^3\times 3\times x}{y}}$ 이므로

$\sqrt{\dfrac{2^3\times 3\times x}{y}}$ 가 자연수가 되기 위해서는

$\dfrac{2^3\times 3\times x}{y}$ 는 (자연수)^2 꼴인 수이어야 한다.

이때 $\dfrac{2^3\times 3\times x}{y}$ 는 $2^3\times 3\times x$ 의 약수이므로

$2^3\times 3\times x$ 의 약수 중 (자연수)^2 꼴인 수의 개수를 구하면 된다.

(i) $x=1$일 때, $\sqrt{\dfrac{24x}{y}}=\sqrt{\dfrac{2^3\times 3}{y}}$

$2^3\times 3$의 약수 중 (자연수)^2 꼴인 수는 1, 2^2으로 2개이므로 $x=1$일 때의 순서쌍 $(x,\,y)$의 개수는 2이다.

(ii) $x=2$일 때, $\sqrt{\dfrac{24x}{y}}=\sqrt{\dfrac{2^4\times 3}{y}}$

$2^4\times 3$의 약수 중 (자연수)^2 꼴인 수는 1, 2^2, 2^4으로 3개이므로 $x=2$일 때의 순서쌍 $(x,\,y)$의 개수는 3이다.

(iii) $x=3$일 때, $\sqrt{\dfrac{24x}{y}}=\sqrt{\dfrac{2^3\times 3^2}{y}}$

$2^3\times 3^2$의 약수 중 (자연수)^2 꼴인 수는 1, 2^2, 3^2, $2^2\times 3^2$으로 4개이므로 $x=3$일 때의 순서쌍 $(x,\,y)$의 개수는 4이다.

(iv) $x=4$일 때, $\sqrt{\dfrac{24x}{y}}=\sqrt{\dfrac{2^5\times 3}{y}}$

$2^5\times 3$의 약수 중 (자연수)^2 꼴인 수는 1, 2^2, 2^4으로 3개이므로 $x=4$일 때의 순서쌍 $(x,\,y)$의 개수는 3이다.

(v) $x=5$일 때, $\sqrt{\dfrac{24x}{y}}=\sqrt{\dfrac{2^3\times 3\times 5}{y}}$

$2^3\times 3\times 5$의 약수 중 (자연수)^2 꼴인 수는 1, 2^2으로 2개이므로 $x=5$일 때의 순서쌍 $(x,\,y)$의 개수는 2이다.

따라서 순서쌍 $(x,\,y)$의 개수는
$2+3+4+3+2=14$

TIP $x=1$인 경우와 $x=5$인 경우, $x=2$인 경우와 $x=4$인 경우에 대하여 $2^3\times 3\times x$의 약수 중 제곱수인 것이 일치한다. 이를 이용하면 경우를 조금 더 줄일 수 있다.

참고 x, y의 값으로 가능한 순서쌍 $(x,\,y)$를 나열하면 다음과 같다.

$(1,\,2\times 3)$, $(1,\,2^3\times 3)$

$(2,\,3)$, $(2,\,2^2\times 3)$, $(2,\,2^4\times 3)$

$(3,\,2)$, $(3,\,2\times 3^2)$, $(3,\,2^3)$, $(3,\,2^3\times 3^2)$

$(4,\,2\times 3)$, $(4,\,2^3\times 3)$, $(4,\,2^5\times 3)$

$(5,\,2\times 3\times 5)$, $(5,\,2^3\times 3\times 5)$

06 **풀이전략** n이 소수일 때와 n이 제곱수일 때 몇 가지 예시를 대입하여 $f(n)$을 계산해 보면 규칙을 찾을 수 있다.

(i) n이 소수이면 $f(n)=nf(n-1)$임을 보이자.

$\sqrt{\dfrac{1\times 2\times 3\times \cdots \times n}{f(n)}}$ 이 자연수이므로

$\dfrac{1\times 2\times 3\times \cdots \times n}{f(n)}$ 은 (자연수)^2 꼴인 수이다.

따라서 소인수의 지수가 모두 짝수이어야 하며, n이 소수이므로 $1\times 2\times 3\times \cdots \times n$은 n^2을 약수로 갖지 않는다.

그러므로 $f(n)$은 n의 배수이어야 한다.

$f(n)=na$ (a는 자연수)라 하면

$$\sqrt{\dfrac{1\times 2\times 3\times \cdots \times n}{f(n)}}=\sqrt{\dfrac{1\times 2\times 3\times \cdots \times(n-1)}{a}}$$

이 식이 자연수가 되도록 하는 가장 작은 자연수 a는 $f(n-1)$이므로

$f(n)=na=nf(n-1)$

(ii) 1보다 큰 자연수 n이 (자연수)^2 꼴인 수이면 $f(n)=f(n-1)$임을 보이자.

$n=k^2$ (k는 자연수)라 하면

$$\sqrt{\dfrac{1\times 2\times 3\times \cdots \times n}{x}}$$
$$=\sqrt{\dfrac{1\times 2\times 3\times \cdots \times(n-1)\times k^2}{x}}$$

이 식이 자연수가 되려면 $\dfrac{1\times 2\times 3\times \cdots \times(n-1)}{x}$ 이 (자연수)^2 꼴인 수이어야 하며, 이것은

$\sqrt{\dfrac{1\times 2\times 3\times \cdots \times(n-1)}{x}}$ 이 자연수이어야 함을 의미한다.

$\sqrt{\dfrac{1\times 2\times 3\times \cdots \times(n-1)}{x}}$ 이 자연수가 되도록 하는 가장 작은 자연수 x는 $f(n-1)$이므로

$f(n)=f(n-1)$

(iii) $f(5)$를 구하자.

$$\sqrt{\dfrac{1\times 2\times 3\times 4\times 5}{x}}=2\sqrt{\dfrac{30}{x}}$$

이 식이 자연수가 되도록 하는 가장 작은 자연수 x는 30이므로 $f(5)=30$

(i)~(iii)에서 n이 소수이면 $\dfrac{f(n)}{f(n-1)}=n$이고,

1보다 큰 자연수 n이 (자연수)^2 꼴인 수이면 $\dfrac{f(n)}{f(n-1)}=1$이므로

$\dfrac{f(2)}{f(1)}+\dfrac{f(4)}{f(3)}+f(5)+\dfrac{f(7)}{f(6)}+\dfrac{f(9)}{f(8)}+\dfrac{f(11)}{f(10)}+\dfrac{f(13)}{f(12)}$
$=2+1+30+7+1+11+13$
$=65$

참고 조건에 따라 $f(n)$의 값을 구해 보면
$f(1)=1$, $f(2)=2$, $f(3)=6$, $f(4)=6$, $f(5)=30$,
$f(6)=5$, $f(7)=35$, $f(8)=70$, $f(9)=70$,
$f(10)=7$, $f(11)=77$, $f(12)=231$, $f(13)=3003$
이다.

2 근호를 포함한 식의 계산

 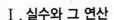

01 7 　**02** ④ 　**03** ③ 　**04** ① 　**05** ① 　**06** ⑤ 　**07** ②

08 ③ 　**09** ② 　**10** ⑤ 　**11** ③ 　**12** ③ 　**13** ⑤ 　**14** -24

15 ③ 　**16** -3

01
$$A=(-\sqrt{0.4})\div\sqrt{\frac{12}{5}}\times\sqrt{24}$$
$$=\left(-\sqrt{\frac{4}{10}}\right)\times\sqrt{\frac{5}{12}}\times\sqrt{24}$$
$$=-\sqrt{\frac{4}{10}\times\frac{5}{12}\times24}$$
$$=-\sqrt{4}=-2$$
$$B=\sqrt{\frac{18}{5}}\times3\sqrt{15}\div\sqrt{6}$$
$$=\sqrt{\frac{18}{5}}\times3\sqrt{15}\times\frac{1}{\sqrt{6}}$$
$$=3\sqrt{\frac{18}{5}\times15\times\frac{1}{6}}$$
$$=3\sqrt{9}=9$$
따라서 $A+B=-2+9=7$

실수하기 쉬운 부분 짚어보기
제곱근의 곱셈을 할 때는 근호 안의 수끼리 곱하고, 나눗셈은 역수를 취하여 곱셈으로 바꾸면 실수를 줄일 수 있다.

02
$\dfrac{5\sqrt{2}}{2}\div\square\times\dfrac{\sqrt{7}}{3}=\dfrac{1}{\sqrt{3}}$ 에서
$$\frac{5\sqrt{2}}{2}\times\frac{1}{\square}\times\frac{\sqrt{7}}{3}=\frac{1}{\sqrt{3}}$$
따라서
$$\square=\frac{5\sqrt{2}}{2}\times\frac{\sqrt{7}}{3}\times\sqrt{3}=\frac{5\sqrt{42}}{6}$$

03
$192=8^2\times3$, $25=5^2$이므로
$\sqrt{192}=\sqrt{8^2\times3}=8\sqrt{3}$, $\sqrt{25}=5$
따라서 $\sqrt{\dfrac{192}{25}}=\dfrac{\sqrt{192}}{\sqrt{25}}=\dfrac{8\sqrt{3}}{5}$이므로
$$a=\frac{8}{5}$$

$\dfrac{5}{3\sqrt{2}}=\dfrac{\sqrt{5^2}}{\sqrt{3^2\times2}}=\sqrt{\dfrac{25}{18}}$이므로
$$b=\frac{25}{18}$$
따라서
$$\sqrt{ab}=\sqrt{\frac{8}{5}\times\frac{25}{18}}=\sqrt{\frac{20}{9}}=\frac{\sqrt{20}}{\sqrt{9}}=\frac{2\sqrt{5}}{3}$$

04
$3\sqrt{6}=\sqrt{3^2\times6}=\sqrt{54}$이므로
$$\sqrt{32+2x}=\sqrt{54}$$
$$32+2x=54,\ 2x=22$$
$$\therefore x=11$$

05
$\sqrt{500}=\sqrt{5\times100}=10\sqrt{5}=10a$,
$\sqrt{0.005}=\sqrt{50\times\dfrac{1}{10000}}=\dfrac{1}{100}\sqrt{50}=\dfrac{1}{100}b$
이므로
$$\sqrt{500}-\sqrt{0.005}=10a-\frac{1}{100}b$$

실수하기 쉬운 부분 짚어보기
$\sqrt{0.005}=\sqrt{5\times\dfrac{1}{1000}}$과 같이 나타내면 $\sqrt{\dfrac{1}{1000}}$이 유리가 아니므로 $\sqrt{5}$를 이용하여 표현할 수 없다. 10^2, 10^4, 10^6, …와 같이 100의 거듭제곱으로 나타내거나, $\dfrac{1}{10^2}$, $\dfrac{1}{10^4}$, $\dfrac{1}{10^6}$, …와 같이 $\dfrac{1}{100}$의 거듭제곱으로 나타내야 한다.

06
$\sqrt{4.11}=2.027$, $\sqrt{41.1}=6.411$이므로
$$\sqrt{a}=0.2027=2.027\times\frac{1}{10}$$
$$=\sqrt{4.11}\times\frac{1}{10}$$
$$=\sqrt{4.11\times\frac{1}{100}}$$
$$=\sqrt{0.0411}$$
$$\therefore a=0.0411$$
$$\sqrt{b}=64.11=6.411\times10$$
$$=\sqrt{41.1}\times10$$
$$=\sqrt{41.1\times100}$$
$$=\sqrt{4110}$$
$$\therefore b=4110$$
따라서 $\dfrac{b}{a}=\dfrac{4110}{0.0411}=10^5$

07 근호 밖의 수를 제곱하여 근호 안으로 넣으면
$$\frac{2}{\sqrt5}=\sqrt{\frac45},\ \sqrt2,\ \frac{3}{\sqrt5}=\sqrt{\frac95},\ \frac{\sqrt5}{2}=\sqrt{\frac54},\ \frac{\sqrt2}{5}=\sqrt{\frac{2}{25}}$$
근호 안의 수끼리 대소를 비교하면
$$\frac{2}{25}<\frac45<\frac54<\frac95<2$$
이므로
$$\frac{\sqrt2}{5}<\frac{2}{\sqrt5}<\frac{\sqrt5}{2}<\frac{3}{\sqrt5}<\sqrt2$$
따라서 두 번째에 오는 수와 세 번째에 오는 수를 더하면
$$\frac{2}{\sqrt5}+\frac{\sqrt5}{2}=\frac{2\sqrt5}{5}+\frac{\sqrt5}{2}=\frac{4+5}{10}\sqrt5=\frac{9\sqrt5}{10}$$

08 원뿔의 밑면의 넓이는
$$(2\sqrt5)^2\pi=20\pi\,(\text{cm}^2)$$
원뿔의 높이를 h cm라 하고, 원뿔의 부피를 구하면
$$\frac13\times(\text{밑면의 넓이})\times(\text{높이})=\frac13\times20\pi\times h$$
원뿔의 부피가 $30\sqrt7\pi$ cm³이므로
$$\frac13\times20\pi\times h=30\sqrt7\pi$$
에서 $h=\dfrac{90\sqrt7}{20}=\dfrac{9\sqrt7}{2}$
따라서 원뿔의 높이는 $\dfrac{9\sqrt7}{2}$ cm이다.

09 그림에서 $\overline{\text{AB}}$는 한 모서리의 길이가 4인 정육면체의 대각선으로 볼 수 있다.
따라서 선분 AB의 길이는
$$\sqrt{4^2+4^2+4^2}=\sqrt{48}=4\sqrt3$$

다른 풀이

그림에서 $\overline{\text{AB}}$는 한 모서리의 길이가 2인 정육면체의 대각선 2개를 연결한 것과 같으므로
$$2\times\sqrt{2^2+2^2+2^2}=2\times\sqrt{12}=4\sqrt3$$

10 $\triangle\text{ADE}\sim\triangle\text{ABC}$ (AA 닮음)이므로 $\triangle\text{ADE}$는 정삼각형이다.
그림에서
$$\begin{aligned}\triangle\text{ABC}&=\triangle\text{ADE}+\square\text{DBCE}\\&=\triangle\text{ADE}+\triangle\text{ADE}\times\frac15\\&=\frac65\triangle\text{ADE}\end{aligned}$$

따라서 $\triangle\text{ADE}:\triangle\text{ABC}=1:\dfrac65$이므로

$\triangle\text{ADE}$와 $\triangle\text{ABC}$의 닮음비는 $1:\dfrac{\sqrt6}{\sqrt5}$이다.

$\overline{\text{DE}}$의 길이를 x라 하면
$$\overline{\text{DE}}:\overline{\text{BC}}=x:3\sqrt5=1:\frac{\sqrt6}{\sqrt5}$$
이므로
$$\frac{\sqrt6}{\sqrt5}x=3\sqrt5$$
$$\therefore\ x=3\sqrt5\times\frac{\sqrt5}{\sqrt6}=\frac{15}{\sqrt6}=\frac{5\sqrt6}{2}$$
따라서 정삼각형 ADE의 둘레의 길이는
$$3x=\frac{15\sqrt6}{2}$$

11 오른쪽 그림과 같이 점 O에서 밑면 ABCD에 내린 수선의 발을 H라 하자.
점 H는 □ABCD의 두 대각선의 교점과 같으므로 △BCH는 직각이등변삼각형이다.

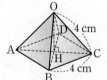

$\overline{\text{BH}}=\overline{\text{CH}}=x$라 하면 △BCH에서 피타고라스 정리에 의하여
$$x^2+x^2=4^2$$
$$2x^2=16,\ x^2=8$$
$x>0$이므로 $x=2\sqrt2$

△OHC도 직각삼각형이므로 피타고라스 정리에 의하여
$$\overline{\text{OH}}^2+(2\sqrt2)^2=4^2,\ \overline{\text{OH}}^2=8$$
$\overline{\text{OH}}>0$이므로 $\overline{\text{OH}}=\sqrt8=2\sqrt2$
따라서 사각뿔 O−ABCD의 부피는
$$\begin{aligned}\frac13\times(\text{밑면의 넓이})\times(\text{높이})&=\frac13\times(4\times4)\times2\sqrt2\\&=\frac{32\sqrt2}{3}\,(\text{cm}^3)\end{aligned}$$

12 $b=a-\dfrac3a$에 $a=\sqrt{10}$을 대입하면
$$\begin{aligned}b&=\sqrt{10}-\frac{3}{\sqrt{10}}\\&=\sqrt{10}-\frac{3\sqrt{10}}{10}\\&=\frac{10}{10}\sqrt{10}-\frac{3}{10}\sqrt{10}\\&=\frac{7}{10}\sqrt{10}=\frac{7}{10}a\end{aligned}$$
따라서 $\dfrac{b}{a}=\dfrac{7}{10}$

13 $\dfrac{6-4\sqrt{2}}{\sqrt{3}}-\dfrac{\sqrt{3}}{3}\left(5-\dfrac{\sqrt{2}}{2}\right)+\sqrt{2}\left(\dfrac{1}{\sqrt{3}}+\sqrt{3}\right)$

　　↱ 분배법칙을 이용하여 괄호를 푼다.

$=\dfrac{6-4\sqrt{2}}{\sqrt{3}}-\dfrac{5\sqrt{3}}{3}+\dfrac{\sqrt{6}}{6}+\dfrac{\sqrt{2}}{\sqrt{3}}+\sqrt{6}$

　　↱ 분모를 유리화하여 계산한다.

$=2\sqrt{3}-\dfrac{4\sqrt{6}}{3}-\dfrac{5\sqrt{3}}{3}+\dfrac{\sqrt{6}}{6}+\dfrac{\sqrt{6}}{3}+\sqrt{6}$

$=\dfrac{6-5}{3}\sqrt{3}+\dfrac{-8+1+2+6}{6}\sqrt{6}$

$=\dfrac{\sqrt{3}}{3}+\dfrac{\sqrt{6}}{6}$

따라서 $a=\dfrac{1}{3}$, $b=\dfrac{1}{6}$이므로

$a+b=\dfrac{1}{2}$

14 $49<50<64$이므로 $7<\sqrt{50}<8$

$64<72<81$이므로 $8<\sqrt{72}<9$

$\therefore a=\sqrt{50}-7=5\sqrt{2}-7$, $b=\sqrt{72}-8=6\sqrt{2}-8$

a, b의 값을 $\dfrac{b}{b-a+1}$에 대입하면

$\dfrac{b}{b-a+1}=\dfrac{6\sqrt{2}-8}{(6\sqrt{2}-8)-(5\sqrt{2}-7)+1}$

$\phantom{\dfrac{b}{b-a+1}}=\dfrac{6\sqrt{2}-8}{\sqrt{2}}$

$\phantom{\dfrac{b}{b-a+1}}=-4\sqrt{2}+6$

따라서 $p=-4$, $q=6$이므로

$pq=-24$

15 세 수 A, B, C를 간단히 하면

$A=2+2\sqrt{2}$

$B=\dfrac{5}{\sqrt{2}}+\dfrac{\sqrt{3}}{2}=\dfrac{5\sqrt{2}}{2}+\dfrac{\sqrt{3}}{2}$

$C=\dfrac{3+\sqrt{24}}{\sqrt{3}}=\sqrt{3}+2\sqrt{2}$

(i) A와 C의 대소를 비교하면

　$2>\sqrt{3}$이므로 $2+2\sqrt{2}>\sqrt{3}+2\sqrt{2}$

　따라서 $A>C$

(ii) B와 C의 대소를 비교하면

　$B-C=\dfrac{5\sqrt{2}}{2}+\dfrac{\sqrt{3}}{2}-(\sqrt{3}+2\sqrt{2})$

$=\dfrac{\sqrt{2}}{2}-\dfrac{\sqrt{3}}{2}$

$=\dfrac{\sqrt{2}-\sqrt{3}}{2}<0$

　따라서 $B<C$

(i), (ii)에 의하여 $B<C<A$

16 주어진 식을 정리하면

$\sqrt{27}\left(\dfrac{1}{3}-\dfrac{5}{\sqrt{3}}\right)+\dfrac{1}{\sqrt{3}}\left(\dfrac{6}{a}-1\right)$

$=3\sqrt{3}\left(\dfrac{1}{3}-\dfrac{5}{\sqrt{3}}\right)+\dfrac{\sqrt{3}}{3}\left(\dfrac{6}{a}-1\right)$

$=\sqrt{3}-15+\dfrac{2\sqrt{3}}{a}-\dfrac{\sqrt{3}}{3}$

$=\left(\dfrac{2}{a}+\dfrac{2}{3}\right)\sqrt{3}-15$

이 식의 계산 결과가 유리수가 되려면 $\sqrt{3}$을 포함한 항이 없어져야 하므로

$\dfrac{2}{a}+\dfrac{2}{3}=0$

따라서 $a=-3$

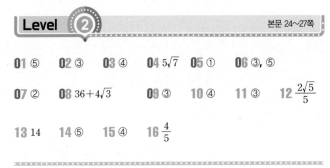

Level ②　본문 24~27쪽

01 ⑤　**02** ③　**03** ④　**04** $5\sqrt{7}$　**05** ①　**06** ③, ⑤

07 ②　**08** $36+4\sqrt{3}$　**09** ③　**10** ④　**11** ③　**12** $\dfrac{2\sqrt{5}}{5}$

13 14　**14** ⑤　**15** ④　**16** $\dfrac{4}{5}$

01 a, b는 각각 1부터 6까지의 수이므로 모든 경우의 수는

$6\times6=36$

$1<\dfrac{\sqrt{2b}}{\sqrt{a}}<2$에서

$\sqrt{1}<\sqrt{\dfrac{2b}{a}}<\sqrt{4}$

$1<\dfrac{2b}{a}<4$

따라서 $\dfrac{a}{2}<b<2a$

위 부등식이 성립하는 a, b의 값을 구하면

(i) $a=1$일 때, $\dfrac{1}{2}<b<2$이므로 가능한 b의 값은 1이다.

(ii) $a=2$일 때, $1<b<4$이므로 가능한 b의 값은 2, 3이다.

(iii) $a=3$일 때, $\dfrac{3}{2}<b<6$이므로 가능한 b의 값은

　2, 3, 4, 5이다.

(iv) $a=4$일 때, $2<b<8$이므로 가능한 b의 값은

　3, 4, 5, 6이다.

(v) $a=5$일 때, $\dfrac{5}{2}<b<10$이므로 가능한 b의 값은

　3, 4, 5, 6이다.

(vi) $a=6$일 때, $3<b<12$이므로 가능한 b의 값은 4, 5, 6이다.

따라서 $1<\dfrac{\sqrt{2b}}{\sqrt{a}}<2$인 경우의 수는

$1+2+4+4+4+3=18$

이므로 구하는 확률은

$\dfrac{18}{36}=\dfrac{1}{2}$

02 $\sqrt{24}\times\sqrt{\dfrac{3}{2}}\times\sqrt{a}\times\sqrt{2}\times\sqrt{2a}$

$=\sqrt{24\times\dfrac{3}{2}\times a\times2\times2a}$

$=\sqrt{144a^2}$

$=12a$

따라서 $12a=36$이므로

$a=3$

03 $\dfrac{1}{x}\sqrt{\dfrac{x^3}{y}}-\dfrac{1}{y}\sqrt{\dfrac{y^3}{x}}=\sqrt{\left(\dfrac{1}{x}\right)^2\times\dfrac{x^3}{y}}-\sqrt{\left(\dfrac{1}{y}\right)^2\times\dfrac{y^3}{x}}$

$\qquad=\sqrt{\dfrac{x}{y}}-\sqrt{\dfrac{y}{x}}$

$\qquad=\dfrac{\sqrt{x}}{\sqrt{y}}-\dfrac{\sqrt{y}}{\sqrt{x}}$

$\qquad=\dfrac{(\sqrt{x})^2-(\sqrt{y})^2}{\sqrt{x}\sqrt{y}}$

$\qquad=\dfrac{x-y}{\sqrt{xy}}$

$\qquad=\dfrac{5}{\sqrt{2}}=\dfrac{5\sqrt{2}}{2}$

04 $\dfrac{a}{\sqrt{a}}=\sqrt{a}$, $\dfrac{b}{\sqrt{b}}=\sqrt{b}$이므로

$\dfrac{a\sqrt{b}}{2\sqrt{a}}+\dfrac{b\sqrt{a}}{3\sqrt{b}}=\dfrac{1}{2}\sqrt{a}\sqrt{b}+\dfrac{1}{3}\sqrt{a}\sqrt{b}$

$\qquad=\dfrac{5}{6}\sqrt{ab}$

$\qquad=\dfrac{5}{6}\times\sqrt{252}$

$\qquad=\dfrac{5}{6}\times6\sqrt{7}=5\sqrt{7}$

05 $\sqrt{2}=a$, $\sqrt{7}=b$, $\sqrt{11}=c$이므로

$\sqrt{154}=\sqrt{2\times7\times11}=\sqrt{2}\sqrt{7}\sqrt{11}$

$\qquad=abc$

$\sqrt{1.54}=\sqrt{154\times\dfrac{1}{100}}=\dfrac{1}{10}\sqrt{154}=\dfrac{1}{10}abc$

또, $1386=3^2\times2\times7\times11$이므로

$\sqrt{0.1386}=\sqrt{1386\times\dfrac{1}{10^4}}$

$\qquad=\sqrt{\dfrac{3^2}{10^4}\times2\times7\times11}=\dfrac{3}{10^2}\sqrt{2\times7\times11}$

$\qquad=\dfrac{3}{100}abc$

따라서

$\sqrt{1.54}-\sqrt{0.1386}=\dfrac{1}{10}abc-\dfrac{3}{100}abc$

$\qquad=\dfrac{7}{100}abc$

06 ① $\sqrt{0.00312}=\sqrt{31.2\times\dfrac{1}{10^4}}=\dfrac{1}{10^2}\times\sqrt{31.2}$

$\qquad=\dfrac{1}{10^2}\times5.586=0.05586$

② $\sqrt{312}=\sqrt{3.12\times100}=10\times\sqrt{3.12}$

$\qquad=10\times1.766=17.66$

③ $\sqrt{78}=\sqrt{312\times\dfrac{1}{4}}=\dfrac{1}{2}\times\sqrt{312}$

$\qquad=\dfrac{1}{2}\times17.66=8.83$

④ $\sqrt{1950}=\sqrt{312\times5^2\times\dfrac{1}{2^2}}=\dfrac{5}{2}\times\sqrt{312}$

$\qquad=\dfrac{5}{2}\times17.66=44.15$

⑤ $\sqrt{1.248}=\sqrt{0.312\times4}$

$\qquad=\sqrt{31.2\times\dfrac{1}{100}\times4}$

$\qquad=\dfrac{2}{10}\times\sqrt{31.2}$

$\qquad=\dfrac{2}{10}\times5.586$

$\qquad=2\times0.5586=1.1172$

따라서 옳은 것은 ③, ⑤이다.

07 x, y를 간단히 하면

$x=\dfrac{\sqrt{20}-\sqrt{10}}{\sqrt{5}}=\dfrac{\sqrt{5\times4}-\sqrt{5\times2}}{\sqrt{5}}$

$\quad=\sqrt{4}-\sqrt{2}=2-\sqrt{2}$

$y=\dfrac{\sqrt{6}+\sqrt{48}}{\sqrt{3}}=\dfrac{\sqrt{3\times2}+\sqrt{3\times16}}{\sqrt{3}}$

$\quad=\sqrt{2}+\sqrt{16}=\sqrt{2}+4$

이것을 $\dfrac{x+y}{2x-y}$에 대입하면

$\dfrac{x+y}{2x-y}=\dfrac{(2-\sqrt{2})+(\sqrt{2}+4)}{2(2-\sqrt{2})-(\sqrt{2}+4)}$

$\qquad=\dfrac{2}{-\sqrt{2}}=-\sqrt{2}$

양수 a, b, c에 대하여 $\dfrac{\sqrt{ac}+\sqrt{bc}}{\sqrt{c}}=\sqrt{a}+\sqrt{b}$임을 유의한다.

08 남은 입체도형에서 겉넓이를 구하면

(ⅰ) △BGD의 넓이

직각삼각형 ABD에서 피타고라스 정리에 의하여

$\overline{BD}=\sqrt{(2\sqrt{2})^2+(2\sqrt{2})^2}=4$

따라서 △BGD는 한 변의 길이가 4인 정삼각형이므로

$△BGD=\dfrac{\sqrt{3}}{4}\times 4^2=4\sqrt{3}$

(ⅱ) △ABD, △BFG, △DGH의 넓이

세 직각삼각형의 넓이는 같으므로

$△ABD+△BFG+△DGH$

$=3\times\left(\dfrac{1}{2}\times 2\sqrt{2}\times 2\sqrt{2}\right)$

$=12$

(ⅲ) □ABFE, □AEHD, □EFGH의 넓이

세 정사각형의 넓이는 같으므로

$□ABFE+□AEHD+□EFGH$

$=3\times(2\sqrt{2}\times 2\sqrt{2})$

$=24$

따라서 구하는 입체도형의 겉넓이는

$4\sqrt{3}+12+24=36+4\sqrt{3}$

09 원뿔의 옆면을 펼쳐서 나온 부채꼴의 호의 길이는 밑면의 둘레의 길이와 같다.

이때 밑면의 둘레의 길이는

$2\pi\times\sqrt{2}=2\sqrt{2}\pi(\text{cm})$

이므로 부채꼴의 호의 길이는 $2\sqrt{2}\pi$ cm이다.

부채꼴의 중심각의 크기를 $a°$라 하면 호의 길이는

$2\pi\times 4\sqrt{2}\times\dfrac{a}{360}(\text{cm})$

두 길이가 같아야 하므로

$2\pi\times 4\sqrt{2}\times\dfrac{a}{360}=2\sqrt{2}\pi$

$\therefore a°=90°$

따라서 빗변의 길이가 $4\sqrt{2}$ cm이고 높이가 x cm인 직각삼각형은 직각이등변삼각형이므로 피타고라스 정리에 의하여

$x^2+x^2=(4\sqrt{2})^2$

$2x^2=32$, $x^2=16$

$x>0$이므로 $x=4$

10 정사각형 A, B, C, D는 각각 넓이의 비가 $3:1$이므로 닮음비는 $1:\dfrac{1}{\sqrt{3}}$이다.

정사각형 A의 넓이가 $24\ \text{cm}^2$이므로 A의 한 변의 길이는 $2\sqrt{6}$ cm이다.

정사각형 B의 한 변의 길이는 $2\sqrt{6}\times\dfrac{1}{\sqrt{3}}=2\sqrt{2}(\text{cm})$

정사각형 C의 한 변의 길이는 $2\sqrt{2}\times\dfrac{1}{\sqrt{3}}=\dfrac{2\sqrt{6}}{3}(\text{cm})$

정사각형 D의 한 변의 길이는 $\dfrac{2\sqrt{6}}{3}\times\dfrac{1}{\sqrt{3}}=\dfrac{2\sqrt{2}}{3}(\text{cm})$

따라서 A, B, C, D를 이어붙인 도형의 둘레의 길이는 그림과 같이 큰 직사각형의 둘레의 길이와 같으므로

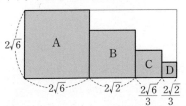

$2\sqrt{6}\times 2+\left(2\sqrt{6}+2\sqrt{2}+\dfrac{2\sqrt{6}}{3}+\dfrac{2\sqrt{2}}{3}\right)\times 2$

$=4\sqrt{6}+\left(\dfrac{8\sqrt{6}}{3}+\dfrac{8\sqrt{2}}{3}\right)\times 2$

$=\dfrac{12+16}{3}\sqrt{6}+\dfrac{16}{3}\sqrt{2}$

$=\dfrac{28}{3}\sqrt{6}+\dfrac{16}{3}\sqrt{2}(\text{cm})$

11 정오각형 ABCDE의 대각선 5개의 길이의 합이 $(15+15\sqrt{5})$cm이므로 한 대각선의 길이는 $(3+3\sqrt{5})$cm이다.

정오각형 ABCDE의 한 변의 길이를 x cm라 하면

$x:3+3\sqrt{5}=1:\dfrac{1+\sqrt{5}}{2}$

이므로

$x\times\dfrac{1+\sqrt{5}}{2}=3+3\sqrt{5}$

$\therefore x=3(1+\sqrt{5})\times\dfrac{2}{1+\sqrt{5}}=6$

따라서 정오각형 ABCDE의 둘레의 길이는

$5x=5\times 6=30(\text{cm})$

12 $a>0$, $b>0$이므로 $a+b>0$이고, $\sqrt{5}>2$이므로

$\sqrt{5}+1>2+1$

따라서 $a<b$이므로 $a-b<0$

또, $b-a>0$에서 $3b-a>0$이므로 $a-3b<0$

$$\frac{\sqrt{(a+b)^2}-\sqrt{(a-b)^2}}{\sqrt{(a-3b)^2}}=\frac{|a+b|-|a-b|}{|a-3b|}$$
$$=\frac{(a+b)-\{-(a-b)\}}{-(a-3b)}$$
$$=\frac{(a+b)+(a-b)}{3b-a}$$
$$=\frac{2a}{3b-a}$$

이 식에 $a=3$, $b=\sqrt{5}+1$을 대입하면
$$\frac{2a}{3b-a}=\frac{6}{3\sqrt{5}+3-3}=\frac{2}{\sqrt{5}}=\frac{2\sqrt{5}}{5}$$

실수하기 쉬운 부분 짚어보기

$\sqrt{a^2}=|a|$임을 이용하여 식을 간단히 한 후 a, b의 값을 대입하면 계산을 줄일 수 있다.

13 $225<250<256$이므로 근호를 씌우면
$15<\sqrt{250}<16$ ∴ $a=15$
$144<162<169$이므로 근호를 씌우면
$12<\sqrt{162}<13$
∴ $b=\sqrt{162}-12=9\sqrt{2}-12$
이때 $0<b<1$이므로
$$a-\sqrt{(1-b)^2}=a-|1-b|$$
$$=a-(1-b)$$
$$=a+b-1$$
$$=15+(9\sqrt{2}-12)-1$$
$$=2+9\sqrt{2}$$
따라서 $14<2+9\sqrt{2}<15$이므로 $2+9\sqrt{2}$의 정수 부분은 14이다.

14 점 C의 좌표는 $\mathrm{C}(2\sqrt{2})$이며, $2\sqrt{2}-(3+\sqrt{2})=\sqrt{2}-3<0$이므로
$2\sqrt{2}<3+\sqrt{2}$
따라서 점 C는 두 점 A, B 사이에 있다.
$\overline{\mathrm{BC}}=(3+\sqrt{2})-2\sqrt{2}=3-\sqrt{2}$
이고, 점 D는 점 C보다 왼쪽에 있으므로 점 D에 대응하는 수는
$2\sqrt{2}-(3-\sqrt{2})=3\sqrt{2}-3$
이때
$$\sqrt{2}-(3\sqrt{2}-3)=-2\sqrt{2}+3$$
$$=-\sqrt{8}+\sqrt{9}>0$$
이므로
$\sqrt{2}>3\sqrt{2}-3$
그러므로 점 D는 점 A와 왼쪽에 있다.

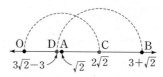

따라서 네 점 A, B, C, D를 수직선에서 왼쪽에 있는 것부터 차례대로 나열하면 D, A, C, B이다.

15 $(2a\odot2b)-b=b\odot3$에서
$$2a\odot2b=\frac{1}{\sqrt{2}}\times2a+2b=\sqrt{2}a+2b,$$
$$b\odot3=\frac{1}{\sqrt{2}}\times b+3=\frac{\sqrt{2}b}{2}+3$$
이므로
$$(\sqrt{2}a+2b)-b=\frac{\sqrt{2}b}{2}+3$$
$$\left(a-\frac{b}{2}\right)\sqrt{2}=3-b$$
이때 a, b는 유리수이므로 $a-\dfrac{b}{2}$, $3-b$도 유리수이다.
따라서 위의 식이 성립하려면
$$a-\frac{b}{2}=0,\ 3-b=0$$
이어야 하므로
$$b=3,\ a=\frac{3}{2}$$
따라서 $a+b=\dfrac{9}{2}$

함정 피하기

$p\sqrt{2}=q$를 만족시키는 유리수 p, q는 $p=q=0$임을 이용한다.

16 $\sqrt{72}=6\sqrt{2}$이므로 주어진 식을 정리하면
$$\frac{1}{\sqrt{2}}-2m-n=-\frac{m}{2}\sqrt{2}+n\sqrt{2}-1$$
$$\frac{\sqrt{2}}{2}+\frac{m}{2}\sqrt{2}-n\sqrt{2}=2m+n-1$$
$$\left(\frac{1}{2}+\frac{m}{2}-n\right)\sqrt{2}=2m+n-1$$
이때 m, n이 유리수이므로
$\dfrac{1}{2}+\dfrac{m}{2}-n=0$에서 $m-2n=-1$ ······ ㉠
$2m+n-1=0$에서 $2m+n=1$ ······ ㉡
㉠, ㉡을 연립하여 풀면
$$m=\frac{1}{5},\ n=\frac{3}{5}$$
이므로 $m+n=\dfrac{4}{5}$

01 16   02 $18\sqrt{2}$ 03 $6+2\sqrt{2}$ 04 ④   05 25

06 19

---

01 $\sqrt{3}f(1)+\sqrt{4}f(2)+\sqrt{5}f(3)+\cdots+\sqrt{25}f(23)$

$=\sqrt{3}(\sqrt{5}-\sqrt{1})+\sqrt{4}(\sqrt{6}-\sqrt{2})+\sqrt{5}(\sqrt{7}-\sqrt{3})$

$\qquad +\cdots+\sqrt{25}(\sqrt{27}-\sqrt{23})$

$=(\sqrt{3\times5}-\sqrt{1\times3})+(\sqrt{4\times6}-\sqrt{2\times4})$

$\qquad +(\sqrt{5\times7}-\sqrt{3\times5})+\cdots+(\sqrt{24\times26}-\sqrt{22\times24})$

$\qquad +(\sqrt{25\times27}-\sqrt{23\times25})$

$=-\sqrt{1\times3}-\sqrt{2\times4}+\sqrt{24\times26}+\sqrt{25\times27}$

$=-\sqrt{3}-2\sqrt{2}+4\sqrt{39}+15\sqrt{3}$

$=-2\sqrt{2}+14\sqrt{3}+4\sqrt{39}$

따라서 $a=-2$, $b=14$, $c=4$이므로

$a+b+c=16$

함정 피하기

덧셈을 할 때 지워지고 남는 항들이 무엇인지 생각해 본다. 앞의 괄호에서 2개의 항이 남으면, 뒤의 괄호에서도 2개의 항이 남아야 한다.

02 오른쪽 그림과 같이 직선 DG와 선분 BC의 교점을 E라 하자.

점 G가 무게중심이므로 점 E는 선분 BC의 중점이며, △BCD가 정삼각형이므로

$\overline{DE}\perp\overline{BC}$

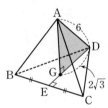

△BCD의 한 변의 길이가 6이므로 높이는

$\overline{DE}=\dfrac{\sqrt{3}}{2}\times6=3\sqrt{3}$

이고, △BCD의 넓이는

$\dfrac{\sqrt{3}}{4}\times6^2=9\sqrt{3}$

또, 무게중심의 성질에 의하여

$\overline{GD}=\dfrac{2}{3}\overline{DE}=2\sqrt{3}$

이므로 직각삼각형 AGD에서 피타고라스의 정리에 의하여

$\overline{AG}^2=\overline{AD}^2-\overline{GD}^2=36-12=24$

$\overline{AG}>0$이므로 $\overline{AG}=\sqrt{24}=2\sqrt{6}$

따라서 정사면체 A-BCD의 부피는

$\dfrac{1}{3}\times\triangle BCD\times\overline{AG}=\dfrac{1}{3}\times9\sqrt{3}\times2\sqrt{6}=18\sqrt{2}$

03 모양의 도형을 오른쪽 그림과 같이 다섯 조각으로 나누고, 직사각형 모양의 조각의 짧은 변의 길이를 a라 하자. 가운데에 있는 정사각형 모양의 조각의 넓이는 1, 4개의 직사각형 모양의 조각의 넓이는 각각 a이다.

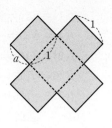

따라서 모양의 도형의 넓이는

$4a+1=2+\sqrt{2}$

$\therefore a=\dfrac{1+\sqrt{2}}{4}$

따라서 모양의 도형의 둘레의 길이는

$8a+4=8\times\dfrac{1+\sqrt{2}}{4}+4$

$\qquad\quad =2(1+\sqrt{2})+4$

$\qquad\quad =6+2\sqrt{2}$

04 조건 ㈎의 $\dfrac{7}{3}<\sqrt{\dfrac{n}{4}}<\dfrac{5}{2}$에서 $\sqrt{\dfrac{n}{4}}=\dfrac{\sqrt{n}}{2}$이므로

$\dfrac{7}{3}<\dfrac{\sqrt{n}}{2}<\dfrac{5}{2}$

$\dfrac{14}{3}<\sqrt{n}<5$

따라서 $\sqrt{n}$의 정수 부분은 4, 소수 부분은 $\sqrt{n}-4$이다.

조건 ㈏에서 $\sqrt{n}$의 소수 부분은 0.7보다 크고, 0.9보다 작으므로

$0.7<\sqrt{n}-4<0.9$

$4.7<\sqrt{n}<4.9$

$22.09<n<24.01$

이때 n은 자연수이므로

$n=23$ 또는 $n=24$

따라서 주어진 조건을 모두 만족시키는 자연수 n의 값의 합은 47이다.

05 $g(n)=\sqrt{n}-f(n)$이므로 이 식을 주어진 부등식에 대입하면

$f(n+10)+\sqrt{n}-f(n)\leq\sqrt{n}$

$\therefore f(n+10)\leq f(n)$ …… ㉠

그런데 $\sqrt{n+10}>\sqrt{n}$이므로

$f(n+10)\geq f(n)$ …… ㉡

㉠, ㉡에서 $f(n+10)=f(n)$

따라서 $f(n+10)=f(n)$을 만족시키는 가장 작은 자연수 n의 값을 구하면 된다.

$f(1)=f(2)=f(3)=1$

$f(4)=f(5)=\cdots=f(8)=2$

$f(9)=f(10)=\cdots=f(15)=3$

$f(16)=f(17)=\cdots=f(24)=4$

$f(25)=f(26)=\cdots=f(35)=5$

$\vdots$

이므로

$f(25)=f(35)$

따라서 가장 작은 자연수 n의 값은 25이다.

함정 피하기

$\sqrt{n}$의 정수 부분을 $f(n)$, 소수 부분을 $g(n)$이라 할 때,
$g(n)=\sqrt{n}-f(n)$임을 기억한다.

＋플러스 개념

$f(n)=k$를 만족시키는 자연수 n의 개수는 k가 1씩 증가할수록
2개씩 증가한다.

예를 들어,

$f(n)=1$인 자연수 n의 개수는 3개

$f(n)=2$인 자연수 n의 개수는 5개

$f(n)=3$인 자연수 n의 개수는 7개

$f(n)=4$인 자연수 n의 개수는 9개

$f(n)=5$인 자연수 n의 개수는 11개

이다.

이 규칙을 이용하면 $f(n+10)=f(n)$를 만족시키는 가장 작은
자연수 n의 값을 쉽게 알 수 있다.

06 $\sqrt{72}=6\sqrt{2}$이므로 직선 OA의 방정식은

$y=\sqrt{2}x$

x가 자연수 1, 2, 3, 4, 5일 때의 $y<\sqrt{2}x$인 자연수 y를 구하면

(ⅰ) $x=1$일 때,

$1<\sqrt{2}<2$이므로 1개

(ⅱ) $x=2$일 때,

$2<2\sqrt{2}<3$이므로 2개

(ⅲ) $x=3$일 때,

$4<3\sqrt{2}<5$이므로 4개

(ⅳ) $x=4$일 때,

$5<4\sqrt{2}<6$이므로 5개

(ⅴ) $x=5$일 때,

$7<5\sqrt{2}<8$이므로 7개

따라서 삼각형 AOB의 내부에 있으면서 x좌표, y좌표가 모두
자연수인 점이 모두 19개이다.

Level ④ 본문 30~31쪽

01 $a=10,\ b=100$ **02** 15   **03** $\dfrac{81\sqrt{3}}{8}$ **04** $2+\dfrac{4\sqrt{5}}{5}$

05 $1+2\sqrt{37}$ **06** $\dfrac{18\sqrt{26}}{13}$

---

01 **풀이전략** $\sqrt{2}=1.414\cdots$에서 $g(2)=1.4$, $\sqrt{200}=14.14\cdots$에서 $f(200)=14$이므로 $10g(2)=f(200)$임을 알 수 있다.

$\sqrt{n}$의 정수 부분은 $\sqrt{n}$을 소수점 아래 첫째 자리에서 버림한 값이다.

따라서 $\sqrt{n}$을 소수점 아래 둘째 자리에서 버림한 값 $g(n)$은 $10\sqrt{n}$을 소수점 아래 첫째 자리에서 버림한 $10\sqrt{n}$의 정수 부분을 10으로 나눈 값과 같다.

이때 $10\sqrt{n}=\sqrt{100n}$이므로

$g(n)=\dfrac{f(100n)}{10}$

따라서 $a=10,\ b=100$

02 **풀이전략** $f(n+4)$는 9, 0이 $n+4$번 반복된 수이므로, $f(n)$과 일의 자리부터 n번째 자리까지 일치한다. 이를 이용하여 $f(n+4)-f(n)$을 어떤 수와 10의 거듭제곱의 곱으로 표현한다.

$$\begin{array}{r} f(n+4)=90909090\cdots\cdots \\ -)f(n)=9090\cdots\cdots \\ \hline f(n+4)-f(n)=90900000\cdots0 \end{array}$$

$\underbrace{}_{(n+4)\text{자리}}$

이때 $90900000\cdots0=909\times10^{n+1}$이므로

$\underbrace{}_{(n+1)\text{자리}}$

$f(n+4)-f(n)=909\times10^{n+1}$

$\sqrt{\dfrac{f(n+4)-f(n)}{100}}=\sqrt{9.09\times10^{n+1}}$

$\phantom{\sqrt{\dfrac{f(n+4)-f(n)}{100}}}=\sqrt{3^2\times1.01\times10^{n+1}}$

$\phantom{\sqrt{\dfrac{f(n+4)-f(n)}{100}}}=3a\times\sqrt{10^{n+1}}=3a\times10^8$

$\sqrt{10^{n+1}}=10^8$에서 $\sqrt{10^{n+1}}=\sqrt{10^{16}}$이므로

$10^{n+1}=10^{16}$

따라서 $n+1=16$이므로

$n=15$

다른 풀이

$f(n+1)+f(n)=9999\cdots9$이므로

$\underbrace{}_{(n+1)\text{자리}}$

$f(n+1)+f(n)=10^{n+1}-1$

$$f(n+4)-f(n)$$
$$=\{f(n+4)+f(n+3)\}-\{f(n+3)+f(n+2)\}$$
$$\quad+\{f(n+2)+f(n+1)\}-\{f(n+1)+f(n)\}$$
$$=(10^{n+4}-1)-(10^{n+3}-1)+(10^{n+2}-1)-(10^{n+1}-1)$$
$$=10^{n+1}(1000-100+10-1)$$
$$=909\times10^{n+1}$$
임을 이용하여 풀 수도 있다.

따라서 색칠한 부분의 넓이는 두 번째 정육각형의 넓이에서 세 번째 정육각형의 넓이를 뺀 것과 같으므로
$$\frac{81\sqrt3}{2}-\frac{243\sqrt3}{8}=\frac{81\sqrt3}{8}$$

다른 풀이

색칠된 부분은 두 번째 정육각형에서 세 번째 정육각형을 제외한 부분이며, 세 번째 정육각형의 넓이는 두 번째 정육각형의 넓이의 $\frac{3}{4}$임을 이용하면 색칠된 부분의 넓이는 두 번째 정육각형의 넓이의 $\frac{1}{4}$임을 알 수 있다.

따라서 $\frac{81\sqrt3}{2}\times\frac{1}{4}=\frac{81\sqrt3}{8}$으로 풀이를 단축할 수 있다.

03 **풀이전략** 정육각형의 각 변의 중점을 연결하여 새로 만든 정육각형은 처음 정육각형과 닮음이다. 정육각형 사이의 닮음비를 구하여 각 정육각형의 넓이를 구한다.

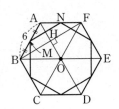

오른쪽 그림과 같이 세 대각선의 교점을 O, 선분 AB의 중점을 M, 선분 AF의 중점을 N이라 하고, 두 선분 BF와 AO의 교점을 H라 하자.
□ABOF는 마름모이고, 마름모의 두 대각선은 서로 수직이므로 $\overline{BF}$의 길이는 정삼각형 ABO의 높이의 두 배이다.
한 변의 길이가 6인 정삼각형 ABO의 높이는
$$\overline{BH}=\frac{\sqrt3}{2}\times6=3\sqrt3$$
이므로
$$\overline{BF}=2\times\overline{BH}=6\sqrt3$$
한편 △ABF∽△AMN (SAS 닮음)이고, 닮음비가 2 : 1이므로
$$\overline{MN}=\frac{1}{2}\overline{BF}=3\sqrt3$$
따라서 처음 정육각형과 각 변의 중점을 연결해서 만든 새로운 정육각형의 닮음비는
$$\overline{AB}:\overline{MN}=6:3\sqrt3=1:\frac{\sqrt3}{2}$$
이므로 넓이의 비는 $1:\frac{3}{4}$이다.
첫 번째 정육각형의 넓이는 △ABO의 넓이의 6배이므로
$$6\times\left(\frac{\sqrt3}{4}\times6^2\right)=6\times9\sqrt3=54\sqrt3$$
이때 닮음인 도형 사이의 넓이의 비를 이용하면 두 번째 정육각형의 넓이는
$$54\sqrt3\times\frac{3}{4}=\frac{81\sqrt3}{2}$$
세 번째 정육각형의 넓이는
$$\frac{81\sqrt3}{2}\times\frac{3}{4}=\frac{243\sqrt3}{8}$$

04 **풀이전략** △ACD를 6개의 삼각형으로 나누고, 내심의 성질을 이용하여 각 삼각형의 넓이를 구한다.

$\overline{CD}=2a$라 하면 정오각형의 한 변의 길이와 대각선의 길이의 비가 $1:\frac{1+\sqrt5}{2}$이므로
$$\overline{AC}=(1+\sqrt5)a$$

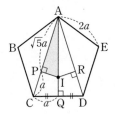

△ACD가 이등변삼각형이므로 오른쪽 그림과 같이 $\overline{AI}$의 연장선이 $\overline{CD}$와 만나는 점을 Q라 하면 $\overrightarrow{AQ}$는 $\overline{CD}$의 수직이등분선이므로
$$\overline{CQ}=\frac{1}{2}\overline{CD}=a$$
이고, 내심의 성질에 의하여
$$\overline{CP}=\overline{CQ}=a$$
따라서 $\overline{AP}=\overline{AC}-\overline{CP}=\sqrt5a$
또, 점 I에서 $\overline{AD}$에 내린 수선의 발을 R이라 하면 △API, △ARI의 넓이는 같으므로 △ARI의 넓이는 1이다.
△API과 △CIP의 높이가 같으므로 두 삼각형의 넓이의 비는 밑변의 길이의 비인
$$\sqrt5a:a=\sqrt5:1$$
과 같다.
따라서 △CIP의 넓이는
$$\frac{1}{\sqrt5}\triangle API=\frac{\sqrt5}{5}$$
이때 $\overline{CP}=\overline{CQ}=\overline{QD}=\overline{DR}$이고, $\overline{PI}=\overline{IQ}=\overline{IR}$이므로 △CIP, △CQI, △QDI, △DRI의 넓이가 모두 $\frac{\sqrt5}{5}$로 같다.
따라서 △ACD의 넓이는
$$1\times2+\frac{\sqrt5}{5}\times4=2+\frac{4\sqrt5}{5}$$

05 풀이전략 적절한 보조선을 그어 직각삼각형을 만들고, 피타고라스 정리를 이용하여 $\overline{BP}$의 길이를 구한다.

그림과 같이 점 A에서 $\overline{BC}$에 내린 수선의 발을 H라 하자.

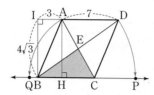

평행사변형의 성질에 의하여 삼각형 ABC의 넓이는 삼각형 BCE의 넓이의 2배이므로

$\triangle ABC = 2 \times 7\sqrt{3} = 14\sqrt{3}$

$\overline{BC} = \overline{AD} = 7$이고, $\triangle ABC = \dfrac{1}{2} \times \overline{BC} \times \overline{AH}$이므로

$14\sqrt{3} = \dfrac{1}{2} \times 7 \times \overline{AH}$

$\therefore \overline{AH} = 4\sqrt{3}$

삼각형 ABH에서 피타고라스 정리에 의하여

$\overline{BH}^2 = \overline{AB}^2 - \overline{AH}^2$

$\qquad = 57 - 48 = 9$

$\overline{BH} > 0$이므로 $\overline{BH} = 3$

$\therefore \overline{CH} = \overline{BC} - \overline{BH} = 4$

삼각형 AHC에서 피타고라스 정리에 의하여

$\overline{AC}^2 = \overline{AH}^2 + \overline{CH}^2 = 48 + 16 = 64$

이때 $\overline{AC} > 0$이므로 $\overline{AC} = 8$

$\therefore \overline{QC} = 8$

또, 점 B에서 $\overline{AD}$의 연장선에 내린 수선의 발을 I라 하면

$\overline{BI} = \overline{AH} = 4\sqrt{3}$,

$\overline{AI} = \overline{BH} = 3$,

$\overline{ID} = \overline{AI} + \overline{AD} = 10$

삼각형 BID에서 피타고라스 정리에 의하여

$\overline{BD}^2 = \overline{BI}^2 + \overline{ID}^2 = 48 + 100 = 148$

$\overline{BD} > 0$이므로

$\overline{BD} = \sqrt{148} = 2\sqrt{37}$

$\therefore \overline{BP} = 2\sqrt{37}$

점 Q에 대응하는 수가 0이므로 점 C에 대응하는 수는

$\overline{QC} = 8$

이고, 점 B에 대응하는 수는

$\overline{QC} - \overline{BC} = 8 - 7 = 1$

따라서 점 P에 대응하는 수는

$1 + \overline{BP} = 1 + 2\sqrt{37}$

실수하기 쉬운 부분 짚어보기

점 P에 대응하는 수를 구할 때에는 $\overline{BP}$의 길이뿐만 아니라 $\overline{QB}$의 길이도 고려해야 한다.

06 풀이전략 3차원의 도형을 2차원에서 분석하면 편리하므로 입체도형의 옆면을 관찰하여 정육면체의 한 모서리의 길이를 구한다.

택배 상자의 부피를 구하기 위해 정육면체의 한 모서리의 길이를 구하자.

주어진 그림에서 옆면의 단면을 그리면 오른쪽 그림과 같다.

$\triangle EBF \backsim \triangle FCD$ (AA 닮음)이고, 닮음비는 $\overline{EF} : \overline{FD} = 1 : 3$이다.

정사각형 ABCD의 한 변의 길이를 a라 하면

$\overline{BF} = \dfrac{1}{3}\overline{DC} = \dfrac{1}{3}a$

따라서 $\overline{FC} = a - \dfrac{1}{3}a = \dfrac{2}{3}a$

$\triangle CDF$에서 피타고라스 정리에 의하여 $\overline{FD}^2 = \overline{FC}^2 + \overline{CD}^2$이고, $\overline{FD} = 3\sqrt{2}$이므로

$18 = \dfrac{4}{9}a^2 + a^2 = \dfrac{13}{9}a^2$

$a^2 = \dfrac{9 \times 18}{13}$

$a > 0$이므로

$a = \sqrt{\dfrac{9 \times 18}{13}} = \dfrac{9\sqrt{2}}{\sqrt{13}} = \dfrac{9\sqrt{26}}{13}$

따라서 정육면체의 한 모서리의 길이는 $\dfrac{9\sqrt{26}}{13}$이므로 택배 상자 하나의 부피는

$\sqrt{2} \times \sqrt{2} \times \dfrac{9\sqrt{26}}{13} = \dfrac{18\sqrt{26}}{13}$

대단원 마무리 Level 종합
본문 32~33쪽

01 92 **02** 51,911 **03** ④ **04** $\dfrac{3\sqrt{2}+\sqrt{6}}{2}$

05 $5\sqrt{3}-2$ **06** ③ **07** ② **08** $\dfrac{45}{4}-2\sqrt{5}$

01 $\sqrt{60-2x}$가 정수가 되려면 $60-2x$가 (정수)^2 꼴인 수이어야 한다.

60보다 작은 (정수)^2 꼴인 수는 49, 36, 25, 16, 9, 4, 1, 0이며, $60-2x$는 2의 배수이므로 가능한 수는 36, 16, 4, 0으로 4개이다.

따라서 가능한 자연수 x는 12, 22, 28, 30이므로 그 합은
$$12+22+28+30=92$$

02
$$\sqrt{1760}=\sqrt{11\times160}$$
$$=\sqrt{4^2\times100\times1.1}$$
$$=4\times10\times1.049$$
$$=4\times10.49$$
$$=41.96$$
$$\sqrt{99}=\sqrt{9\times11}$$
$$=3\times3.317=9.951$$
따라서 $\sqrt{1760}+\sqrt{99}=51.911$

03 정육면체의 한 모서리의 길이를 x cm라 하면 정육면체의 겉넓이는
$$x\times x\times6=6x^2$$
겉넓이가 144 cm²이므로
$$6x^2=144,\ x^2=24$$
$x>0$이므로 $x=\sqrt{24}=2\sqrt{6}$
따라서 정육면체의 한 모서리의 길이는 $2\sqrt{6}$ cm이다.

04 정사각형 EFGH의 넓이가 3이므로 □EFGH의 한 변의 길이는 $\sqrt{3}$이다.

오른쪽 그림과 같이 보조선 $\overline{BD}$를 그리면 △BGF, △DEH는 한 변의 길이가 $\sqrt{3}$인 정삼각형이므로 높이는
$$\frac{\sqrt{3}}{2}\times\sqrt{3}=\frac{3}{2}$$
$\therefore\ \overline{BD}=\frac{3}{2}+\sqrt{3}+\frac{3}{2}=3+\sqrt{3}$

정사각형 ABCD의 한 변의 길이를 x라 하면 대각선 BD의 길이는
$$\sqrt{x^2+x^2}=\sqrt{2}x$$
따라서 $\sqrt{2}x=3+\sqrt{3}$이므로
$$x=\frac{3+\sqrt{3}}{\sqrt{2}}=\frac{3\sqrt{2}+\sqrt{6}}{2}$$

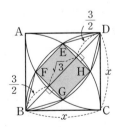

참고 △BGF가 정삼각형인 이유

오른쪽 그림과 같이 $\overline{AG}$, $\overline{GD}$를 그으면 △AGD에서 점 G는 반지름의 길이가 같은 사분원의 교점이므로
$$\overline{AD}=\overline{AG}=\overline{GD}$$
따라서 △AGD는 정삼각형이므로
$$\angle DAG=60°$$
$\therefore\ \angle BAG=90°-60°=30°$
또 $\overline{AB}=\overline{AG}$이므로 △ABG는 이등변삼각형이고, 두 밑각의 크기가 같으므로
$$\angle ABG=\angle AGB$$
$$=\frac{1}{2}\times(180°-30°)=75°$$
$\therefore\ \angle GBC=90°-75°=15°$
같은 방법으로 하면 ∠FBA=15°임을 알 수 있다.

△BGF에서
$$\angle GBF=90°-15°-15°=60°$$
이므로 △BGF는 꼭지각의 크기가 60°인 이등변삼각형 즉, 정삼각형이다.

마찬가지로 △DEH도 정삼각형이 됨을 알 수 있다.

05
$$\frac{5}{2\sqrt{3}}+\sqrt{48}-\frac{1}{\sqrt{2}}\left(2\sqrt{2}-\frac{1}{\sqrt{6}}\right)$$
$$=\frac{5\sqrt{3}}{6}+4\sqrt{3}-2+\frac{1}{2\sqrt{3}}$$
$$=\frac{5\sqrt{3}}{6}+4\sqrt{3}-2+\frac{\sqrt{3}}{6}$$
$$=5\sqrt{3}-2$$

06 $2\sqrt{7}=\sqrt{28}$, $4\sqrt{3}=\sqrt{48}$이므로
$$2\sqrt{7}<4\sqrt{3}$$
$$A=-\sqrt{(2\sqrt{7}-4\sqrt{3})^2}+\sqrt{(1-\sqrt{7})^2}$$
$$=-|2\sqrt{7}-4\sqrt{3}|+|1-\sqrt{7}|$$
$$=-(4\sqrt{3}-2\sqrt{7})+(\sqrt{7}-1)$$
$$=-4\sqrt{3}+3\sqrt{7}-1$$
$$B=\sqrt{(3\sqrt{3}+1)^2}-\sqrt{(\sqrt{3}-\sqrt{7})^2}$$
$$=|3\sqrt{3}+1|-|\sqrt{3}-\sqrt{7}|$$
$$=(3\sqrt{3}+1)-(\sqrt{7}-\sqrt{3})$$
$$=4\sqrt{3}-\sqrt{7}+1$$
따라서
$$A+B=(-4\sqrt{3}+3\sqrt{7}-1)+(4\sqrt{3}-\sqrt{7}+1)$$
$$=2\sqrt{7}$$

07 $2<\sqrt{5}<3$이므로 $a=\sqrt{5}-2$

$-3<-\sqrt{5}<-2$의 각 변에 5를 더하면

$2<5-\sqrt{5}<3$

이므로

$b=(5-\sqrt{5})-2=3-\sqrt{5}$

$-5<-\sqrt{20}<-4$의 각 변에 5를 더하면

$0<5-2\sqrt{5}<1$이므로

$c=5-2\sqrt{5}$

$a-b=2\sqrt{5}-5=\sqrt{20}-\sqrt{25}<0$이므로

$a<b$

$a-c=3\sqrt{5}-7=\sqrt{45}-\sqrt{49}<0$이므로

$a<c$

$b-c=\sqrt{5}-2>0$이므로 $b>c$

따라서 $a<c<b$

08 $2<\sqrt{5}<3$이므로

$-1<2-\sqrt{5}<0$, $3.25<\sqrt{5}+\dfrac{5}{4}<4.25$,

$\dfrac{3}{2}=1.5$, $-2<\sqrt{5}-4<-1$

따라서 크기 순서대로 나열하면

$\sqrt{5}-4<2-\sqrt{5}<\dfrac{3}{2}<\sqrt{5}+\dfrac{5}{4}$

이므로 가장 멀리 있는 두 점 사이의 거리는

$A=\left(\sqrt{5}+\dfrac{5}{4}\right)-(\sqrt{5}-4)=\dfrac{21}{4}$

가장 가까이 있는 두 점을 구하기 위해 각 점 사이의 거리를 구해 보면

$(2-\sqrt{5})-(\sqrt{5}-4)=6-2\sqrt{5}$ ······ ㉠

$\dfrac{3}{2}-(2-\sqrt{5})=\sqrt{5}-\dfrac{1}{2}$ ······ ㉡

$\left(\sqrt{5}+\dfrac{5}{4}\right)-\dfrac{3}{2}=\sqrt{5}-\dfrac{1}{4}$ ······ ㉢

㉡, ㉢에서 $-\dfrac{1}{2}<-\dfrac{1}{4}$이므로

$\sqrt{5}-\dfrac{1}{2}<\sqrt{5}-\dfrac{1}{4}$

㉠-㉡을 하면

$6-2\sqrt{5}-\left(\sqrt{5}-\dfrac{1}{2}\right)=\dfrac{13}{2}-3\sqrt{5}$

이때 $\dfrac{169}{4}=\left(\dfrac{13}{2}\right)^2<(3\sqrt{5})^2=45$이므로

$6-2\sqrt{5}<\sqrt{5}-\dfrac{1}{2}$

그러므로 가장 가까이 있는 두 점 사이의 거리는

$B=6-2\sqrt{5}$

따라서

$A+B=\dfrac{21}{4}+(6-2\sqrt{5})=\dfrac{45}{4}-2\sqrt{5}$

---

3 다항식의 곱셈과 곱셈 공식

Level 1 본문 36~39쪽

01 ② **02** x^3-x^2-x+1 **03** ① **04** $5x^2+6x+26$

05 $2x^2-x-3$ **06** ⑤ **07** 7 **08** $a^2-4b^2+12b-9$

09 $x^4-4x^3-14x^2+36x+45$ **10** ② **11** ② **12** 15

13 5 **14** ① **15** ④ **16** ③

---

01 주어진 식을 전개했을 때 xy항은 각각의 다항식에서 x항과 y항을 하나씩 뽑아 곱했을 때 나오므로

$x\times(-ky)+2y\times2x=(-k+4)xy$

또, 상수항은 $k\times1=k$

이때 xy의 계수가 상수항보다 5만큼 크므로

$(-k+4)-k=5$

$-2k=1$ ∴ $k=-\dfrac{1}{2}$

02 분배법칙을 이용하여 주어진 식을 전개하고 동류항끼리 계산하면

$(x+1)(x^2-2x+1)$

$=x\times(x^2-2x+1)+1\times(x^2-2x+1)$

$=x^3-2x^2+x+x^2-2x+1$

$=x^3-x^2-x+1$

03 ① $(3a-2b)^2=9a^2-12ab+4b^2$

이므로 빈 칸에 들어갈 수는 -12이다.

② $\left(x-\dfrac{1}{2}\right)^2=x^2-x+\dfrac{1}{4}$

이므로 빈 칸에 들어갈 수는 -1이다.

③ $\left(\dfrac{m+3n}{2}\right)\left(\dfrac{m-3n}{2}\right)=\dfrac{1}{4}m^2-\dfrac{9}{4}n^2$

이므로 빈 칸에 들어갈 수는 $-\dfrac{9}{4}$이다.

④ $\left(x+\dfrac{1}{3}\right)\left(x-\dfrac{1}{4}\right)=x^2+\dfrac{1}{12}x-\dfrac{1}{12}$

이므로 빈 칸에 들어갈 수는 $\dfrac{1}{12}$이다.

⑤ $(3x-y)(5x+2y)=15x^2+xy-2y^2$

이므로 빈 칸에 들어갈 수는 1이다.

따라서 빈 칸에 들어갈 수가 가장 작은 것은 ①이다.

04
$(3x+1)^2-(2x+5)(2x-5)$
$=(9x^2+6x+1)-(4x^2-25)$
$=5x^2+6x+26$

05 교육이는 a를 7로 잘못 보았으므로
$(x+7)(bx+c)=2x^2+11x-21$
$bx^2+(7b+c)x+7c=2x^2+11x-21$
따라서 $b=2$, $c=-3$
방송이는 b를 3으로 잘못 보았으므로
$(x+a)(3x-3)=3x^2-3$
$3x^2+(3a-3)x-3a=3x^2-3$
따라서 $a=1$
$a=1$, $b=2$, $c=-3$을 주어진 식에 대입하면
$(x+a)(bx+c)=(x+1)(2x-3)$
$\qquad\qquad\qquad =2x^2-x-3$

06 $a^2+b^2=(a+b)^2-2ab$이므로
$a^2+b^2=6^2-2\times 3=30$

07 $x^2-3x+1=0$에서 $x\neq0$이므로 양변을 x로 나누면
$x-3+\dfrac{1}{x}=0$, $x+\dfrac{1}{x}=3$
따라서
$x^2+\dfrac{1}{x^2}=\left(x+\dfrac{1}{x}\right)^2-2=3^2-2=7$

실수하기 쉬운 부분 짚어보기
$x^2+\dfrac{1}{x^2}=\left(x+\dfrac{1}{x}\right)^2-2=\left(x-\dfrac{1}{x}\right)^2+2$에서 주어진 식에 맞는 변형 공식을 이용한다.

08 $2b-3=X$로 놓으면
$(a-2b+3)(a+2b-3)=(a-X)(a+X)$
$\qquad\qquad\qquad\qquad\qquad =a^2-X^2$
$\qquad\qquad\qquad\qquad\qquad =a^2-(2b-3)^2$
$\qquad\qquad\qquad\qquad\qquad =a^2-4b^2+12b-9$

09
$(x+1)(x+3)(x-3)(x-5)$
$=(x+1)(x-3)(x+3)(x-5)$
$=(x^2-2x-3)(x^2-2x-15)$
$x^2-2x=A$로 놓으면
$(A-3)(A-15)=A^2-18A+45$
$\qquad\qquad\qquad =(x^2-2x)^2-18(x^2-2x)+45$
$\qquad\qquad\qquad =x^4-4x^3-14x^2+36x+45$

10
$\dfrac{1}{\sqrt{2}+\sqrt{3}}+\dfrac{1}{\sqrt{2}-\sqrt{3}}$
$=\dfrac{1\times(\sqrt{3}-\sqrt{2})}{(\sqrt{3}+\sqrt{2})\times(\sqrt{3}-\sqrt{2})}+\dfrac{1\times(\sqrt{2}+\sqrt{3})}{(\sqrt{2}-\sqrt{3})\times(\sqrt{2}+\sqrt{3})}$
$=\dfrac{\sqrt{3}-\sqrt{2}}{1}+\dfrac{\sqrt{2}+\sqrt{3}}{-1}$
$=\sqrt{3}-\sqrt{2}-(\sqrt{2}+\sqrt{3})$
$=-2\sqrt{2}$

11 $(3+\sqrt{7})(x-4\sqrt{7})=3x-12\sqrt{7}+x\sqrt{7}-28$
$\qquad\qquad\qquad\qquad\qquad =(3x-28)+(x-12)\sqrt{7}$
x는 유리수이므로 이 수가 유리수가 되기 위해서는
$x-12=0$, $x=12$
따라서
$p=3\times 12-28+(12-12)\sqrt{7}$
$\ =36-28=8$

TIP 유리수 a, b와 무리수 $\sqrt{m}$에 대하여
$a+b\sqrt{m}$이 유리수가 되려면 $b=0$

12 $2(3+1)(3^2+1)(3^4+1)(3^8+1)$
$=(3-1)(3+1)(3^2+1)(3^4+1)(3^8+1)$
$=(3^2-1)(3^2+1)(3^4+1)(3^8+1)$
$=(3^4-1)(3^4+1)(3^8+1)$
$=(3^8-1)(3^8+1)$
$=3^{16}-1$
따라서 $p=16$, $q=-1$이므로
$p+q=15$

TIP $|q|<10$이라는 조건이 있는 이유
$3^{16}-1=3^{17}-2\times 3^{16}-1=3^{15}+2\times 3^{15}-1$
따라서 $|q|<10$이라는 조건이 없다면
$p=17$, $q=-2\times 3^{16}-1$
$\quad$ 또는 $p=15$, $q=2\times 3^{15}-1$
도 주어진 조건을 만족하는 값이 될 수 있다.

13 $1<\sqrt{3}<2$에서 $3<2+\sqrt{3}<4$이므로 $2+\sqrt{3}$의 정수 부분은 3 이다.

따라서 $2+\sqrt{3}$의 소수 부분은

$p=\sqrt{3}-1$

이때 $p+1=\sqrt{3}$에서

$(p+1)^2=3$, $p^2+2p+1=3$, $p^2+2p=2$

따라서 $p^2+2p+3=5$

14 주어진 두 수의 합과 두 수의 곱이 간단한 꼴로 정리되므로 먼저 $a+b$와 ab를 구하면

$a+b=2\sqrt{5}$,

$ab=(\sqrt{5}+3)(\sqrt{5}-3)$

$\quad=(\sqrt{5})^2-3^2$

$\quad=5-9=-4$

따라서

$\dfrac{a}{b}+\dfrac{b}{a}=\dfrac{a^2+b^2}{ab}=\dfrac{(a+b)^2-2ab}{ab}$

$\qquad\quad=\dfrac{(2\sqrt{5})^2-2\times(-4)}{-4}$

$\qquad\quad=-\dfrac{28}{4}=-7$

다른 풀이

$a-b=6$, $ab=(3+\sqrt{5})(-3+\sqrt{5})=-4$

따라서 $\dfrac{a}{b}+\dfrac{b}{a}=\dfrac{a^2+b^2}{ab}=\dfrac{(a-b)^2+2ab}{ab}$

$\qquad\qquad\quad=\dfrac{6^2+2\times(-4)}{-4}$

$\qquad\qquad\quad=-\dfrac{28}{4}=-7$

15 새로 만든 직사각형의 가로의 길이는 $x-3$, 세로의 길이는 $(x+1)+2x=3x+1$이다.

따라서 새로 만든 직사각형의 넓이는

$(x-3)(3x+1)=3x^2-8x-3$

16 그림과 같이 각각의 길이를 a, b라 하면 새로 만들어진 정사각형은 다음과 같다.

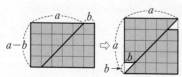

따라서 그림을 이용하여 곱셈 공식을 설명하는 데 가장 적절한 것은 ③ $(a+b)(a-b)=a^2-b^2$이다.

참고 도형을 이용한 곱셈 공식의 설명

(1)

(2)
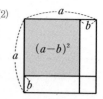

$(a+b)^2=a^2+2ab+b^2$　　$(a-b)^2=a^2-2ab+b^2$

(3)
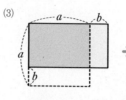

$(a+b)(a-b)=a^2-b^2$

(4)
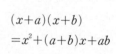

$(x+a)(x+b)$
$=x^2+(a+b)x+ab$

(5)
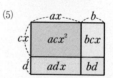

$(ax+b)(cx+d)$
$=acx^2+(ad+bc)x+bd$

Level ② 　　본문 40~43쪽

01 ①, ⑤　**02** 20　**03** (가): $2k-1$, (나): $4k^2-4k+1$, (다): $2k^2-2k$

04 ④　**05** $\dfrac{31\sqrt{37}}{9}$　**06** ②　**07** $a=3$, $b=-1$, $c=-8$

08 ①　**09** $-2\sqrt{6}$　**10** 20　**11** ④　**12** 15

13 $a=\dfrac{11}{8}$, $b=-\dfrac{5}{6}$　**14** 10　**15** 1　**16** ⑤

01 주어진 식의 전개식에서 xy의 계수는

$1\times(-2)+a\times2=2a-2$

이고, 상수항은 $2\times8=16$

이때 $2a-2$가 16의 제곱근이므로

$2a-2=4$ 또는 $2a-2=-4$

따라서 $a=3$ 또는 $a=-1$

함정 피하기

양수의 제곱근은 항상 2개임에 주의한다.

02 주어진 식을 전개했을 때 x^6이 나오는 경우는 다음과 같다.

$x \times 6x^5$, $x^2 \times 5x^4$, $x^3 \times 4x^3$, $x^4 \times 3x^2$, $x^5 \times 2x$

따라서 주어진 식의 전개식에서 x^6항은

$6x^6 + 5x^6 + 4x^6 + 3x^6 + 2x^6 = 20x^6$

이므로 x^6의 계수는 20이다.

03 홀수를 $n = \boxed{2k-1}$ (k는 자연수)라 하면

$n^2 = (\boxed{2k-1})^2$

$\quad = \boxed{4k^2 - 4k + 1}$

$\quad = 2(\boxed{2k^2 - 2k}) + 1$

이때 $2(\boxed{2k^2 - 2k}) + 1$은 2로 나눈 나머지가 1이므로 홀수이다.

따라서 모든 홀수의 제곱은 홀수이다.

그러므로 (가): $2k-1$, (나): $4k^2 - 4k + 1$, (다): $2k^2 - 2k$이다.

> **실수하기 쉬운 부분 짚어보기**
>
> 홀수를 $2k-1$로 나타내는 경우 k는 자연수($1, 2, 3, \cdots$), 홀수를 $2k+1$로 나타내는 경우 k는 0 또는 자연수($1, 2, 3, \cdots$)이다.

04 $x \neq 3$이므로 $(x+3)(x^2+9)(x^4+81) = \dfrac{x^p - 3^q}{x-3}$의 양변에

$x-3$을 곱하면

$(x-3)(x+3)(x^2+9)(x^4+81) = x^p - 3^q$

좌변을 정리하면

$(x-3)(x+3)(x^2+9)(x^4+81)$

$= (x^2-9)(x^2+9)(x^4+81)$

$= (x^4-81)(x^4+81)$

$= x^8 - 81^2 = x^8 - 3^8$

따라서 $x^8 - 3^8 = x^p - 3^q$에서 $p=8$, $q=8$이므로

$p+q = 16$

05 $x+y = 5$이고 $xy = -3$이므로

$x^2 + y^2 = (x+y)^2 - 2xy$

$\qquad = 5^2 - 2 \times (-3) = 31$

또한

$(x-y)^2 = (x+y)^2 - 4xy$

$\qquad = 5^2 - 4 \times (-3) = 37$

이때 $x < y$이므로 $0 < y-x$

따라서 $y - x = \sqrt{37}$

$\dfrac{1}{x} - \dfrac{1}{y} = \dfrac{y-x}{xy} = -\dfrac{\sqrt{37}}{3}$

$\dfrac{y}{x} + \dfrac{x}{y} = \dfrac{x^2 + y^2}{xy} = -\dfrac{31}{3}$

이므로

$\left(\dfrac{1}{x} - \dfrac{1}{y} \right)\left(\dfrac{y}{x} + \dfrac{x}{y} \right) = \left(-\dfrac{\sqrt{37}}{3} \right) \times \left(-\dfrac{31}{3} \right)$

$\qquad\qquad\qquad\qquad = \dfrac{31\sqrt{37}}{9}$

06 $ab = \dfrac{1}{2} \times \{ (a+b)^2 - (a^2 + b^2) \}$

$\quad = \dfrac{1}{2} \times (16 - 12) = 2$

이때

$(a+b)(a^2+b^2) = a^3 + b^3 + a^2b + ab^2$

$\qquad\qquad\qquad = a^3 + b^3 + ab(a+b)$

이므로

$4 \times 12 = a^3 + b^3 + 2 \times 4$

따라서 $a^3 + b^3 = 48 - 8 = 40$

07 $a(x+1)^2 + b(x+1) + c = 3x^2 + 5x - 6$

좌변을 전개했을 때 x^2의 계수는 a, x의 계수는 $2a+b$, 상수항은 $a+b+c$이다.

양변의 계수를 비교하면

$a = 3$, $2a+b = 5$, $a+b+c = -6$

따라서 $b = 5 - 2a = 5 - 6 = -1$,

$c = -6 - a - b = -6 - 3 - (-1) = -8$

> **다른 풀이**
>
> $a(x+1)^2 + b(x+1) + c = 3x^2 + 5x - 6$
>
> 위의 식의 양변에 $x = -1$을 대입하면
>
> $c = 3 - 5 - 6 = -8$
>
> $x = 0$을 대입하면
>
> $a + b - 8 = -6$, $a + b = 2$ $\qquad \cdots\cdots$ ㉠
>
> $x = -2$를 대입하면
>
> $a - b - 8 = -4$, $a - b = 4$ $\qquad \cdots\cdots$ ㉡
>
> ㉠, ㉡을 연립하여 풀면
>
> $a = 3$, $b = -1$

08 $(x+2)(x+4)(x+6)(x+8)$

$= (x+2)(x+8)(x+4)(x+6)$

$= (x^2 + 10x + 16)(x^2 + 10x + 24)$

이때 $x^2+10x=x-15$이므로
$$(x^2+10x+16)(x^2+10x+24)=(x+1)(x+9)$$
$$=x^2+10x+9$$
$$=x-6$$
따라서 $p=1$, $q=-6$이므로
$p+q=-5$

다른 풀이

$(x+2)(x+4)(x+6)(x+8)$
$=(x^2+6x+8)(x^2+14x+48)$
이때 $x^2=-9x-15$이므로
$(x^2+6x+8)(x^2+14x+48)$
$=(-3x-7)(5x+33)$
$=-15x^2-134x-231$
$=-15(-9x-15)-134x-231$
$=135x+225-134x-231$
$=x-6$
따라서 $p=1$, $q=-6$이므로
$p+q=-5$

09 $x^2+ax+1=0$이고 $x\neq0$이므로 양변을 x로 나누면
$x+a+\dfrac{1}{x}=0$, $a=-\left(x+\dfrac{1}{x}\right)$
$x=\sqrt{6}-\sqrt{5}$이므로
$\dfrac{1}{x}=\dfrac{1}{\sqrt{6}-\sqrt{5}}$
$\phantom{\dfrac{1}{x}}=\dfrac{1\times(\sqrt{6}+\sqrt{5})}{(\sqrt{6}-\sqrt{5})\times(\sqrt{6}+\sqrt{5})}$
$\phantom{\dfrac{1}{x}}=\sqrt{6}+\sqrt{5}$
따라서
$x+\dfrac{1}{x}=(\sqrt{6}-\sqrt{5})+(\sqrt{6}+\sqrt{5})=2\sqrt{6}$
이므로
$a=-\left(x+\dfrac{1}{x}\right)=-2\sqrt{6}$

다른 풀이

$x^2+ax+1=(\sqrt{6}-\sqrt{5})^2+a(\sqrt{6}-\sqrt{5})+1$
$=6-2\sqrt{30}+5+(\sqrt{6}-\sqrt{5})a+1$
$=(\sqrt{6}-\sqrt{5})a+12-2\sqrt{30}=0$
에서
$a=\dfrac{2\sqrt{30}-12}{\sqrt{6}-\sqrt{5}}=\dfrac{(2\sqrt{30}-12)\times(\sqrt{6}+\sqrt{5})}{(\sqrt{6}-\sqrt{5})\times(\sqrt{6}+\sqrt{5})}$
$=\dfrac{2\sqrt{180}+2\sqrt{150}-12\sqrt{6}-12\sqrt{5}}{1}$
$=2\times6\sqrt{5}+2\times5\sqrt{6}-12\sqrt{6}-12\sqrt{5}$
$=-2\sqrt{6}$

10 자연수 n에 대하여 넓이가 $n\pi$인 원의 반지름의 길이를 r이라 하면
$r^2\pi=n\pi$
$r>0$이므로 $r=\sqrt{n}$
따라서 각 점의 좌표는
$A_1(1)$, $A_2(\sqrt{2})$, $A_3(\sqrt{3})$, $A_4(2)$, $A_5(\sqrt{5})$
이므로
$\dfrac{1}{A_1A_2}+\dfrac{1}{A_2A_3}+\dfrac{1}{A_3A_4}+\dfrac{1}{A_4A_5}$
$=\dfrac{1}{\sqrt{2}-1}+\dfrac{1}{\sqrt{3}-\sqrt{2}}+\dfrac{1}{2-\sqrt{3}}+\dfrac{1}{\sqrt{5}-2}$
$=(\sqrt{2}+1)+(\sqrt{3}+\sqrt{2})+(2+\sqrt{3})+(\sqrt{5}+2)$
$=5+2\sqrt{2}+2\sqrt{3}+\sqrt{5}$
따라서 $a=5$, $b=2$, $c=2$, $d=1$이므로
$abcd=20$

11 $2<\sqrt{5}<3$에서 $4<\sqrt{5}+2<5$이므로
$b=\sqrt{5}-2$
이때 $ab=(\sqrt{5}+2)(\sqrt{5}-2)=(\sqrt{5})^2-2^2=1$임을 이용하면
$a+\dfrac{p}{b}=a+\dfrac{pa}{ab}=(1+p)a$
$\phantom{a+\dfrac{p}{b}}=(1+p)(\sqrt{5}+2)$
$\phantom{a+\dfrac{p}{b}}=2+2p+(1+p)\sqrt{5}$
$2+2p+(1+p)\sqrt{5}=q-\sqrt{5}$이고 p, q는 유리수이므로
$2+2p=q$, $1+p=-1$
따라서 $p=-2$, $q=-2$이므로
$pq=4$

12 $2021^2+2019^2-2018\times2022-2017\times2023$
$=\{(2020+1)^2+(2020-1)^2\}-(2020-2)(2020+2)$
$-(2020-3)(2020+3)$
$=2\times2020^2+2\times1^2-(2020^2-4)-(2020^2-9)$
$=2+4+9=15$

13 $(4a+3b)(4a-3b)=16a^2-9b^2=24$
조건에서 $4a+3b=3$이므로 $3(4a-3b)=24$
$\therefore 4a-3b=8$
연립방정식 $\begin{cases}4a+3b=3\\4a-3b=8\end{cases}$을 풀면 $a=\dfrac{11}{8}$, $b=-\dfrac{5}{6}$

다른 풀이

$4a+3b=3$에서 $3b=3-4a$이므로

$$16a^2-(3b)^2=16a^2-(3-4a)^2$$
$$=16a^2-(16a^2-24a+9)$$
$$=24a-9$$
$24a-9=24$에서 $24a=33$ $\therefore a=\dfrac{11}{8}$

$a=\dfrac{11}{8}$을 $3b=3-4a$에 대입하면

$3b=3-\dfrac{11}{2}=-\dfrac{5}{2}$ $\therefore b=-\dfrac{5}{6}$

14 $a=5+\sqrt{m}$에서 $a-5=\sqrt{m}$이므로
$(a-5)^2=m$, $a^2-10a+25-m=0$ ······ ㉠
조건에서 $(a-4)^2=2a+1$이므로
$a^2-8a+16=2a+1$, $a^2-10a+15=0$ ······ ㉡
㉠, ㉡에서 $25-m=15$이므로
$m=10$

다른 풀이
주어진 식에 $a=5+\sqrt{m}$을 대입하면
$(5+\sqrt{m}-4)^2=2(5+\sqrt{m})+1$
$(1+\sqrt{m})^2=10+2\sqrt{m}+1$
$m+2\sqrt{m}+1=2\sqrt{m}+11$
따라서 $m=10$

15 $\dfrac{3}{2}\times\dfrac{1}{2}+\dfrac{5}{6}\times\dfrac{1}{6}+\dfrac{7}{12}\times\dfrac{1}{12}+\dfrac{9}{20}\times\dfrac{1}{20}$
$=\left(1+\dfrac{1}{2}\right)\left(1-\dfrac{1}{2}\right)+\left(\dfrac{1}{2}+\dfrac{1}{3}\right)\left(\dfrac{1}{2}-\dfrac{1}{3}\right)$
$\quad+\left(\dfrac{1}{3}+\dfrac{1}{4}\right)\left(\dfrac{1}{3}-\dfrac{1}{4}\right)+\left(\dfrac{1}{4}+\dfrac{1}{5}\right)\left(\dfrac{1}{4}-\dfrac{1}{5}\right)$
$=\left\{1^2-\left(\dfrac{1}{2}\right)^2\right\}+\left\{\left(\dfrac{1}{2}\right)^2-\left(\dfrac{1}{3}\right)^2\right\}+\left\{\left(\dfrac{1}{3}\right)^2-\left(\dfrac{1}{4}\right)^2\right\}$
$\quad+\left\{\left(\dfrac{1}{4}\right)^2-\left(\dfrac{1}{5}\right)^2\right\}$
$=1-\dfrac{1}{25}=\dfrac{24}{25}$
따라서 $m=25$, $n=24$이므로
$m-n=1$

함정 피하기
곱셈 공식을 사용하기 위해 수의 형태를 변형시켜야 하는 경우가 있다. 이럴 경우 연속하는 자연수의 합 또는 곱으로 주어진 수를 나타낼 수 있는지 살펴본다.

16 주어진 도형의 넓이는
$(2a+3)(a+1)-(a+1)(a-1)$
$=(2a^2+5a+3)-(a^2-1)$
$=a^2+5a+4$

삼각형의 넓이가 a^2+5a+4이므로
$\dfrac{1}{2}\times(a+1)\times(ma+n)=a^2+5a+4$
$ma^2+(m+n)a+n=2a^2+10a+8$
에서 양변의 계수를 비교하면
$m=2$, $n=8$
따라서 삼각형의 높이는 $2a+8$이다.

01 3　　**02** $a=0$, $b=1$, $c=4$　　**03** ④
04 $3a^2-6ac+3c^2+b^2+2bd+d^2$　　**05** ㄱ, ㄴ, ㅁ　　**06** 16
07 20　　**08** -1

01 분배법칙을 이용하여 주어진 다항식을 전개하면
$(a+2b-3)(5a-2b+1)$
$=a(5a-2b+1)+2b(5a-2b+1)-3(5a-2b+1)$
$=(5a^2-2ab+a)+(10ab-4b^2+2b)+(-15a+6b-3)$
$=5a^2+8ab-4b^2-14a+8b-3$
따라서 상수항을 제외한 모든 항의 계수의 합은
$5+8+(-4)+(-14)+8=3$

다른 풀이
주어진 식을 전개하면 다음과 같은 꼴이다.
$(a+2b-3)(5a-2b+1)$
$=p_1a^2+p_2ab+p_3b^2+p_4a+p_5b+p_6$ (단, p_1, ···, p_6은 상수)
이 식은 항등식이므로 $a=0$, $b=0$을 대입하면 주어진 식의 상수항을 구할 수 있다.
따라서 상수항은
$(0+0-3)\times(0+0+1)=-3$
또, $a=1$, $b=1$을 대입하면 주어진 식의 모든 항의 계수와 상수항의 합을 구할 수 있고, 그 값은
$(1+2-3)\times(5-2+1)=0\times4=0$
따라서 상수항을 제외한 모든 항의 계수의 합은
$0-(-3)=3$

TIP 주어진 식을 전개한 등식은 항등식이므로 문자에 임의의 값을 대입하더라도 등호가 성립한다.
따라서 상수항을 구하기 위해서는 주어진 다항식의 모든 문자에 0을 대입하여 구할 수 있다.
또, 모든 항의 계수와 상수항의 합은 주어진 다항식의 모든 문자에 1을 대입하면 구할 수 있다.

02 모든 자연수는 4로 나눈 나머지가 0, 1, 2, 3 중 하나이다.
자연수 n에 대하여

(i) $n=4k$ ($k=1, 2, 3, \cdots$)일 경우:
$n^2=16k^2=8\times 2k^2$이므로 8로 나눈 나머지는 0이다.

(ii) $n=4k+1$ ($k=0, 1, 2, 3, \cdots$)일 경우:
$n^2=(4k+1)^2=16k^2+8k+1=8(2k^2+k)+1$
이므로 8로 나눈 나머지는 1이다.

(iii) $n=4k+2$ ($k=0, 1, 2, 3, \cdots$)일 경우:
$n^2=(4k+2)^2=16k^2+16k+4=8(2k^2+2k)+4$
이므로 8로 나눈 나머지는 4이다.

(iv) $n=4k+3$ ($k=0, 1, 2, 3, \cdots$)일 경우:
$n^2=(4k+3)^2=16k^2+24k+9=8(2k^2+3k+1)+1$
이므로 8로 나눈 나머지는 1이다.

따라서 모든 제곱수는 8로 나눈 나머지가 0 또는 1 또는 4이다.
$a<b<c$이므로
$a=0$, $b=1$, $c=4$

TIP 제곱수는 자연수의 제곱인 수를 의미하며, 자연수는 어떤 수로 나누었을 때 나머지를 기준으로 분류할 수 있다.

03 $x^2-2x+\dfrac{1}{2}=0$에서 $x\neq 0$이므로 주어진 식의 양변을 x로 나누면

$x+\dfrac{1}{2x}=2$

양변을 제곱하면

$\left(x+\dfrac{1}{2x}\right)^2=x^2+1+\dfrac{1}{4x^2}=4$

$x^2+\dfrac{1}{4x^2}=3$

다시 양변을 제곱하면

$\left(x^2+\dfrac{1}{4x^2}\right)^2=x^4+\dfrac{1}{2}+\dfrac{1}{16x^4}=9$

$x^4+\dfrac{1}{16x^4}=\dfrac{17}{2}$

따라서 $p=\dfrac{17}{2}$이므로 $2p=17$

04 $a-c=X$, $b+d=Y$로 놓으면
$(a+b-c+d)(a-b-c-d)+(a+b-c+d)^2$
$\qquad\qquad\qquad\qquad +(a-b-c-d)^2$
$=(X+Y)(X-Y)+(X+Y)^2+(X-Y)^2$
$=X^2-Y^2+2X^2+2Y^2$
$=3X^2+Y^2$
$=3(a-c)^2+(b+d)^2$
$=3a^2-6ac+3c^2+b^2+2bd+d^2$

05 $(3\sqrt{2}-\sqrt{12})(a\sqrt{2}+b\sqrt{3})=(3\sqrt{2}-2\sqrt{3})(a\sqrt{2}+b\sqrt{3})$
$\qquad\qquad\qquad\qquad\qquad =6a-6b+(-2a+3b)\sqrt{6}$

이 값이 유리수가 되기 위해서는 $-2a+3b=0$이므로
$2a=3b$

ㄱ. $(3\sqrt{2}-\sqrt{12})(a\sqrt{2}+b\sqrt{3})=6a-6b+(-2a+3b)\sqrt{6}$
$\qquad\qquad\qquad\qquad\qquad\qquad =6a-6b$

ㄴ. $6a-6b=6a-4a=2a$

ㄷ. $6a-6b=9b-6b=3b$

따라서 주어진 값과 같은 것은 ㄱ, ㄴ, ㄷ이다.

06 $0.99\times 1.01\times 1.0001\times 1.00000001$
$=\left(1-\dfrac{1}{100}\right)\times\left(1+\dfrac{1}{100}\right)\times\left(1+\dfrac{1}{100^2}\right)\times\left(1+\dfrac{1}{100^4}\right)$
$=\left(1-\dfrac{1}{100^2}\right)\times\left(1+\dfrac{1}{100^2}\right)\times\left(1+\dfrac{1}{100^4}\right)$
$=\left(1-\dfrac{1}{100^4}\right)\times\left(1+\dfrac{1}{100^4}\right)$
$=1-\dfrac{1}{100^8}$
$=1-\dfrac{1}{10^{16}}$

따라서 $0.99\times 1.01\times 1.0001\times 1.00000001$은 0과 1 사이의 수이며, 유한소수로 나타내었을 때 소숫점 아래 9가 총 16개 나타난다.

따라서 $a=0$, $b=16$이므로
$a+b=16$

07 $x+y=2\sqrt{5}$, $y+z=2\sqrt{2}$, $z+x=2\sqrt{3}$이므로
$x^2+y^2+z^2+xy+yz+xz$
$=\dfrac{1}{2}\{(x+y)^2+(y+z)^2+(z+x)^2\}$
$=\dfrac{1}{2}\{(2\sqrt{5})^2+(2\sqrt{2})^2+(2\sqrt{3})^2\}$
$=\dfrac{1}{2}\times(20+8+12)$
$=20$

08 $f(n)=\dfrac{1}{\sqrt{n+1}+\sqrt{n}}$
$\qquad =\dfrac{1\times(\sqrt{n+1}-\sqrt{n})}{(\sqrt{n+1}+\sqrt{n})\times(\sqrt{n+1}-\sqrt{n})}$
$\qquad =\sqrt{n+1}-\sqrt{n}$

이므로

$f(1)+f(2)+\cdots+f(9)+f(10)$
$=(\sqrt{2}-\sqrt{1})+(\sqrt{3}-\sqrt{2})+\cdots+(\sqrt{10}-\sqrt{9})+(\sqrt{11}-\sqrt{10})$
$=\sqrt{11}-1$

이때 $3<\sqrt{11}<4$에서 $2<\sqrt{11}-1<3$이므로

$a=\sqrt{11}-3$, $b=\dfrac{1}{\sqrt{11}-3}=\dfrac{\sqrt{11}+3}{2}$

따라서

$(a+2)x+\left(b-\dfrac{1}{2}\right)y+3$

$=(\sqrt{11}-3+2)x+\left(\dfrac{\sqrt{11}+3}{2}-\dfrac{1}{2}\right)y+3$

$=(\sqrt{11}-1)x+\left(\dfrac{\sqrt{11}}{2}+1\right)y+3$

$=(-x+y+3)+\left(x+\dfrac{1}{2}y\right)\sqrt{11}=0$

x, y는 유리수이므로

$-x+y+3=0$ ...... ㉠

$x+\dfrac{1}{2}y=0$ ...... ㉡

㉠, ㉡을 연립하여 풀면 $x=1$, $y=-2$이므로

$x+y=-1$

| 본문 46~47쪽 |

01 -11 **02** ④ **03** 6과 8 또는 7과 8 **04** ⑤ **05** -8

06 $a=305$, $p=-72$ **07** $4+3\sqrt{2}+3\sqrt{3}+2\sqrt{6}$

---

01 풀이전략 좌변과 우변의 계수를 비교하여 관계식을 찾은 후, a, b, c, d 가 정수라는 사실을 이용한다.

$(ax+y)(2x-by)=2ax^2+(2-ab)xy-by^2$
$\qquad\qquad\qquad\qquad =cx^2-4xy+dy^2$

양변의 계수를 비교하면

$2a=c$, $2-ab=-4$, $-b=d$

$2-ab=-4$에서 $ab=6$

이때 가능한 정수 a, b의 순서쌍은

$(1, 6)$, $(2, 3)$, $(3, 2)$, $(6, 1)$, $(-1, -6)$, $(-2, -3)$,
$(-3, -2)$, $(-6, -1)$

이고, 각각의 경우에 가능한 정수 c, d의 순서쌍은

$(2, -6)$, $(4, -3)$, $(6, -2)$, $(12, -1)$, $(-2, 6)$,
$(-4, 3)$, $(-6, 2)$, $(-12, 1)$

이므로 $c+d$의 최솟값은 -11이다.

다른 풀이

$2a=c$, $-b=d$에서

$c+d=2a-b$

따라서 $2a-b$의 값을 구하면 순서쌍 (a, b)가

(i) $(1, 6)$일 때, -4 (ii) $(2, 3)$일 때, 1

(iii) $(3, 2)$일 때, 4 (iv) $(6, 1)$일 때, 11

(v) $(-1, -6)$일 때, 4 (vi) $(-2, -3)$일 때, -1

(vii) $(-3, -2)$일 때, -4 (viii) $(-6, -1)$일 때, -11

이므로 최솟값은 -11이다.

실수하기 쉬운 부분 짚어보기

$a\times b=(-a)\times(-b)$임에 유의한다. 곱이 일정한 두 정수를 찾을 때 음수의 곱으로 표현되는 경우를 놓치지 않도록 주의한다.

---

02 풀이전략 반복되는 부분을 치환하여 식을 먼저 정리한다.

$\left\{\left(x-\dfrac{1}{x}\right)^2+\left(y-\dfrac{1}{y}\right)^2\right\}^2-\left\{\left(x-\dfrac{1}{x}\right)^2-\left(y-\dfrac{1}{y}\right)^2\right\}^2$

$=4\left(x-\dfrac{1}{x}\right)^2\left(y-\dfrac{1}{y}\right)^2$

$=4\left\{\left(x-\dfrac{1}{x}\right)\left(y-\dfrac{1}{y}\right)\right\}^2$

$=4\left(xy+\dfrac{1}{xy}-\dfrac{x}{y}-\dfrac{y}{x}\right)^2=100$

에서

$\left(xy+\dfrac{1}{xy}-\dfrac{x}{y}-\dfrac{y}{x}\right)^2=25$

따라서 $xy+\dfrac{1}{xy}-\dfrac{x}{y}-\dfrac{y}{x}=5$ 또는 $xy+\dfrac{1}{xy}-\dfrac{x}{y}-\dfrac{y}{x}=-5$

이때 $xy=4$이므로

(i) $xy+\dfrac{1}{xy}-\dfrac{x}{y}-\dfrac{y}{x}=4+\dfrac{1}{4}-\dfrac{x^2+y^2}{4}=5$에서

$\dfrac{x^2+y^2}{4}=-\dfrac{3}{4}$, $x^2+y^2=-3$

이때 x, y는 0이 아닌 실수이므로 조건을 만족하는 x, y의 값은 없다.

(ii) $xy+\dfrac{1}{xy}-\dfrac{x}{y}-\dfrac{y}{x}=4+\dfrac{1}{4}-\dfrac{x^2+y^2}{4}=-5$에서

$\dfrac{x^2+y^2}{4}=\dfrac{37}{4}$, $x^2+y^2=37$

따라서

$(x+y)^2=x^2+y^2+2xy=37+8=45$

함정 피하기

임의의 실수 a에 대하여 $a^2\geq0$이다.

따라서 임의의 두 실수 a, b에 대하여 $a^2+b^2\geq0$이다.

03 풀이전략 주어진 식을 유사한 형태의 곱셈 공식을 사용하여 변형한다.

$a^2+b^2+c^2-ab-bc-ca$
$=\dfrac{1}{2}\{(a-b)^2+(b-c)^2+(c-a)^2\}=7$
이므로
$(a-b)^2+(b-c)^2+(c-a)^2=14$
이때 $a-b$, $b-c$, $c-a$는 모두 정수이므로 제곱의 합이 14가
되는 세 정수를 찾으면
1 (또는 -1), 2 (또는 -2), 3 (또는 -3)
이다.
이때 가장 큰 수와 가장 작은 수의 차는 가장 큰 수와 두 번째로
큰 수의 차와 두 번째로 큰 수와 가장 작은 수의 차의 합이다.
따라서 가장 큰 자연수와 가장 작은 자연수의 차는 3이며 두 번
째로 큰 자연수는 가장 작은 자연수보다 1 또는 2만큼 크다.
따라서 가능한 나머지 두 자연수는 6과 8 또는 7과 8이다.

실수하기 쉬운 부분 짚어보기

세 수 p, q, r이 $p<q<r$ 즉, 수직선 위에서 다음과 같은 관계에 있을 때,
가장 큰 수와 가장 작은 수의 차인 $r-p$는 $(r-q)+(q-p)$와 같다.

04 풀이전략 양변의 계수를 비교하여 a, b의 값을 먼저 찾는다.

$(x+3)(x^2-2)(ax+b)$
$=(x^3+3x^2-2x-6)(ax+b)=x^4+cx^2+d$
이때 우변의 x^4의 계수가 1이므로 $a=1$
$(x^3+3x^2-2x-6)(x+b)=x^4+cx^2+d$에서
식의 좌변을 전개했을 때 x^3의 계수인 $b+3$과 x의 계수인
$-2b-6$이 0이 되어야 하므로
$b=-3$
$(x^3+3x^2-2x-6)(x-3)=x^4-11x^2+18$
$\qquad\qquad\qquad\qquad\quad=x^4+cx^2+d$
양변의 계수를 비교하면 $c=-11$, $d=18$이므로
$c+d=7$

다른 풀이

$(x+3)(x^2-2)(ax+b)=x^4+cx^2+d$의 양변에
$x=-3$을 대입하면
$81+9c+d=0$ $\qquad\qquad$ …… ㉠
x^2에 2를 대입하면
$4+2c+d=0$ $\qquad\qquad$ …… ㉡
㉠, ㉡을 연립하여 풀면 $c=-11$, $d=18$이므로
$c+d=7$

05 풀이전략 $f(n)$, $g(n)$을 구한 후 $\dfrac{f(n)}{g(n)}$, $\dfrac{g(n)}{f(n)}$을 먼저 간단히 나타낸다.

$n^2<n^2+n<(n+1)^2=n^2+2n+1$이므로
$n<\sqrt{n^2+n}<n+1$
따라서 $f(n)=\sqrt{n^2+n}-n$이고,
$g(n)=\dfrac{n}{f(n)}=\dfrac{n}{\sqrt{n^2+n}-n}$
$\qquad=\dfrac{n\times(\sqrt{n^2+n}+n)}{(\sqrt{n^2+n}-n)\times(\sqrt{n^2+n}+n)}$
$\qquad=\dfrac{n(\sqrt{n^2+n}+n)}{n}$
$\qquad=\sqrt{n^2+n}+n$
$\dfrac{f(n)}{g(n)}=\dfrac{\sqrt{n^2+n}-n}{\sqrt{n^2+n}+n}=\dfrac{(\sqrt{n^2+n}-n)^2}{(\sqrt{n^2+n}+n)\times(\sqrt{n^2+n}-n)}$
$\qquad=\dfrac{(n^2+n)-2n\sqrt{n^2+n}+n^2}{n}$
$\qquad=2n+1-2\sqrt{n^2+n}$
$\dfrac{g(n)}{f(n)}=\dfrac{\sqrt{n^2+n}+n}{\sqrt{n^2+n}-n}=\dfrac{(\sqrt{n^2+n}+n)^2}{(\sqrt{n^2+n}-n)\times(\sqrt{n^2+n}+n)}$
$\qquad=\dfrac{(n^2+n)+2n\sqrt{n^2+n}+n^2}{n}$
$\qquad=2n+1+2\sqrt{n^2+n}$
따라서 상수 a, b에 대하여
$\dfrac{f(n)}{g(n)}+\dfrac{g(n)}{f(n)}+an$
$=(2n+1-2\sqrt{n^2+n})+(2n+1+2\sqrt{n^2+n})+an$
$=(a+4)n+2$
주어진 조건에서 $\dfrac{f(n)}{g(n)}+\dfrac{g(n)}{f(n)}+an=b$가 항등식이므로
$(a+4)n+2=b$, $(a+4)n+2-b=0$
$a+4=0$이고 $2-b=0$
따라서 $a=-4$, $b=2$이므로
$ab=-8$

06 풀이전략 $(x+2)^2=5$를 이용하여 주어진 식의 차수를 낮추어 계산할 수 있다.

$x=-2+\sqrt5$에서 $x+2=\sqrt5$
$(x+2)^2=5$, $x^2+4x+4=5$
$x^2=-4x+1$
$x^3=x\times x^2=x(-4x+1)=-4x^2+x$
$\quad=-4(-4x+1)+x$
$\quad=17x-4$

$x^5=x^2 \times x^3=(-4x+1)(17x-4)$
$\qquad = -68x^2+33x-4$
$\qquad = -68(-4x+1)+33x-4$
$\qquad = 272x-68+33x-4$
$\qquad = 305x-72$
따라서 $a=305$, $p=-72$

다른 풀이

$x^2=(-2+\sqrt{5})^2=9-4\sqrt{5}$
$x^3=x \times x^2=(-2+\sqrt{5}) \times (9-4\sqrt{5})$
$\qquad = -38+17\sqrt{5}$
$x^5=x^2 \times x^3=(9-4\sqrt{5})(-38+17\sqrt{5})$
$\qquad = -342+305\sqrt{5}-340$
$\qquad = -682+305\sqrt{5}$
따라서
$-682+305\sqrt{5}=a(-2+\sqrt{5})+p$
$\qquad\qquad\qquad = (-2a+p)+a\sqrt{5}$
a와 p는 유리수이므로
$-2a+p=-682$, $a=305$ $\quad \therefore p=-72$

함정 피하기

$x^2+ax+b=0$이라는 식은 $x^2=-ax-b$임을 이용하여 주어진 식의 차수를 낮추는 데도 이용할 수 있다.

07 **풀이전략** 닮음비와 부피의 비 사이의 관계를 이용하여 사각뿔대의 부피를 구한다.

먼저 잘라내기 전의 정사각뿔의 부피를 구하면
$\dfrac{1}{3} \times (2\sqrt{3}+\sqrt{6})^2 \times (\sqrt{18}+\sqrt{27})$
$= \dfrac{1}{3} \times (12+4\sqrt{18}+6) \times (3\sqrt{2}+3\sqrt{3})$
$= (18+12\sqrt{2})(\sqrt{2}+\sqrt{3})$
$= 24+18\sqrt{2}+18\sqrt{3}+12\sqrt{6}$
닮은 두 입체도형의 닮음비가 $1:3$일 때 부피비가 $1:3^3$임을 이용하면 잘라낸 부분의 부피는 원래 정사각뿔의 부피의 $\dfrac{1}{27}$이다.
따라서 잘라내고 남은 사각뿔대의 부피는 원래 정사각뿔의 부피의 $\dfrac{26}{27}$이므로
$S=\dfrac{26}{27} \times (24+18\sqrt{2}+18\sqrt{3}+12\sqrt{6})$
$\therefore \dfrac{9}{52}S = \dfrac{9}{52} \times \dfrac{26}{27} \times (24+18\sqrt{2}+18\sqrt{3}+12\sqrt{6})$
$\qquad = \dfrac{1}{6} \times (24+18\sqrt{2}+18\sqrt{3}+12\sqrt{6})$
$\qquad = 4+3\sqrt{2}+3\sqrt{3}+2\sqrt{6}$

4 **인수분해**

Level 1 본문 50~53쪽

01 ④ **02** ②, ⑤ **03** ④ **04** $(x+4)(x-4)$ **05** ③
06 $(x+3)(2x+3)$ **07** $(2x+7)(2x-1)$
08 $(2a+b-11)(2a+b+1)$ **09** $(x-2)(x+2)(x^2+6)$ **10** ⑤
11 $2a$ **12** ② **13** 41 **14** $\dfrac{2}{5}$ **15** $-6\sqrt{7}$
16 $10x+6$

01 ① $mx+my=m(x+y)$이므로 x는 인수가 아니다.
② x^3과 어떤 다항식의 곱은 차수가 3 이상이므로 x^3은 x^2의 인수가 아니다.
③ $ax+ay+az=a(x+y+z)$이므로 $ax+ay$는 인수가 아니다.
④ $(x+y)(y-z)=-(x+y)(z-y)$이므로 $z-y$를 인수로 가진다.
따라서 [ ] 안의 식이 주어진 식의 인수인 것은 ④이다.

02 $abcx+abcy=abc(x+y)$
이므로 1, abc는 인수이며, $bx+by=b(x+y)$도 인수이지만 ② ax와 ⑤ $ax+bx=(a+b)x$는 인수가 아니다.

03 ① $x^4=(x^2)^2$
② $x^2+6x+9=(x+3)^2$
③ $2a^2-16a+32=2(a^2-8a+16)=2(a-4)^2$
④ $x^2-\dfrac{1}{2}xy+\dfrac{1}{2}y^2=\dfrac{1}{2}(2x^2-xy+y^2)$은 완전제곱식으로 인수분해할 수 없다.
⑤ $0.1a^2+0.2ab+0.1b^2=0.1(a^2+2ab+b^2)$
$\qquad\qquad\qquad\qquad\qquad = 0.1(a+b)^2$
따라서 완전제곱식으로 인수분해할 수 없는 것은 ④이다.

04 $(x+2)(x-8)+6x=x^2-6x-16+6x$
$\qquad\qquad\qquad\qquad = x^2-4^2$
$\qquad\qquad\qquad\qquad = (x+4)(x-4)$

05 정수 a, b에 대하여 $x^2+kx+36$이 $(x+a)(x+b)$로 인수분
해된다고 할 때, 36은 두 정수 a, b의 곱이고 k는 합이다.
이때 곱이 36이 되는 두 정수를 모두 구하면
$36=2^2\times3^2$이므로
$36=1\times36=2\times18=3\times12=4\times9=6\times6$
$\quad=(-1)\times(-36)=(-2)\times(-18)=(-3)\times(-12)$
$\quad=(-4)\times(-9)=(-6)\times(-6)$
따라서 가능한 k의 값은
$37,\ 20,\ 15,\ 13,\ 12,\ -37,\ -20,\ -15,\ -13,\ -12$
이다.

06 펭수가 이차항의 계수 a를 잘못 본 식을 전개하면
$-9(2x+1)(x-1)=-9(2x^2-x-1)$
$\qquad\qquad\qquad\qquad=-18x^2+9x+9$
이므로
$b=9,\ c=9$
수펭이가 일차항의 계수 b를 잘못 본 식을 전개하면
$(x-1)(2x-9)=2x^2-11x+9$
이므로
$a=2,\ c=9$
따라서 처음 이차식은 $2x^2+9x+9$이며, 이 식을 인수분해하면
$2x^2+9x+9=(x+3)(2x+3)$

07 $x+1=A$로 치환하면
$4(x+1)^2+4(x+1)-15$
$=4A^2+4A-15$
$=(2A+5)(2A-3)$
$=\{2(x+1)+5\}\{2(x+1)-3\}$
$=(2x+7)(2x-1)$

08 $2a+b=X$로 치환하면
$(2a+b-12)(2a+b+2)+13$
$=(X-12)(X+2)+13$
$=X^2-10X-24+13$
$=X^2-10X-11$
$=(X-11)(X+1)$
$=(2a+b-11)(2a+b+1)$

09 $x^2=t$로 치환하면
$x^4+2x^2-24=t^2+2t-24$
$\qquad\qquad\quad=(t-4)(t+6)$
$\qquad\qquad\quad=(x^2-4)(x^2+6)$
$\qquad\qquad\quad=(x-2)(x+2)(x^2+6)$

10 x^2+ax+6이 $x+2$를 인수로 가지고 상수항이 6이므로
$x^2+ax+6=(x+2)(x+3)$
에서 $a=5$
$-bx^2+c$가 $x+2$를 인수로 가지고 일차항의 계수가 0이므로
$-bx^2+c=b(x+2)(-x+2)$
$-bx^2+c=-bx^2+4b$
양변의 계수를 비교하면
$c=4b$
이때 $c\leq5$이고, b, c는 모두 자연수이므로
$b=1,\ c=4$
따라서 $a+b+c=5+1+4=10$

11 $\sqrt{a^2+1+\dfrac{1}{4a^2}}-\sqrt{a^2-1+\dfrac{1}{4a^2}}$
$=\sqrt{\left(a+\dfrac{1}{2a}\right)^2}-\sqrt{\left(a-\dfrac{1}{2a}\right)^2}$
$a>0$이므로
$\dfrac{1}{2a}>0,\ a+\dfrac{1}{2a}>0$
$a^2<\dfrac{1}{2}$의 양변을 $a\ (a>0)$로 나누면
$a<\dfrac{1}{2a},\ a-\dfrac{1}{2a}<0$
따라서
$\sqrt{\left(a+\dfrac{1}{2a}\right)^2}-\sqrt{\left(a-\dfrac{1}{2a}\right)^2}=\left(a+\dfrac{1}{2a}\right)-\left(-a+\dfrac{1}{2a}\right)$
$\qquad\qquad\qquad\qquad\qquad\qquad=2a$

12 $72^2+72\times36+18^2=72^2+2\times72\times18+18^2$
$\qquad\qquad\qquad\qquad\quad=(72+18)^2$
$\qquad\qquad\qquad\qquad\quad=90^2=8100$
따라서 가장 적절한 인수분해 공식은 $a^2+2ab+b^2=(a+b)^2$
이고 그 결과는 8100이다.

13 3^8-1을 인수분해를 이용하여 소인수분해하면

$$3^8-1=(3^4-1)(3^4+1)$$
$$\qquad\;\;=(3^2-1)(3^2+1)(3^4+1)$$
$$\qquad\;\;=(3-1)(3+1)(3^2+1)(3^4+1)$$
$$\qquad\;\;=2\times4\times10\times82$$
$$\qquad\;\;=2\times2^2\times(2\times5)\times(2\times41)$$
$$\qquad\;\;=2^5\times5\times41$$

따라서 3^8-1의 약수 중 두 자리의 소수는 41이다.

14 $x=\dfrac{1}{\sqrt6-1}=\dfrac{1\times(\sqrt6+1)}{(\sqrt6-1)\times(\sqrt6+1)}=\dfrac{\sqrt6+1}{5}$

$y=\dfrac{1}{\sqrt6+1}=\dfrac{1\times(\sqrt6-1)}{(\sqrt6+1)\times(\sqrt6-1)}=\dfrac{\sqrt6-1}{5}$

이므로

$xy=\left(\dfrac{\sqrt6+1}{5}\right)\times\left(\dfrac{\sqrt6-1}{5}\right)=\dfrac{5}{25}=\dfrac15,$

$x-y=\dfrac25$

따라서

$$5x^2y-5xy^2=5xy(x-y)$$
$$\qquad\qquad\;\;=5\times\dfrac15\times\dfrac25$$
$$\qquad\qquad\;\;=\dfrac25$$

15 $2<\sqrt7<3$이므로

$x=\sqrt7-2,\ x+2=\sqrt7$

따라서

$$(x+2)^2-6x-19=(x+2)^2-6(x+2)-7$$
$$\qquad\qquad\qquad\quad=(\sqrt7)^2-6\sqrt7-7$$
$$\qquad\qquad\qquad\quad=-6\sqrt7$$

16 가로의 길이가 x에 대한 일차식이고 세로의 길이가 x에 대한 다항식이므로 주어진 직사각형의 넓이는 x에 대한 이차식이며 세로의 길이는 x에 대한 일차식이다.

$ax^2+7x+2=(2x+1)(bx+c)$ (b, c는 상수)라 하면

$a=2b,\ b+2c=7,\ c=2$

따라서 $b=3$, $a=6$

$6x^2+7x+2=(2x+1)(3x+2)$에서 가로의 길이는 $2x+1$이므로 세로의 길이는 $3x+2$이다.

따라서 직사각형의 둘레의 길이는

$$2\times\{(2x+1)+(3x+2)\}=2\times(5x+3)$$
$$\qquad\qquad\qquad\qquad\qquad\;=10x+6$$

01 $(x+m+2)(y-n)$ **02** ①   **03** 3

04 $(x+a-1)(x+3a+1)$ **05** $\left(x+\dfrac32\right)\left(x+\dfrac13\right)$

06 $(x-2y+1)^2$ **07** $(x+y)(x-y)(x+3y)(x-3y)$

08 $(x+1)^2(x^2+2x-12)$ **09** $(a+b)(b+c)$

10 $(x-3y+2)(x+y+1)$ **11** $3\times5\times17\times257$ **12** $\dfrac{11}{6}$

13 최솟값: $\dfrac32$, 최댓값: 3   **14** 4   **15** 16

16 $2x+1,\ x+1,\ x+2$

01 $(x+m)(y-n)-2(n-y)$
$$=(x+m)(y-n)+2(y-n)$$
$$=(x+m+2)(y-n)$$

함정 피하기

$f(x)$가 $g(x)$의 인수이면 $-f(x)$ 역시 $g(x)$의 인수이다. 왜냐하면 어떤 다항식 $p(x)$에 대하여 $g(x)=f(x)p(x)$라 하면 $g(x)=\{-f(x)\}\{-p(x)\}$이기 때문이다.

02 $x^2+\square x+\dfrac14$이 완전제곱식이 되기 위해서는

$\left(\dfrac{\square}{2}\right)^2=\dfrac14,\ \square^2=1$

따라서 $\square$ 안에 들어갈 수는 1 또는 -1이므로

$a=1$

또, $\dfrac14x^2-\dfrac19y^2=\left(\dfrac12x+\dfrac13y\right)\left(\dfrac12x-\dfrac13y\right)$이므로 $\diamondsuit$ 안에 들어갈 수는 $\dfrac13$ 또는 $-\dfrac13$이다.

$\therefore b=-\dfrac13$

따라서 $\dfrac{1}{ab}=\dfrac{1}{1\times\left(-\dfrac13\right)}=-\dfrac{1}{\dfrac13}=-3$

03 $2x^2+(4k-8)x+(2k^2-10k+14)$
$$=2\{x^2+2(k-2)x+k^2-5k+7\}$$

이 식이 완전제곱식이 되기 위해서는

$\left\{\dfrac12\times2(k-2)\right\}^2=k^2-5k+7$

$(k-2)^2=k^2-5k+7$

$k^2-4k+4=k^2-5k+7$

따라서 $k=3$

04 $x^2+4ax+3a^2-2a-1=x^2+4ax+(a-1)(3a+1)$
이때 $(a-1)+(3a+1)=4a$이므로
$x^2+4ax+3a^2-2a-1=x^2+4ax+(a-1)(3a+1)$
$\qquad\qquad\qquad\qquad =(x+a-1)(x+3a+1)$

05 $x^2+\dfrac{11}{6}x+\dfrac{1}{2}=\dfrac{1}{6}(6x^2+11x+3)$
$\qquad\qquad\qquad =\dfrac{1}{6}(2x+3)(3x+1)$
$\qquad\qquad\qquad =\left\{\dfrac{1}{2}\times(2x+3)\right\}\left\{\dfrac{1}{3}\times(3x+1)\right\}$
$\qquad\qquad\qquad =\left(x+\dfrac{3}{2}\right)\left(x+\dfrac{1}{3}\right)$

06 $x^2-4xy+4y^2+2x-4y+1$
$=(x-2y)^2+2(x-2y)+1$
$=\{(x-2y)+1\}^2$
$=(x-2y+1)^2$

07 $x^2=A$, $y^2=B$로 치환하면
$x^4+9y^4-10x^2y^2=A^2+9B^2-10AB$
$\qquad\qquad\qquad\quad =(A-B)(A-9B)$
$\qquad\qquad\qquad\quad =(x^2-y^2)(x^2-9y^2)$
$\qquad\qquad\qquad\quad =(x+y)(x-y)(x+3y)(x-3y)$

08 $(x-2)(x-1)(x+3)(x+4)-36$
$=(x-2)(x+4)(x-1)(x+3)-36$
$=(x^2+2x-8)(x^2+2x-3)-36$
$x^2+2x=A$로 치환하면
$(A-8)(A-3)-36=A^2-11A+24-36$
$\qquad\qquad\qquad\quad =A^2-11A-12$
$\qquad\qquad\qquad\quad =(A+1)(A-12)$
다시 $A=x^2+2x$를 대입하면
$(A+1)(A-12)=(x^2+2x+1)(x^2+2x-12)$
$\qquad\qquad\qquad =(x+1)^2(x^2+2x-12)$

09 b에 대한 내림차순으로 정리하면
$ab+bc+ac+b^2=b^2+(a+c)b+ac$
$\qquad\qquad\qquad =(b+a)(b+c)$
$\qquad\qquad\qquad =(a+b)(b+c)$

10 x에 대한 내림차순으로 정리하면
$x^2-2xy-3y^2+3x-y+2$
$=x^2+(-2y+3)x-3y^2-y+2$
$=x^2+(-2y+3)x-(3y^2+y-2)$
$=x^2+(-2y+3)x-(3y-2)(y+1)$
$=x^2+(-2y+3)x+(-3y+2)(y+1)$
$=(x-3y+2)(x+y+1)$

11 $2^{16}-1=(2^8+1)(2^8-1)$
$\qquad\quad =(2^8+1)(2^4+1)(2^4-1)$
$\qquad\quad =(2^8+1)(2^4+1)(2^2+1)(2^2-1)$
$\qquad\quad =(2^8+1)(2^4+1)(2^2+1)(2+1)(2-1)$
$\qquad\quad =257\times17\times5\times3$
이때 257은 $\sqrt{257}$ 이하의 1이 아닌 자연수로 나누어 떨어지지
않으므로 소수이다.
따라서 $2^{16}-1=3\times5\times17\times257$

12 $f(n)=\dfrac{n^2}{n^2-1}=\dfrac{n^2}{(n-1)(n+1)}$이므로
$f(2)\times f(3)\times f(4)\times\cdots\times f(10)\times f(11)$
$=\dfrac{2^2}{1\times3}\times\dfrac{3^2}{2\times4}\times\dfrac{4^2}{3\times5}\times\cdots\times\dfrac{10^2}{9\times11}\times\dfrac{11^2}{10\times12}$
$=\dfrac{2\times2}{1\times3}\times\dfrac{3\times3}{2\times4}\times\dfrac{4\times4}{3\times5}\times\cdots\times\dfrac{10\times10}{9\times11}\times\dfrac{11\times11}{10\times12}$
$=2\times\dfrac{11}{12}=\dfrac{11}{6}$

13 $\sqrt{x^2-10x+25}+\sqrt{\dfrac{1}{4}x^2-x+1}$
$=\sqrt{(x-5)^2}+\sqrt{\dfrac{1}{4}(x^2-4x+4)}$
$=\sqrt{(x-5)^2}+\dfrac{1}{2}\sqrt{(x-2)^2}$

$2 \leq x \leq 5$이므로 $x-5 \leq 0$, $x-2 \geq 0$

따라서

$$\sqrt{(x-5)^2} + \frac{1}{2}\sqrt{(x-2)^2} = (-x+5) + \frac{1}{2}(x-2)$$
$$= -\frac{1}{2}x + 4$$

$2 \leq x \leq 5$에서 $-\frac{5}{2} \leq -\frac{1}{2}x \leq -1$이므로

$$\frac{3}{2} \leq -\frac{1}{2}x + 4 \leq 3$$

따라서 구하는 최솟값은 $\frac{3}{2}$, 최댓값은 3이다.

14 $(x^n + y^n)^2 - (x^n - y^n)^2$
$= \{(x^n + y^n) + (x^n - y^n)\}\{(x^n + y^n) - (x^n - y^n)\}$
$= 2x^n \times 2y^n = 4x^n y^n = 4 \times (xy)^n$
$= 4\{(2-\sqrt{2})(2+\sqrt{2})\}^n$
$= 4 \times 2^n$

따라서 $4 \times 2^n = 64$이므로

$2^n = 16$ $\therefore n = 4$

15 넓이를 먼저 인수분해한 후 x의 범위를 이용하여 가로, 세로의 길이를 구한다.
$-x^2 + 6x + 7 = -(x^2 - 6x - 7)$
$= -(x-7)(x+1)$
$= (7-x)(x+1)$

$0 < x < 7$이므로

$7-x > 0$, $x+1 > 0$

따라서 직사각형의 가로의 길이와 세로의 길이는 $7-x$, $x+1$로 표현되므로 직사각형의 둘레의 길이는
$2 \times \{(7-x) + (x+1)\} = 2 \times 8 = 16$

16 만들어진 직육면체의 부피는
$2x^3 + 7x^2 + 7x + 2$

이 직육면체의 가로의 길이, 세로의 길이, 높이는 x에 대한 일차식으로 표현되며 그 계수는 자연수이다.
$2x^3 + 7x^2 + 7x + 2 = (2x+a)(x+b)(x+c)$
$\qquad\qquad\qquad\qquad\qquad$ (a, b, c는 자연수)

라 하면 $abc = 2$이므로 a, b, c 중 한 수는 2, 나머지 두 수는 1이다.

따라서 주어진 식을 만족시키는 a, b, c를 구하면
$2x^3 + 7x^2 + 7x + 2 = (2x+1)(x+1)(x+2)$

이므로 세 모서리의 길이는 $2x+1$, $x+1$, $x+2$이다.

실수하기 쉬운 부분 짚어보기

블록의 개수는 자연수이므로 만들어진 직육면체의 부피를 인수분해하면 모든 항의 계수와 상수항이 자연수이다.

Level ③

01 ③   **02** -5 **03** $\frac{3}{2}$

04 (가): $x+1-a$, (나): $a(1-a)$ 또는 $-a^2+a$, (다): 0, (라): $1-a$, (마): 2

05 $(x^2+2x-1)(x^2-2x-1)$ **06** $(a-b)(b-c)(c-a)$

07 175   **08** ⑤

01 $f(x) = x(x+1)p(x)$, $g(x) = x(x+y)q(x)$
($p(x)$, $q(x)$는 다항식)이라 하면
$f(x)g(x) = x^2(x+1)(x+y)p(x)q(x)$
이다.

따라서 x, x^2, $x(x+1)(x+y)$는 항상 $f(x)g(x)$의 인수이며, $x^2 + xy = x(x+y)$도 항상 $f(x)g(x)$의 인수이다.

그러므로 항상 인수가 되지는 않는 것은 ③이다.

02 $x^2 + axy + 2y^2 = (x+by)^2$이므로
$a = 2b$, $b^2 = 2$

따라서 $a = 2\sqrt{2}$, $b = \sqrt{2}$ 또는 $a = -2\sqrt{2}$, $b = -\sqrt{2}$이다.

이때 $a+b < 0$이기 위해서는
$a = -2\sqrt{2}$, $b = -\sqrt{2}$

이므로
$a + b = -3\sqrt{2} = -\sqrt{18}$

이때 $4 = \sqrt{16}$, $5 = \sqrt{25}$이므로
$4 < \sqrt{18} < 5$, $-5 < -\sqrt{18} < -4$

따라서 $a+b$의 정수 부분은 -5이다.

함정 피하기

일반적으로 유리수 범위에서 인수분해할 수 없을 때까지 인수분해하지만 필요한 경우 계수가 실수인 범위까지 인수분해할 수 있다.

03 $x^2+f(n)x+2^{2n}$이 완전제곱식이 되기 위해서는
$$\left\{\frac{f(n)}{2}\right\}^2=2^{2n}$$
$f(n)>0$이므로
$$\frac{f(n)}{2}=2^n,\ f(n)=2^{n+1}$$
또, $x^2+g(n)x+3^{2n}$이 완전제곱식이 되기 위해서는
$$\left\{\frac{g(n)}{2}\right\}^2=3^{2n}$$
$g(n)>0$이므로
$$\frac{g(n)}{2}=3^n,\ g(n)=2\times3^n$$
따라서 $\dfrac{f(8)g(9)}{f(9)g(8)}=\dfrac{2^9\times2\times3^9}{2^{10}\times2\times3^8}=\dfrac{3}{2}$

04 x^2+x+c가 계수와 상수항이 정수인 두 일차식으로 인수분해 될 때 한 식을 $x+\alpha$ (α는 정수)라 하면 일차항의 계수가 1이므로 나머지 한 식은 $\boxed{x+1-\alpha}$이다.
이때 $x^2+x+c=(x+\alpha)(\boxed{x+1-\alpha})$이므로
$c=\boxed{\alpha(1-\alpha)}$
(i) α가 0 또는 1이면 $c=\boxed{0}$
(ii) α가 2 이상의 자연수이면 $\boxed{1-\alpha}$는 정수이며,
  $\alpha\geq2$, $\boxed{1-\alpha}\leq-1$
  이므로 $\boxed{\alpha(1-\alpha)}$는 음의 정수이다.
(iii) α가 음의 정수이면 $\boxed{1-\alpha}$는 정수이며,
  $\alpha\leq-1$, $\boxed{1-\alpha}\geq2$
  이므로 $\boxed{\alpha(1-\alpha)}$는 음의 정수이다.
따라서 c는 0보다 작거나 같은 정수이다.
그러므로 ㈎: $x+1-\alpha$, ㈏: $\alpha(1-\alpha)$ 또는 $-\alpha^2+\alpha$,
㈐: 0, ㈑: $1-\alpha$, ㈒: 2이다.

함정 피하기

일차항의 계수가 1이기 위해서는 합이 1인 두 정수를 찾아야 한다.
따라서 인수분해된 두 일차식 중 한 식이 $x+\alpha$라 하면 나머지 한 식은 $x+(1-\alpha)$이다.
$x+\dfrac{c}{\alpha}$라 두는 경우에는 $\alpha+\dfrac{c}{\alpha}$의 값이 1임이 불분명하며 $\alpha=0$인 경우를 고려하지 못한다.

05 $x^4-6x^2+1=x^4-2x^2+1-4x^2$
$=(x^2-1)^2-(2x)^2$
$=(x^2+2x-1)(x^2-2x-1)$

06 주어진 식을 a에 대한 내림차순으로 정리하면
$a^2(c-b)+b^2(a-c)+c^2(b-a)$
$=(c-b)a^2+(b^2-c^2)a-b^2c+bc^2$
$=(c-b)a^2+(b+c)(b-c)a-bc(b-c)$
$=(b-c)\{-a^2+(b+c)a-bc\}$
$=(b-c)(a-b)(-a+c)$
$=(a-b)(b-c)(c-a)$

07 $\sqrt{102+\dfrac{1}{100}}=\sqrt{100+2+\dfrac{1}{100}}$
$=\sqrt{\left(10+\dfrac{1}{10}\right)^2}$
$=10+\dfrac{1}{10}$
$\sqrt{98+\dfrac{1}{100}}=\sqrt{100-2+\dfrac{1}{100}}$
$=\sqrt{\left(10-\dfrac{1}{10}\right)^2}$
$=10-\dfrac{1}{10}$
$10=x$로 놓으면
$\sqrt{11\times12\times13\times14+1}$
$=\sqrt{(x+1)(x+2)(x+3)(x+4)+1}$
$=\sqrt{(x^2+5x+4)(x^2+5x+6)+1}$
$=\sqrt{(x^2+5x)^2+10(x^2+5x)+25}$
$=\sqrt{(x^2+5x+5)^2}$
$=\sqrt{(10^2+5\times10+5)^2}$
$=155$
따라서
$\sqrt{102+\dfrac{1}{100}}+\sqrt{98+\dfrac{1}{100}}+\sqrt{11\times12\times13\times14+1}$
$=\left(10+\dfrac{1}{10}\right)+\left(10-\dfrac{1}{10}\right)+155$
$=175$

08 세 문자 중 차수가 낮은 문자에 대하여 내림차순으로 정리하자.
$a^3+a^2c+ab^2+b^2c-ac^2-c^3=0$의 좌변을 b에 대한 내림차순으로 정리한 후 인수분해하면
$a^3+a^2c+ab^2+b^2c-ac^2-c^3$
$=(a+c)b^2+a^3+a^2c-ac^2-c^3$
$=(a+c)b^2+a^2(a+c)-c^2(a+c)$
$=(a+c)(b^2+a^2-c^2)$

따라서 $(a+c)(b^2+a^2-c^2)=0$이고, $a+c>0$이므로 양변을 $a+c$로 나누면

$b^2+a^2-c^2=0$, $a^2+b^2=c^2$

따라서 이 삼각형은 빗변의 길이가 c인 직각삼각형이다.

Level ④

본문 61~63쪽

01 ㄴ, ㄷ **02** $\dfrac{1}{2}$ **03** 6 **04** $(a+b)(a-b)(x+y)(x-y)$

05 $(x-1)(x^2+x+2)$ **06** ②, ④ **07** 12

08 $\left(\dfrac{\sqrt{30}}{3}, \dfrac{\sqrt{30}}{3}, \dfrac{\sqrt{30}}{3}\right)$

---

01 **풀이전략** 인수분해의 정의를 생각하며 구체적인 예시를 찾아본다.

ㄱ. $f(x)=x+1$, $g(x)=x+1$일 경우 $f(x)$는 $g(x)$의 인수이지만 차수가 $g(x)$와 같다. (거짓)

ㄴ. 다항식 $p(x)$, $q(x)$, $r(x)$에 대하여 $g(x)=f(x)p(x)$, $f(x)=q(x)r(x)$라 하면

$g(x)=f(x)p(x)=q(x)r(x)p(x)$이므로 $f(x)$의 인수는 $g(x)$의 인수이다. (참)

ㄷ. 다항식 $p(x)$, $q(x)$, $r(x)$에 대하여 $g(x)=f(x)p(x)$, $h(x)=g(x)q(x)$라 하면

$h(x)=g(x)q(x)=f(x)p(x)q(x)$이므로 $g(x)$가 $h(x)$의 인수이면 $f(x)$도 $h(x)$의 인수이다. (참)

따라서 옳은 것은 ㄴ, ㄷ이다.

02 **풀이전략** 근호 안의 제곱된 식이 0 또는 양수인지 음수인지에 따라 x의 범위를 나누어 생각한다.

좌변을 정리하면

$\sqrt{x^2+6x+9}-\sqrt{x^2-2x+1}=\sqrt{(x+3)^2}-\sqrt{(x-1)^2}$

(i) $x<-3$인 경우

$x+3<0$, $x-1<0$이므로

$\sqrt{x^2+6x+9}-\sqrt{x^2-2x+1}$
$=\sqrt{(x+3)^2}-\sqrt{(x-1)^2}$
$=(-x-3)-(-x+1)$
$=-4$

$-4\neq 3$이므로 $x<-3$인 경우에는 주어진 식을 만족시키는 x가 존재하지 않는다.

(ii) $-3\leq x<1$인 경우

$x+3\geq 0$, $x-1<0$이므로

$\sqrt{x^2+6x+9}-\sqrt{x^2-2x+1}$
$=\sqrt{(x+3)^2}-\sqrt{(x-1)^2}$
$=(x+3)-(-x+1)$
$=2x+2$

$2x+2=3$에서 $2x=1$, $x=\dfrac{1}{2}$이며, $-3\leq\dfrac{1}{2}<1$이므로

$x=\dfrac{1}{2}$은 주어진 식을 만족시킨다.

(iii) $x\geq 1$인 경우

$x+3\geq 0$, $x-1\geq 0$이므로

$\sqrt{x^2+6x+9}-\sqrt{x^2-2x+1}$
$=\sqrt{(x+3)^2}-\sqrt{(x-1)^2}$
$=(x+3)-(x-1)$
$=4$

$4\neq 3$이므로 $x\geq 1$인 경우에는 주어진 식을 만족시키는 x가 존재하지 않는다.

따라서 주어진 식을 만족시키는 x의 값은 $\dfrac{1}{2}$이다.

03 **풀이전략** 두 다항식 x^2+ax+b, $x^2+2bx+a$를 인수분해하면 어떤 꼴이 되는지 문제에서 주어진 정보를 이용하여 찾아본다.

$\dfrac{x^2+ax+b}{x^2+2bx+a}=\dfrac{x+b}{x+a}$이므로

$(x^2+ax+b)(x^2+2bx+a)\times\dfrac{x^2+ax+b}{x^2+2bx+a}$

$=(x+a)(x+b)(x+c)^2\times\dfrac{x+b}{x+a}$

$(x^2+ax+b)^2=(x+b)^2(x+c)^2$

$x^2+ax+b=(x+b)(x+c)$

또, $x^2+2bx+a=(x+a)(x+c)$이므로

$a=b+c$ ······ ㉠, $b=bc$ ······ ㉡

$2b=a+c$ ······ ㉢, $a=ac$ ······ ㉣

이때 $abc\neq 0$이므로 $b\neq 0$

㉡의 양변을 b로 나누면 $c=1$

㉠과 ㉢에 $c=1$을 대입하면

$a=b+1$ ······ ㉤, $2b=a+1$ ······ ㉥

㉤을 ㉥에 대입하면

$2b=a+1=(b+1)+1=b+2$

$\therefore b=2$

$b=2$를 ㉤에 대입하면 $a=3$

따라서 $abc=3\times 2\times 1=6$

04 **풀이전략** 반복되는 항을 묶거나 치환한 후 관련된 인수분해 공식을 이용한다.

$(ax+bx-ay+by)(ax-bx+ay+by)-4abxy$
$=\{(ax+by)+(bx-ay)\}\{(ax+by)-(bx-ay)\}$
$\quad-4abxy$
$=(ax+by)^2-(bx-ay)^2-4abxy$
$=(ax+by)^2-\{(bx-ay)^2+4abxy\}$
$=(ax+by)^2-(bx+ay)^2$
$=(ax+bx+ay+by)(ax-bx+by-ay)$
$=\{(a+b)x+(a+b)y\}\{(a-b)x-(a-b)y\}$
$=(a+b)(a-b)(x+y)(x-y)$

05 **풀이전략** $f(x)$와 $g(x)$의 공통인수 $h(x)$는 $f(x)-g(x)$의 인수라는 사실을 이용한다.

$f(x)$와 $g(x)$의 공통인수 $h(x)$는 $f(x)-g(x)$의 인수이다.
따라서 일차항의 계수가 1인 일차식 $h(x)$는
$f(x)-g(x)=(x^3+ax+b)-(x^3+bx+a)$
$\qquad\qquad\quad=(a-b)(x-1)$
의 인수이므로
$h(x)=x-1$
이때 $f(x)$가 $x-1$을 인수로 가지고 이차항이 없으므로
$x^3+ax+b=(x-1)(x^2+x-b)$
꼴로 인수분해된다.
좌변과 우변의 일차항의 계수가 같으므로
$a=-1-b$, $a+b=-1$ ...... ㉠
또, $g(2)=5$이므로
$8+2b+a=5$, $a+2b=-3$ ...... ㉡
㉠과 ㉡을 연립하여 풀면
$a=1$, $b=-2$
따라서
$f(x)=x^3+x-2=(x-1)(x^2+x+2)$

06 **풀이전략** 소수는 1보다 큰 자연수 중 1과 자기 자신만을 약수로 가지는 자연수임을 이용한다.

$2x^2+5x-7=(x-1)(2x+7)$
이므로 이 값이 소수가 되기 위해서는 $x-1$ 또는 $2x+7$이 1 또는 -1이어야 한다.

(i) $x-1=1$인 경우
$x=2$, $2x+7=11$이므로
$2x^2+5x-7=(x-1)(2x+7)=1\times11=11$
따라서 소수 p의 값은 11이다.

(ii) $x-1=-1$인 경우
$x=0$, $2x+7=7$이므로
$2x^2+5x-7=(x-1)(2x+7)=(-1)\times7=-7$
따라서 소수 p의 값이 될 수 없다.

(iii) $2x+7=1$인 경우
$x=-3$, $x-1=-4$이므로
$2x^2+5x-7=(x-1)(2x+7)=(-4)\times1=-4$
따라서 소수 p의 값이 될 수 없다.

(iv) $2x+7=-1$인 경우
$x=-4$, $x-1=-5$이므로
$2x^2+5x-7=(x-1)(2x+7)=(-5)\times(-1)=5$
따라서 소수 p의 값은 5이다.
그러므로 가능한 소수 p의 값은 ②, ④이다.

함정 피하기
음의 정수와 음의 정수의 곱도 고려한다.

07 **풀이전략** $f(n)$을 먼저 인수분해하여 간단히 나타낸다.

$f(n)=8n^3+12n^2-2n-3$
$\qquad=4n^2(2n+3)-(2n+3)$
$\qquad=(4n^2-1)(2n+3)$
$\qquad=(2n-1)(2n+1)(2n+3)$
따라서 n이 자연수일 때, $f(n)$은 연속하는 세 홀수의 곱이며,
$1\times3\times5\times\cdots\times13\times15\times17=f(1)\times f(4)\times f(7)$
이므로
$a+b+c=12$

08 **풀이전략** 직육면체의 세 모서리의 길이를 미지수로 놓고, 식을 세운다.

직육면체의 가로의 길이, 세로의 길이, 높이를 a, b, c라 하면 대각선의 길이가 $\sqrt{10}$이므로
$\sqrt{a^2+b^2+c^2}=\sqrt{10}$, $a^2+b^2+c^2=10$
겉넓이가 20이므로
$2(ab+bc+ac)=20$, $ab+bc+ac=10$

이때 $a^2+b^2+c^2=ab+bc+ac$이므로

$a^2+b^2+c^2-ab-bc-ac=0$

$2a^2+2b^2+2c^2-2ab-2bc-2ac=0$

$(a-b)^2+(b-c)^2+(c-a)^2=0$

따라서 주어진 조건을 만족하는 직육면체는 $a=b=c$인 정육면체이므로

$3a^2=10$, $a^2=\dfrac{10}{3}$

$a>0$이므로 $a=\sqrt{\dfrac{10}{3}}=\dfrac{\sqrt{30}}{3}$

따라서 모서리의 길이로 가능한 수의 순서쌍은

$\left(\dfrac{\sqrt{30}}{3},\ \dfrac{\sqrt{30}}{3},\ \dfrac{\sqrt{30}}{3}\right)$뿐이다.

대단원 마무리 Level 종합 본문 64~65쪽

01 ㄱ과 ㅁ, ㄴ과 ㄹ, ㄷ과 ㅂ **02** -10 **03** $1+\dfrac{\sqrt{2}}{2}$ **04** $-\dfrac{25}{8}$

05 $\dfrac{17}{8}$ 또는 2.125 **06** $5\sqrt{2}-6$ **07** $a=b$인 이등변삼각형

08 (가): $p+1$, (나): $p-1$, (다): 3, (라): 4, (마): 2, (바): 1

---

01 ㄱ. $2(2x-3y)(3x-5y)=2(6x^2-19xy+15y^2)$

$\qquad\qquad\qquad\qquad\quad =12x^2-38xy+30y^2$ ······ ㅁ

ㄴ. $3(x-2y)(4x-5y)=3(4x^2-13xy+10y^2)$

$\qquad\qquad\qquad\qquad\quad =12x^2-39xy+30y^2$ ······ ㄹ

ㄷ. $6(x-y)(2x-5y)=6(2x^2-7xy+5y^2)$

$\qquad\qquad\qquad\qquad\quad =12x^2-42xy+30y^2$ ······ ㅂ

따라서 서로 전개와 인수분해의 관계인 식을 모두 짝 지으면

ㄱ과 ㅁ, ㄴ과 ㄹ, ㄷ과 ㅂ이다.

02 x^2항이 나오는 경우는 $1\times 2x^2$, $(-2x)\times(-3x)$, $3x^2\times 4$이므로 x^2의 계수는

$2+6+12=20$

x^3항이 나오는 경우는 $1\times(-x^3)$, $(-2x)\times 2x^2$,

$3x^2\times(-3x)$, $(-4x^3)\times 4$이므로 x^3의 계수는

$(-1)+(-4)+(-9)+(-16)=-30$

따라서 x^2항의 계수와 x^3항의 계수의 합은

$20-30=-10$

03 $\dfrac{1}{\sqrt{n}+\sqrt{n+2}}$

$=\dfrac{1\times(-\sqrt{n}+\sqrt{n+2})}{(\sqrt{n}+\sqrt{n+2})\times(-\sqrt{n}+\sqrt{n+2})}$

$=\dfrac{-\sqrt{n}+\sqrt{n+2}}{2}$

따라서

$\dfrac{1}{1+\sqrt{3}}+\dfrac{1}{\sqrt{2}+2}+\dfrac{1}{\sqrt{3}+\sqrt{5}}+\cdots+\dfrac{1}{\sqrt{6}+\sqrt{8}}+\dfrac{1}{\sqrt{7}+3}$

$=\dfrac{1}{2}\left(-\sqrt{1}+\sqrt{3}\right)+\dfrac{1}{2}\left(-\sqrt{2}+\sqrt{4}\right)+\dfrac{1}{2}\left(-\sqrt{3}+\sqrt{5}\right)$

$\quad+\cdots+\dfrac{1}{2}\left(-\sqrt{6}+\sqrt{8}\right)+\dfrac{1}{2}\left(-\sqrt{7}+\sqrt{9}\right)$

$=\dfrac{1}{2}\left(-\sqrt{1}-\sqrt{2}+\sqrt{8}+\sqrt{9}\right)$

$=\dfrac{1}{2}\left(-1-\sqrt{2}+2\sqrt{2}+3\right)$

$=1+\dfrac{\sqrt{2}}{2}$

04 $a\neq 0$이므로

$ax^2+5x-2=a\left(x^2+\dfrac{5}{a}x-\dfrac{2}{a}\right)$

가 완전제곱식이 되어야 한다.

따라서 $\left(\dfrac{1}{2}\times\dfrac{5}{a}\right)^2=-\dfrac{2}{a}$이므로

$\dfrac{25}{4a^2}=-\dfrac{2}{a}$

양변에 $4a^2$을 곱하면

$25=-8a$ $\quad\therefore a=-\dfrac{25}{8}$

05 $0.125x^2+0.25x-1=\dfrac{1}{8}x^2+\dfrac{1}{4}x-1$

$\qquad\qquad\qquad\qquad\quad =\dfrac{1}{8}(x^2+2x-8)$

$\qquad\qquad\qquad\qquad\quad =\dfrac{1}{8}(x+4)(x-2)$

따라서

$a+b+c=\dfrac{1}{8}+4+(-2)=\dfrac{17}{8}$

06 $\sqrt{x^2+4x+4}+\sqrt{x^2+6x+9}$

$=\sqrt{(x+2)^2}+\sqrt{(x+3)^2}$

이때 $x=\dfrac{1-5\sqrt{2}}{2}=\dfrac{1-\sqrt{50}}{2}$에 대하여

$7<\sqrt{50}<8$이므로

$-7<1-\sqrt{50}<-6$

$-3.5<\dfrac{1-\sqrt{50}}{2}<-3$

따라서 $-3.5 < x < -3$이므로
$$\sqrt{x^2+4x+4}+\sqrt{x^2+6x+9}=\sqrt{(x+2)^2}+\sqrt{(x+3)^2}$$
$$=-(x+2)-(x+3)$$
$$=-2x-5$$
$$=(5\sqrt{2}-1)-5$$
$$=5\sqrt{2}-6$$

07
$$(b^2-ab)(b+c)-(a-b)(bc+c^2)$$
$$=(b-a)b(b+c)+(b-a)c(b+c)$$
$$=(b-a)(b+c)^2=0$$
이때 $b+c>0$이고 $(b+c)^2>0$이므로
$$b-a=0 \qquad \therefore a=b$$
따라서 이 삼각형은 $a=b$인 이등변삼각형이다.

08 소수 p에 대하여 p^2-1을 인수분해하면
$$p^2-1=(\boxed{p+1})(\boxed{p-1})$$
이때 $p\geq\boxed{3}$인 소수라 하면 $\boxed{p+1}$과 $\boxed{p-1}$은
$$\boxed{p+1}\geq\boxed{4}, \quad \boxed{p-1}\geq\boxed{2}$$
인 자연수이므로
$$p^2-1=(\boxed{p+1})(\boxed{p-1})$$
은 소수가 아니다.
$p=2$인 경우 $\boxed{p+1}=\boxed{3}$, $\boxed{p-1}=\boxed{1}$이 되어
$p^2-1=2^2-1=3$으로 소수이다.
따라서 소수의 제곱에서 1을 뺀 자연수가 소수가 되도록 하는 유일한 소수는 2이다.
그러므로 ㈎: $p+1$, ㈏: $p-1$, ㈐: 3, ㈑: 4, ㈒: 2, ㈓: 1이다.

함정 피하기
위의 과정의 셋째 줄에서 (다)의 수가 3으로 정해지면서 $p=2$인 경우 $\boxed{(가)}=\boxed{(다)}=\boxed{3}$임을 통해 (가)에 알맞은 식이 $p+1$로 정해진다.

---

5 이차방정식의 뜻과 풀이

Level 1　　　　　　　　　　　본문 68~71쪽

01 ③, ④　**02** ④　**03** $x=-1$ 또는 $x=2$　**04** 6　**05** ④

06 $-\dfrac{17}{20}$　**07** $b=\dfrac{7}{4}$, $x=1\pm\dfrac{\sqrt{7}}{2}$　**08** -8　**09** -1

10 ①　**11** ②　**12** $x^2-2x-1=0$　**13** ④　**14** 8　**15** $-\dfrac{1}{2}$

16 $x=-1$ 또는 $x=3$

---

01 $(ax-2)^2=ax^2+3x+a$의 좌변을 전개하면
$$a^2x^2-4ax+4=ax^2+3x+a$$
$$(a^2-a)x^2-(4a+3)x+4-a=0$$
이차방정식이 되기 위해서는 $a^2-a\neq0$이어야 하므로
$$a(a-1)\neq0, \ a\neq0$$이고 $a\neq1$
따라서 a의 값이 아닌 것은 ③, ④이다.

02 ① $2x^2-4=0$에 $x=2$를 대입하면
$$2\times2^2-4=4\neq0$$
② $x^2-x+\dfrac{1}{2}=0$에 $x=\dfrac{1}{2}$을 대입하면
$$\left(\dfrac{1}{2}\right)^2-\dfrac{1}{2}+\dfrac{1}{2}=\dfrac{1}{4}\neq0$$
③ $-(x+5)(x-3)=16$에 $x=-3$을 대입하면
$$-(-3+5)\times(-3-3)=12\neq16$$
④ $0.3x^2-0.1x-\dfrac{1}{5}=0$에 $x=-\dfrac{2}{3}$를 대입하면
$$0.3\times\left(-\dfrac{2}{3}\right)^2-0.1\times\left(-\dfrac{2}{3}\right)-\dfrac{1}{5}$$
$$=\dfrac{12}{90}+\dfrac{2}{30}-\dfrac{1}{5}=\dfrac{2}{15}+\dfrac{1}{15}-\dfrac{3}{15}=0$$
⑤ $2x(x+1)+2=5$에 $x=1$을 대입하면
$$2\times1\times2+2=6\neq5$$
따라서 [ ] 안의 수가 주어진 이차방정식의 해인 것은 ④이다.

03 $2x(x+7)=5-x^2$을 정리하면
$$3x^2+14x-5=0, \ (x+5)(3x-1)=0$$
$$x=-5 \ 또는 \ x=\dfrac{1}{3}$$
따라서 $a=\dfrac{1}{3}$

$a=\dfrac{1}{3}$을 $\dfrac{1}{a}x^2-3x-\dfrac{2}{a}=0$에 대입하면

$3x^2-3x-6=0,\ x^2-x-2=0$

$(x+1)(x-2)=0$

따라서 $x=-1$ 또는 $x=2$

04 $ax^2+9x+4=0$에 $x=-\dfrac{1}{2}$을 대입하면

$\dfrac{a}{4}-\dfrac{9}{2}+4=0,\ a-18+16=0,\ a=2$

$a=2$를 $ax^2+9x+4=0$에 대입하면

$2x^2+9x+4=0,\ (2x+1)(x+4)=0$

이고, 다른 한 근은 -4이다.

-4가 이차방정식 $2x^2+(b+2)x=4b$의 근이므로

$x=-4$를 대입하면

$2\times16+(b+2)\times(-4)=4b$

$32-4b-8=4b,\ 24=8b,\ b=3$

따라서 $ab=6$

05 $x^2-(n+2)x+2n=(x-2)(x-n)=0$

이므로 해는

$x=2$ 또는 $x=n$

이때 $n=1$인 경우와 $n=2$인 경우는

$f(n)=0$

n이 2보다 큰 자연수인 경우는

$f(n)=n-2-1=n-3$

따라서 $f(n)=n-3=198$을 만족시키는 n의 값은

$n=201$

06 $2x^2+5x+1=0$의 양변을 2로 나누면

$x^2+\dfrac{5}{2}x+\dfrac{1}{2}=0$

상수항을 우변으로 이항하면 $x^2+\dfrac{5}{2}x=-\dfrac{1}{2}$

양변에 $\left(\dfrac{1}{2}\times\dfrac{5}{2}\right)^2=\dfrac{25}{16}$를 더하면

$x^2+\dfrac{5}{2}x+\left(\dfrac{5}{4}\right)^2=\dfrac{17}{16},\ \left(x+\dfrac{5}{4}\right)^2=\dfrac{17}{16}$

따라서 $p=-\dfrac{5}{4},\ q=\dfrac{17}{16}$이므로

$\dfrac{q}{p}=q\times\dfrac{1}{p}=\dfrac{17}{16}\times\left(-\dfrac{4}{5}\right)=-\dfrac{17}{20}$

07 양수 b에 대하여 $(x-1)^2=b$의 두 근을 구하면

$x-1=\pm\sqrt{b},\ x=1\pm\sqrt{b}$

이므로 두 근의 차는 $2\sqrt{b}$이다.

이때 두 근의 차가 $\sqrt{7}$이므로

$2\sqrt{b}=\sqrt{7},\ \sqrt{b}=\dfrac{\sqrt{7}}{2}$

따라서 $b=\dfrac{7}{4}$이고, 이차방정식의 해는 $x=1\pm\dfrac{\sqrt{7}}{2}$이다.

08 $x^2-(k+2)x+k+3=0$이 중근을 갖기 위해서는

$\left\{\dfrac{-(k+2)}{2}\right\}^2=k+3$

이어야 한다.

$(k+2)^2=4(k+3),\ k^2+4k+4=4k+12,\ k^2=8$

$\therefore k=\pm\sqrt{8}=\pm2\sqrt{2}$

따라서 모든 상수 k의 값의 곱은

$2\sqrt{2}\times(-2\sqrt{2})=-8$

09 $(k-3)x^2+kx-3x+k=(k-3)x^2+(k-3)x+k=0$

이 중근을 갖기 위해서는

$(k-3)^2-4(k-3)k=0$

$(k-3)(k-3-4k)=0,\ (k-3)(-3k-3)=0$

$-3(k-3)(k+1)=0$

따라서 $k=3$ 또는 $k=-1$

이때 이차항의 계수인 $k-3$은 0이 아니므로

$k-3\neq0,\ k\neq3$

따라서 $k=-1$

10 a, b는 1부터 6까지의 수이므로 모든 경우의 수는

$6\times6=36$

이차방정식 $ax^2+bx+a=0$이 중근을 갖기 위해서는

$b^2-4a\times a=b^2-4a^2=0$

$(b+2a)(b-2a)=0$

$b=-2a$ 또는 $b=2a$

이때 $a>0$, $b>0$이므로 $b+2a>0$

따라서 $b=2a$

이를 만족하는 순서쌍 (a, b)는

$(1, 2)$, $(2, 4)$, $(3, 6)$의 세 가지

이므로 $ax^2+bx+a=0$이 중근을 가질 확률은

$$\dfrac{3}{36}=\dfrac{1}{12}$$

11 해가 $x=\dfrac{1}{2}$ 또는 $x=-3$이고 이차항의 계수가 2인 이차방정식은

$2\left(x-\dfrac{1}{2}\right)(x+3)=0$

좌변을 전개하여 정리하면

$(2x-1)(x+3)=0$, $2x^2+5x-3=0$

따라서 $a=5$, $b=-3$이므로

$a+b=2$

12 $x=1+\sqrt{2}$에서 무리수만 우변에 남긴 후, 나머지를 모두 좌변으로 이항하면

$x-1=\sqrt{2}$

양변을 제곱하면 $(x-1)^2=2$

좌변을 전개하고 모든 항을 좌변으로 이항하여 정리하면

$x^2-2x-1=0$

13 $(2x-1)^2=3x^2+2$에서 좌변을 전개하면

$4x^2-4x+1=3x^2+2$

$x^2-4x-1=0$

따라서 두 근 α, β에 대하여

$\alpha+\beta=4$, $\alpha\beta=-1$

이므로

$\alpha^2+\beta^2=(\alpha+\beta)^2-2\alpha\beta$
$\qquad\qquad=4^2-2\times(-1)=18$

14 $x^2+4x-3=0$의 두 근이 α, β이므로

$\alpha+\beta=-4$, $\alpha\beta=-3$

$x^2+ax+b=0$의 두 근 $\alpha+1$, $\beta+1$에 대하여

$(\alpha+1)+(\beta+1)=\alpha+\beta+2=-2$,

$(\alpha+1)(\beta+1)=\alpha\beta+\alpha+\beta+1$
$\qquad\qquad\qquad=-3+(-4)+1=-6$

이므로 $x^2+ax+b=0$의 두 근의 합은 -2, 두 근의 곱은 -6이다.

따라서 $a=2$, $b=-6$이므로

$a-b=2-(-6)=8$

다른 풀이

$x^2+4x-3=0$을 $(x-p)^2=q$ 꼴로 변형하면

$(x+2)^2=7$

이 방정식의 두 근이 α, β이므로

$(\alpha+2)^2=(\beta+2)^2=7$

이때

$\{(\alpha+1)+1\}^2=\{(\beta+1)+1\}^2=7$

이므로 $\alpha+1$, $\beta+1$을 두 근으로 하고 이차항의 계수가 1인 이차방정식은

$(x+1)^2=7$, $x^2+2x+1=7$

$x^2+2x-6=0$

따라서 $a=2$, $b=-6$이므로

$a-b=2-(-6)=8$

15 일차함수 $y=ax-2$의 그래프가 점 $(4a-7, -2a^2+3)$을 지나므로 $x=4a-7$, $y=-2a^2+3$을 대입하면

$-2a^2+3=a(4a-7)-2$

$-2a^2+3=4a^2-7a-2$

$6a^2-7a-5=0$

$(3a-5)(2a+1)=0$

따라서 $a=\dfrac{5}{3}$ 또는 $a=-\dfrac{1}{2}$

(ⅰ) $a=\dfrac{5}{3}$일 때, 지나는 점의 좌표를 구하면

$\left(-\dfrac{1}{3}, -\dfrac{23}{9}\right)$

이므로 제3 사분면 위의 점이다.

(ⅱ) $a=-\dfrac{1}{2}$일 때, 지나는 점의 좌표를 구하면

$\left(-9, \dfrac{5}{2}\right)$

이므로 제2 사분면 위의 점이다.

따라서 $a=-\dfrac{1}{2}$

16 $x\neq0$이므로 양변에 x를 곱하면

$x^2-3=2x$, $x^2-2x-3=0$

$(x+1)(x-3)=0$

따라서 $x=-1$ 또는 $x=3$

01 1 **02** ④ **03** ① **04** $x=2021^2$ 또는 $x=-1$ **05** ②

06 $-1, 1, 7, 17, 31, 49, 71$ **07** $\dfrac{3}{2}, -\dfrac{2}{3}$ **08** $a=2, b=\dfrac{1}{2}$

09 $x=2\sqrt{3}$ 또는 $x=3\sqrt{3}$ **10** $x^2+2\sqrt{5}x+1=0$ **11** 6

12 ① **13** $x=\pm 2$ 또는 $x=\pm 5$ **14** 4, 6

15 $x=-6$ 또는 $x=-3$ 또는 $x=-2$ 또는 $x=1$

16 $x=\pm\sqrt{2}$ 또는 $x=\pm\sqrt{3}$

---

01 $a^2(x^2-1)=3ax^2-4x$의 모든 항을 좌변으로 이항하여 정리하면

$(a^2-3a)x^2+4x-a^2=0$

이 식이 x에 대한 이차방정식이므로

$a^2-3a\neq 0$, $a(a-3)\neq 0$

따라서 $a\neq 0$이고 $a\neq 3$ …… ㉠

$(a^2+3)x^2+3=ax(4x-1)$의 모든 항을 좌변으로 이항하여 정리하면

$(a^2-4a+3)x^2+ax+3=0$

이 식은 x에 대한 이차방정식이 아니므로

$a^2-4a+3=0$, $(a-1)(a-3)=0$

따라서 $a=1$ 또는 $a=3$

이때 ㉠에 의하여 $a\neq 3$이므로 $a=1$

02 $x^2+x-3=0$의 한 근이 α이므로

$\alpha^2+\alpha-3=0$

$\alpha\neq 0$이므로 양변을 α로 나누면

$\alpha+1-\dfrac{3}{\alpha}=0$

따라서 $\alpha-\dfrac{3}{\alpha}=-1$이므로

$\alpha^2+\dfrac{9}{\alpha^2}=\left(\alpha-\dfrac{3}{\alpha}\right)^2+2\times\alpha\times\dfrac{3}{\alpha}=(-1)^2+6=7$

실수하기 쉬운 부분 짚어보기

근을 대입한 후, 곱셈 공식의 변형을 통해 주어진 식의 값을 구한다.

03 $2x^2+(k+4)x-4=0$에 $x=k$를 대입하면

$2k^2+(k+4)k-4=0$, $3k^2+4k-4=0$

$(k+2)(3k-2)=0$

따라서 $k=-2$ 또는 $k=\dfrac{2}{3}$

(i) $k=-2$인 경우

주어진 이차방정식에 $k=-2$를 대입하면

$2x^2+2x-4=0$, $x^2+x-2=0$, $(x+2)(x-1)=0$

따라서 $x=-2$ 또는 $x=1$

이때 이 이차방정식은 모든 근이 정수이므로 조건에 맞지 않는다.

(ii) $k=\dfrac{2}{3}$인 경우

주어진 이차방정식에 $k=\dfrac{2}{3}$를 대입하면

$2x^2+\dfrac{14}{3}x-4=0$, $3x^2+7x-6=0$

$(x+3)(3x-2)=0$

따라서 $x=-3$ 또는 $x=\dfrac{2}{3}$

주어진 이차방정식이 정수가 아닌 근을 가지므로 나머지 한 근은 -3이다.

> **참고** 이차방정식이 $x=\alpha$를 근으로 가지면 이차방정식의 모든 항을 좌변으로 이항하여 정리했을 때, 좌변의 식은 $x-\alpha$를 인수로 갖는다.

04 $-2020\times 2022=-(2021-1)(2021+1)=-2021^2+1$

이므로

$x^2-2020\times 2022x-2021^2=(x-2021^2)(x+1)=0$

따라서 $x=2021^2$ 또는 $x=-1$

05 $x^2-2mx+m^2=8-2m$의 좌변을 인수분해하면

$(x-m)^2=8-2m$

이 이차방정식이 서로 다른 두 근을 갖기 위해서는

$8-2m>0$, $2m<8$ $\therefore m<4$

따라서 가능한 자연수 m의 값은 1 또는 2 또는 3이다.

이차방정식 $(x-m)^2=8-2m$을 풀면

$x=m\pm\sqrt{8-2m}$

따라서 두 근의 차 $2\sqrt{8-2m}$이 유리수이기 위해서는

$m=2$

06 $2(x-7)^2=k+1$이 해를 갖기 위해서는

$k+1\geq 0$

(i) $k+1=0$ 즉, $k=-1$일 때 중근 $x=7$을 갖는다.

(ii) $k+1>0$일 때

$(x-7)^2=\dfrac{k+1}{2}$에서 $x=7\pm\sqrt{\dfrac{k+1}{2}}$

이때 이 해가 모두 자연수가 되려면 $\sqrt{\dfrac{k+1}{2}}$이 7보다 작은

자연수이어야 한다.

따라서 $\sqrt{\dfrac{k+1}{2}}$이 될 수 있는 수는 1, 2, 3, 4, 5, 6이며 각각

의 경우 k의 값을 구하면

　　1, 7, 17, 31, 49, 71

(i), (ii)에서 정수 k가 될 수 있는 값은 -1, 1, 7, 17, 31, 49,

71이다.

07 $(x-a^2)(6x-5a)-6x=-6a^2$의 모든 항을 좌변으로 이항하면

$(x-a^2)(6x-5a)-6(x-a^2)=0$

$(x-a^2)(6x-5a-6)=0$

이 이차방정식이 중근을 갖기 위해서는

$a^2=\dfrac{5a+6}{6}$

$6a^2=5a+6$, $6a^2-5a-6=0$

$(2a-3)(3a+2)=0$

따라서 $a=\dfrac{3}{2}$ 또는 $a=-\dfrac{2}{3}$

08 $x^2+ax+2b=0$이 중근을 가지므로

$\left(\dfrac{a}{2}\right)^2=2b$, $\dfrac{a^2}{8}=b$　　　　…… ㉠

$ax^2+x+\dfrac{b}{4}=0$이 중근을 가지므로

$1-ab=0$, $ab=1$　　　　…… ㉡

㉠을 ㉡에 대입하면

$\dfrac{a^3}{8}=1$, $a^3=8$

이때 a는 정수이므로 $a=2$

$a=2$를 ㉡에 대입하면

$b=\dfrac{1}{a}=\dfrac{1}{2}$

09 $f(x)=0$의 해는 $x=\sqrt{3}$ 또는 $x=a$이므로

$x^2+ax+6=(x-\sqrt{3})(x-a)$

$=x^2-(\sqrt{3}+a)x+\sqrt{3}a=0$

양변의 상수항을 비교하면

$\sqrt{3}a=6$, $a=\dfrac{6}{\sqrt{3}}=2\sqrt{3}$

$g(x)=0$은 이차항의 계수가 2이고 $2\sqrt{3}$을 중근으로 갖는 이차

방정식이므로

$g(x)=2(x-2\sqrt{3})^2$

이것을 $g(x)-f(x)=0$에 대입하면

$g(x)-f(x)=2(x-2\sqrt{3})^2-(x-\sqrt{3})(x-2\sqrt{3})$

$=(x-2\sqrt{3})\{2(x-2\sqrt{3})-(x-\sqrt{3})\}$

$=(x-2\sqrt{3})(x-3\sqrt{3})=0$

따라서 이차방정식 $g(x)-f(x)=0$의 해는

$x=2\sqrt{3}$ 또는 $x=3\sqrt{3}$

10 두 근의 합을 구하면

$(-\sqrt{5}+2)+(-\sqrt{5}-2)=-2\sqrt{5}$

두 근의 곱을 구하면

$(-\sqrt{5}+2)\times(-\sqrt{5}-2)=(-\sqrt{5})^2-2^2=5-4=1$

이차항의 계수가 1이므로 구하는 이차방정식은

$x^2+2\sqrt{5}x+1=0$

▶ **다른 풀이**

해가 $x=-\sqrt{5}\pm2$일 때 ±2 부분은 제곱근을 구하는 과정에서

생기므로 ±2를 제외한 나머지 항을 모두 좌변으로 이항하면

$x+\sqrt{5}=\pm2$

양변을 제곱하면 $(x+\sqrt{5})^2=4$

$x^2+2\sqrt{5}x+5=4$, $x^2+2\sqrt{5}x+1=0$

▶ **함정 피하기**

계수가 무리수인 방정식도 존재한다.

11 $x^2-ax+6=0$의 두 근이 α, β이므로

$\alpha+\beta=a$　　　　…… ㉠

$\alpha\beta=6$　　　　…… ㉡

$x^2+x+b=0$의 두 근이 $\alpha+\beta$, $\alpha\beta$이므로

$\alpha+\beta+\alpha\beta=-1$　　　　…… ㉢

$(\alpha+\beta)\alpha\beta=b$　　　　…… ㉣

㉡을 ㉢에 대입하면

$\alpha+\beta+6=-1$, $\alpha+\beta=-7$

㉠에서 $a=-7$

㉠, ㉡을 ㉣에 대입하면

$(-7)\times6=-42=b$

따라서 $\dfrac{b}{a}=\dfrac{-42}{-7}=6$

12 이차방정식 $x^2-3x+1=0$의 두 근이 m, n이므로
$m^2-3m+1=0$, $m^2+1=3m$
$n^2-3n+1=0$, $n^2+1=3n$
또한 이차방정식의 두 근의 합과 곱에서
$m+n=3$, $mn=1$
따라서
$$\frac{1}{m^2+1}+\frac{1}{n^2+1}=\frac{1}{3m}+\frac{1}{3n}=\frac{1}{3}\left(\frac{1}{m}+\frac{1}{n}\right)$$
$$=\frac{1}{3}\times\frac{m+n}{mn}$$
$$=\frac{1}{3}\times\frac{3}{1}=1$$

13 $x^2=|x|^2$이므로
$x^2-7|x|+10=|x|^2-7|x|+10=0$
$(|x|-2)(|x|-5)=0$
$|x|=2$ 또는 $|x|=5$
따라서 $x=\pm2$ 또는 $x=\pm5$

다른 풀이

(i) $x\geq0$일 때,
$x^2-7|x|+10=x^2-7x+10=0$
$(x-2)(x-5)=0$
따라서 $x=2$ 또는 $x=5$이므로 두 해가 모두 $x\geq0$인 범위에 속한다.

(ii) $x<0$일 때,
$x^2-7|x|+10=x^2+7x+10=0$
$(x+2)(x+5)=0$
따라서 $x=-2$ 또는 $x=-5$이므로 두 해가 모두 $x<0$인 범위에 속한다.

따라서 $x=\pm2$ 또는 $x=\pm5$

실수하기 쉬운 부분 짚어보기

식에 절댓값이 있는 경우 절댓값 안의 식이 0 또는 양수일 때와 음수일 때로 나누어 생각한 후, 최종적으로 구한 해가 그 범위에 맞는지 확인한다.

14 $x\neq0$이므로 양변에 x를 곱하여 정리하면
$x^2+c=5x$, $x^2-5x+c=0$
이 이차방정식의 해가 모두 자연수이므로 그 해를 m, n이라 하면
$x^2-5x+c=(x-m)(x-n)=0$
따라서 $m+n=5$, $mn=c$

합이 5인 자연수는 1과 4 또는 2와 3이므로 가능한 상수 c의 값은
$1\times4=4$ 또는 $2\times3=6$

15 $|x^2+5x|=6$에서
$x^2+5x=6$ 또는 $x^2+5x=-6$
(i) $x^2+5x=6$일 때,
$x^2+5x-6=0$, $(x+6)(x-1)=0$
따라서 $x=-6$ 또는 $x=1$
(ii) $x^2+5x=-6$일 때,
$x^2+5x+6=0$, $(x+2)(x+3)=0$
따라서 $x=-2$ 또는 $x=-3$
(i), (ii)에서 방정식 $|x^2+5x|=6$의 해는
$x=-6$ 또는 $x=-3$ 또는 $x=-2$ 또는 $x=1$

16 $x^4-5x^2+6=0$에서 $x^2=t$로 치환하면
$t^2-5t+6=0$, $(t-2)(t-3)=0$
$t=2$ 또는 $t=3$
$x^2=2$ 또는 $x^2=3$
따라서 $x=\pm\sqrt{2}$ 또는 $x=\pm\sqrt{3}$

Level ③ 본문 76~77쪽

01 22   **02** $\sqrt{11}$ **03** ㄱ, ㄷ   **04** 3   **05** ㄱ, ㄷ, ㄹ

06 $x=\dfrac{1}{4}$, $y=-\dfrac{2}{7}$ **07** $x=0$ 또는 $x=\pm3$

08 (개): $4x^2$, (내): $2x$ 또는 $-2x$, (대): x^2-2x-1, (래): $(x+1)^2=2$,

    (매): $-1\pm\sqrt{2}$, (매): $(x-1)^2=2$, (새): $1\pm\sqrt{2}$

01 $2x^2-x-3=0$의 두 근이 α, β이므로
$2\alpha^2-\alpha-3=0$, $2\alpha^2-\alpha=3$, $4\alpha^2-2\alpha=6$
따라서 $4\alpha^2-2\alpha+5=11$
또, $2\beta^2-\beta-3=0$이고, $\beta\neq0$이므로 양변을 β^2으로 나누면
$2-\dfrac{1}{\beta}-\dfrac{3}{\beta^2}=0$, $\dfrac{1}{\beta}+\dfrac{3}{\beta^2}=2$
따라서
$(4\alpha^2-2\alpha+5)\left(\dfrac{1}{\beta}+\dfrac{3}{\beta^2}\right)=11\times2=22$

함정 피하기

주어진 이차방정식은 중근을 갖지 않으므로 $\alpha \neq \beta$이다. 하지만 이 근을 다시 식에 대입하면

$2\alpha^2 - \alpha = 3$, $2\beta^2 - \beta = 3$에서

$\dfrac{1}{\alpha} + \dfrac{3}{\alpha^2} = 2$, $\dfrac{1}{\beta} + \dfrac{3}{\beta^2} = 2$

따라서 서로 다른 두 근 $\dfrac{3}{2}$, -1 중 어느 것이 α인지 어느 것이 β인지 구분하지 않고 식에 대입하여 문제를 해결할 수 있다.

02 $x^2 + (\sqrt{n} - \sqrt{n+1})x - \sqrt{n^2+n}$

$= (x + \sqrt{n})(x - \sqrt{n+1}) = 0$

따라서 $x = -\sqrt{n}$ 또는 $x = \sqrt{n+1}$이므로

$\alpha_n = \sqrt{n+1}$, $\beta_n = -\sqrt{n}$

따라서

$\dfrac{\alpha_1 \times \alpha_2 \times \cdots \times \alpha_9 \times \alpha_{10}}{\beta_1 \times \beta_2 \times \cdots \times \beta_9 \times \beta_{10}}$

$= \dfrac{\sqrt{2} \times \sqrt{3} \times \cdots \times \sqrt{10} \times \sqrt{11}}{(-\sqrt{1}) \times (-\sqrt{2}) \times \cdots \times (-\sqrt{9}) \times (-\sqrt{10})}$

$= \dfrac{\sqrt{2} \times \sqrt{3} \times \cdots \times \sqrt{10} \times \sqrt{11}}{(-1)^{10} \times \sqrt{1} \times \sqrt{2} \times \cdots \times \sqrt{9} \times \sqrt{10}}$

$= \sqrt{11}$

함정 피하기

$a > 0$, $b > 0$일 때 $\sqrt{a} \times \sqrt{b} = \sqrt{a}\sqrt{b} = \sqrt{ab}$이므로

$\sqrt{n^2 + n} = \sqrt{n(n+1)} = \sqrt{n}\sqrt{n+1}$이다.

03 해가 있는 경우의 조건과 그때의 해를 a와 b를 사용하여 나타낸다.

ㄱ. 모든 이차방정식은 x^2의 계수를 1로 만들고 상수항을 우변으로 이항한 후, 양변에 $\left\{\dfrac{(x \text{의 계수})}{2}\right\}^2$을 더하고 인수분해하면

$(x-p)^2 = q$ 꼴로 표현할 수 있다. (참)

ㄴ. $(x-a)^2 = b$가 해가 있으면 $b \geq 0$이다.

$b > 0$일 때, 해는 $x = a \pm \sqrt{b}$이므로 두 해의 평균은 a이다.

또한 $b = 0$일 때, 해는 $x = a$(중근)이므로 두 해의 평균이 a이다.

따라서 이차방정식의 두 해의 평균은 a이다. (거짓)

ㄷ. 이차방정식 $(x-a)^2 = b$가 서로 다른 두 근을 가지면

$b > 0$이며, 두 근은 $x = a \pm \sqrt{b}$이다.

이때 두 근의 곱은

$(a + \sqrt{b})(a - \sqrt{b}) = a^2 - b$

$b > 0$이므로 $a^2 - b < a^2$ (참)

따라서 옳은 것은 ㄱ, ㄷ이다.

04 $(x+1)^2 - (ax+3b)(x+1) = 0$의 좌변을 인수분해하면

$(x+1)\{(1-a)x + 1 - 3b\} = 0$

이 이차방정식의 한 해가 $x = -1$이므로 이 이차방정식은

-1을 중근으로 갖는다.

따라서 $(1-a)x + 1 - 3b = 0$에 $x = -1$을 대입하면

$(1-a) \times (-1) + 1 - 3b = 0$

$a - 3b = 0$, $a = 3b$

이때 $b \neq 0$이므로 양변을 b로 나누면

$\dfrac{a}{b} = 3$

함정 피하기

$x = a$를 중근으로 갖는 이차방정식은 $k(x-a)^2 = 0$ 꼴로 나타내어진다.

05 ㄱ. $\alpha \neq \beta$인 실수 α, β에 대하여 $f(\alpha) = 0$이고 $f(\beta) = 0$이면 이차방정식 $f(x) = 0$의 해가 α, β이므로 x^2의 계수 k에 대하여

$f(x) = k(x-\alpha)(x-\beta)$

로 나타낼 수 있다. (참)

ㄴ. $f(x) = (x-1)^2$, $g(x) = -(x-1)^2$일 때, $f(1) = 0$,

$g(1) = 0$이지만 $f(x) + g(x)$는 항상 0이므로

$f(x) + g(x) = 0$, 즉 $0 = 0$은 이차방정식이 아니다. (거짓)

ㄷ. $f(x)g(x) = 2\{h(x)\}^2$일 때, $h(\alpha) = 0$이면

$f(\alpha)g(\alpha) = 2\{h(\alpha)\}^2 = 0$이므로

$f(\alpha) = 0$ 또는 $g(\alpha) = 0$

따라서 α는 $f(x) = 0$ 또는 $g(x) = 0$의 해이다. (참)

ㄹ. $h(x) = f(x) - g(x)$이므로

$h(\alpha) = f(\alpha) - g(\alpha) = 0$

따라서 α는 세 이차방정식 $f(x) = 0$, $g(x) = 0$, $h(x) = 0$의 근이며, $f(x)$, $g(x)$, $h(x)$는 모두 $x - \alpha$를 인수로 갖는다. (참)

그러므로 옳은 것은 ㄱ, ㄷ, ㄹ이다.

함정 피하기

이차방정식 $f(x) = 0$이 $x = \alpha$를 해로 가지면 $f(x)$를 인수분해했을 때, $x - \alpha$를 인수로 갖는다는 사실을 이용한다.

06 $x + y = -\dfrac{1}{28}$, $xy = -\dfrac{1}{14}$을 만족하는 두 실수 x, y는 t에 대한 이차방정식

$t^2 + \dfrac{1}{28}t - \dfrac{1}{14} = 0$

의 두 해이다.

이 식의 양변에 28을 곱하면

(ii) $2x+y=1$인 경우

연립방정식 $\begin{cases} x-y=3 \\ 2x+y=1 \end{cases}$ 을 풀면

$x=\dfrac{4}{3},\ y=-\dfrac{5}{3}$

이때 $x,\ y$는 정수이므로 조건을 만족하지 않는다.

따라서 $x=2,\ y=-1$

TIP 치환한 후 인수분해를 이용하여 식을 간단히 정리해 줄 수 있는 경우에는 식을 먼저 간단히 정리한다.

05 $(x+1)^2+2(x+1)(x+2)+(x+2)^2=(x+3)^2$을 정리하면

$\{(x+1)+(x+2)\}^2=(x+3)^2$

$(2x+3)^2=(x+3)^2,\ (2x+3)^2-(x+3)^2=0$

$\{(2x+3)+(x+3)\}\{(2x+3)-(x+3)\}=0$

$(3x+6)\times x=0,\ 3x(x+2)=0$

따라서 $x=0$ 또는 $x=-2$

06 이차방정식 $x^2+\sqrt{2}ax+\sqrt{6}b+2=0$이 중근을 가지므로

$(\sqrt{2}a)^2-4\times(\sqrt{6}b+2)=0$

$2a^2-4b\sqrt{6}-8=0,\ (2a^2-8)-4b\sqrt{6}=0$

$a,\ b$는 유리수이므로

$2a^2-8=0,\ -4b=0$

$a^2=4,\ b=0$

이때 $a>0$이므로 $a=2$

따라서 $a+b=2$

07 이차방정식 $x^2-2x+9-4k=0$은 해가 없으므로

$(-2)^2-4(9-4k)<0$

$4-36+16k<0,\ 16k-32<0$

따라서 $k<2$　　　　　……㉠

이차방정식 $3kx^2+2x-1=0$은 서로 다른 두 근을 가지므로

$2^2-4\times 3k\times(-1)>0$

$4+12k>0$　　　$\therefore k>-\dfrac{1}{3}$　　　……㉡

㉠, ㉡에서 $-\dfrac{1}{3}<k<2$

이때 k는 정수이므로 0, 1의 두 개이고, $3kx^2+2x-1=0$이 이차방정식이기 위해서는 $k\neq 0$이므로

$k=1$

함정 피하기

이차방정식을 $ax^2+bx+c=0$ 꼴로 정리했을 때, 이차항의 계수에 미지수가 있다면 그 계수가 0이 아니어야 한다는 사실에 주의한다.

08 이차방정식 $x^2-3x+3-k=0$이 두 근을 가지므로

$(-3)^2-4\times(3-k)\geq 0$

$9-12+4k\geq 0,\ 4k-3\geq 0$

따라서 $k\geq\dfrac{3}{4}$　　　　　……㉠

또, 두 근이 모두 양수이므로 두 근의 합은 $3>0$이고, 두 근의 곱은 $3-k>0$이어야 한다.

$\therefore k<3$　　　　　……㉡

㉠, ㉡에서 $\dfrac{3}{4}\leq k<3$

따라서 정수 k의 값은 1, 2이다.

09 처음 정수를 a라 하면

$(3a-2)(5a+3)=56$

이므로

$15a^2-a-6=56,\ 15a^2-a-62=0$

$(15a-31)(a+2)=0$

따라서 $a=\dfrac{31}{15}$ 또는 $a=-2$

이때 a는 정수이므로

$a=-2$

10 2021년의 두 사람의 나이를 x살, $(x+3)$살이라 하면 2014년의 두 사람의 나이는 $(x-7)$살, $(x-4)$살이므로 조건에 따라 방정식을 세우면

$x(x+3)=3(x-7)(x-4)+28$

$x^2+3x=3x^2-33x+112,\ 2x^2-36x+112=0$

$x^2-18x+56=0,\ (x-4)(x-14)=0$

따라서 $x=4$ 또는 $x=14$

이때 $x-7>0$이므로 $x>7$

따라서 $x=14$이므로 2021년의 두 사람의 나이는 14살, 17살이다.

11 바둑돌의 개수가 105개가 되는 단계를 n단계라고 하면

$1+2+\cdots+n=105$

[4단계]일 때의 바둑돌의 수를 a개라 하면 다음과 같은 규칙이 성립함을 확인할 수 있으므로

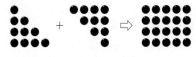

$a\times 2=4\times(4+1),\ a=\dfrac{4\times(4+1)}{2}$

따라서 [n단계]일 때에는 $\dfrac{n(n+1)}{2}$이므로

$\dfrac{n(n+1)}{2}=105$, $n(n+1)=210$

$n^2+n-210=0$, $(n+15)(n-14)=0$

따라서 $n=-15$ 또는 $n=14$

이때 n은 자연수이므로

$n=14$

TIP $1+2+\cdots+n=\dfrac{n(n+1)}{2}$

12

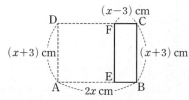

위의 그림에서 $\overline{AB}=2x\,cm$, $\overline{BC}=(x+3)\,cm$,

$\overline{CF}=2x-(x+3)=x-3\,(cm)$이므로

□ABCD와 □FEBC의 닮음비는

$\overline{AB}:\overline{BC}=\overline{BC}:\overline{CF}$에서

$2x:(x+3)=(x+3):(x-3)$

$(x+3)^2=2x(x-3)$, $x^2+6x+9=2x^2-6x$

$x^2-12x-9=0$

일차항의 계수가 짝수일 때의 근의 공식을 이용하면

$x=6\pm\sqrt{(-6)^2-(-9)}=6\pm\sqrt{45}$

$\quad\;=6\pm3\sqrt{5}$

이때 $2x>x+3$이므로 $x>3$

따라서 $x=6+3\sqrt{5}$

13 피타고라스 정리를 이용하여 이등변삼각
형 ABC의 높이를 구하면

$\sqrt{13^2-5^2}=12\,(cm)$

$\overline{DE}=x\,cm$라 하고, 오른쪽 그림과 같
이 점 A에서 $\overline{DE}$에 내린 수선의 발을
H라 하면

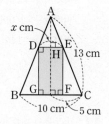

$x:10=\overline{AH}:12$

이므로

$\overline{AH}=\dfrac{12\times x}{10}=\dfrac{6}{5}x\,(cm)$

따라서 직사각형 DGFE의 넓이는

$\square DGFE=\overline{DE}\times\overline{EF}$

$\qquad\quad=\overline{DE}\times(12-\overline{AH})$

$\qquad\quad=x\times\left(12-\dfrac{6}{5}x\right)$

직사각형 DGFE의 넓이가 $\dfrac{126}{5}\,cm^2$이므로

$x\left(12-\dfrac{6}{5}x\right)=\dfrac{126}{5}$

$x(10-x)=21$, $x^2-10x+21=0$

$(x-3)(x-7)=0$

따라서 $x=3$ 또는 $x=7$

이때 $\overline{DE}<\overline{EF}$이므로 $x<12-\dfrac{6}{5}x$에서

$x<\dfrac{60}{11}$

따라서 $x=3$이고 $\overline{DE}=3\,cm$

14 직사각형 모양의 땅의 가로의 길이를 $4a\,m$, 세로의 길이를
$3a\,m$라 하면 길을 제외한 부분의 넓이는
$(4a-1)(3a-2)\,m^2$이다.

길을 제외한 부분의 넓이가 $17\,m^2$이므로

$(4a-1)(3a-2)=17$

$12a^2-11a+2=17$, $12a^2-11a-15=0$

$(3a-5)(4a+3)=0$

따라서 $a=\dfrac{5}{3}$ 또는 $a=-\dfrac{3}{4}$

이때 $a>0$이므로 $a=\dfrac{5}{3}$

따라서 직사각형 모양의 땅의 가로의 길이는 $\dfrac{20}{3}\,m$, 세로의 길
이는 $5\,m$이므로 직사각형의 넓이는

$\dfrac{20}{3}\times5=\dfrac{100}{3}\,(m^2)$

15 물로켓이 $30\,m$인 지점을 지날 때의 시간을 구하는 방정식은
$a+bt-5t^2=30$

$5t^2-bt+30-a=0$ ┄┄┄ ㉠

이고 주어진 조건에서 그 해가 0.2와 3이다.

해가 0.2와 3이고 이차항의 계수가 5인 이차방정식은

$5(t-0.2)(t-3)=0$

$(5t-1)(t-3)=0$

$5t^2-16t+3=0$ ┄┄┄ ㉡

㉠, ㉡이 같아야 하므로

$b=16$,

$30-a=3$에서 $a=27$

16 (매출)=(개당 가격)×(판매량)이므로 바지의 처음 가격을 a원, 처음 판매량을 b개라 하면 다음과 같은 방정식을 세울 수 있다.

$$a\left(1-\frac{x}{100}\right)\times b\left(1+\frac{2x}{100}\right)=ab\left(1+\frac{6.02}{100}\right)$$

양변을 $ab\,(ab\ne0)$로 나누면

$$\left(1-\frac{x}{100}\right)\left(1+\frac{2x}{100}\right)=1+\frac{6.02}{100}$$

양변에 10000을 곱하면

$$(100-x)(100+2x)=10000+602$$
$$2x^2-100x+602=0,\ x^2-50x+301=0$$
$$(x-7)(x-43)=0$$

따라서 $x=7$ 또는 $x=43$

이때 $x<20$이므로 $x=7$

| 본문 90~91쪽 |

01 34 **02** $x=\dfrac{1\pm3\sqrt{5}}{2}$ **03** ④ **04** ㄴ, ㄷ **05** 6

06 3월 4일 **07** 9 cm²

01 근의 공식을 이용하여 $x^2-5x+a-\dfrac{23}{4}=0$의 해를 구하면

$$x=\frac{5\pm\sqrt{(-5)^2-4\left(a-\dfrac{23}{4}\right)}}{2}$$
$$=\frac{5\pm\sqrt{48-4a}}{2}$$
$$=\frac{5\pm2\sqrt{12-a}}{2}$$

자연수 a에 대하여 위의 모든 근이 유리수가 되기 위해서는

$12-a=k^2$ 꼴 (k는 정수)

이어야 한다.

이때 $12-a<12$이므로 가능한 k^2의 값은 9, 4, 1, 0이다.

(i) $12-a=9$일 때, $a=3$

(ii) $12-a=4$일 때, $a=8$

(iii) $12-a=1$일 때, $a=11$

(iv) $12-a=0$일 때, $a=12$

따라서 모든 근이 유리수가 되도록 하는 자연수 a의 값을 모두 더하면

$$3+8+11+12=34$$

실수하기 쉬운 부분 짚어보기

유리수인 중근을 가질 때도 모든 근이 유리수인 경우에 포함되므로 근호 안이 0이 되는 경우도 고려한다.

02 $(x-5)(x-2)(x+1)(x+4)+81=0$에서 좌변을 상수항의 합이 같은 것끼리 묶어서 전개하면

$$(x-5)(x+4)(x-2)(x+1)+81=0$$
$$(x^2-x-20)(x^2-x-2)+81=0$$

$x^2-x=t$로 놓으면

$$(t-20)(t-2)+81=0$$
$$t^2-22t+40+81=0,\ t^2-22t+121=0,\ (t-11)^2=0$$

$t=11$이므로 $x^2-x=11$에서

$$x^2-x-11=0$$

따라서 $x=\dfrac{1\pm\sqrt{(-1)^2+4\times11}}{2}=\dfrac{1\pm\sqrt{45}}{2}=\dfrac{1\pm3\sqrt{5}}{2}$

03 a, b는 1부터 6까지의 수이므로 모든 경우의 수는

$$6\times6=36$$

이차방정식 $x^2+ax+b=0$이 해를 갖기 위해서는

$$a^2-4b\ge0,\ a^2\ge4b$$

이를 만족하는 a, b의 값을 구하면

(i) $a=1$일 때, $1\ge4b$를 만족하는 b는 존재하지 않는다.

(ii) $a=2$일 때, $4\ge4b$를 만족하는 경우는 $b=1$

(iii) $a=3$일 때, $9\ge4b$를 만족하는 경우는 $b=1$, $b=2$

(iv) $a=4$일 때, $16\ge4b$를 만족하는 경우는
$\quad b=1$, $b=2$, $b=3$, $b=4$

(v) $a=5$일 때, $25\ge4b$를 만족하는 경우는
$\quad b=1$, $b=2$, $b=3$, $b=4$, $b=5$, $b=6$

(vi) $a=6$일 때, $36\ge4b$를 만족하는 경우는
$\quad b=1$, $b=2$, $b=3$, $b=4$, $b=5$, $b=6$

따라서 경우의 수는 19가지이므로 이차방정식 $x^2+ax+b=0$이 해를 가질 확률은 $\dfrac{19}{36}$이다.

실수하기 쉬운 부분 짚어보기

이차방정식 $ax^2+bx+c=0$이 해를 가질 조건은 $b^2-4ac\ge0$이다.

04 이차방정식 $x^2+kx+k+1=0$의 근의 개수는

$$k^2-4(k+1)=k^2-4k-4$$

의 부호를 통해 확인할 수 있다.

ㄱ. $k^2-4k-4=0$일 때, 중근을 갖는다. 즉,
$\quad k=2\pm\sqrt{(-2)^2+4}=2\pm2\sqrt{2}$ (거짓)

ㄴ. $k=2-\sqrt{10}$에서
$\quad k-2=-\sqrt{10},\ (k-2)^2=10,\ k^2-4k+4=10$
따라서 $k^2-4k-4=2>0$이므로 서로 다른 두 근을 갖는다.

(참)

ㄷ. $k^2-4k-4=(k-2)^2-8<0$ 즉,

$(k-2)^2<8$

이 되도록 하는 정수 k는 0, 1, 2, 3, 4의 다섯 개이다. (참)

따라서 옳은 것은 ㄴ, ㄷ이다.

05 한 봉투에는 n개의 마스크, 한 상자에는 $n(3n+2)$개의 마스크가 들어가므로 방정식을 세우면

$3n(3n+2)+3n+1=379$

$3n(3n+2)+3n-378=0$, $n(3n+2)+n-126=0$

$3n^2+3n-126=0$, $n^2+n-42=0$

$(n+7)(n-6)=0$

따라서 $n=-7$ 또는 $n=6$

이때 n은 자연수이므로 $n=6$

06 첫 번째 금요일을 n일이라 하면 금요일의 날의 수 네 개는 각각 n일, $(n+7)$일, $(n+14)$일, $(n+21)$일이다.

따라서 방정식을 세우면

$n(n+7)(n+14)(n+21)=19800$

상수항의 합이 같은 것끼리 묶어서 전개하면

$(n^2+21n)(n^2+21n+98)=19800$

$n^2+21n=t$로 놓으면

$t(t+98)=19800$, $t^2+98t=19800$

$t^2+98t-19800=0$, $(t+198)(t-100)=0$

따라서 $t=-198$ 또는 $t=100$

이때 $t=n^2+21n>0$이므로 $t=100$

$t=n^2+21n$을 대입하면

$n^2+21n=100$, $n^2+21n-100=0$

$(n+25)(n-4)=0$

따라서 $n=-25$ 또는 $n=4$

이때 n은 자연수이므로 $n=4$

따라서 첫 번째 금요일의 날짜는 3월 4일이다.

07 주어진 전개도를 이용하여 만든 정사각뿔은 오른쪽 그림과 같다.

피타고라스 정리를 이용하여 정사각뿔의 높이를 구하면

$\sqrt{(x+2)^2-1^2}$

$=\sqrt{(x^2+4x+4)-1}$

$=\sqrt{x^2+4x+3}$

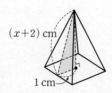

$(x+2)$ cm

1 cm

따라서 주어진 정사각뿔의 부피는

$\dfrac{1}{3}\times 2^2 \times \sqrt{x^2+4x+3}$

이고, 정사각뿔의 부피가 $(4x+4)$ cm³이므로

$\dfrac{4}{3}\times \sqrt{x^2+4x+3}=4x+4$, $\sqrt{x^2+4x+3}=3x+3$

$x^2+4x+3=9x^2+18x+9$, $8x^2+14x+6=0$

$4x^2+7x+3=0$, $(x+1)(4x+3)=0$

따라서 $x=-1$ 또는 $x=-\dfrac{3}{4}$

이때 정사각뿔의 부피 $4x+4$는 양수이므로

$4x+4>0$

$\therefore x>-1$

따라서 $x=-\dfrac{3}{4}$

이 정사각뿔의 겉넓이를 구하면

$2^2+4\times \dfrac{1}{2}\times 2 \times(x+2)=4+4\times\left(-\dfrac{3}{4}+2\right)$

$=4+5=9\,(\text{cm}^2)$

Level 4
본문 92~93쪽

01 $x=\dfrac{-5\pm\sqrt{13}}{2}$

02 $c=\dfrac{3\alpha+\beta}{4}$ 또는 $c=\dfrac{\alpha+3\beta}{4}$

03 -5　**04** $\dfrac{8+\sqrt{70}}{2}$　**05** $1+\sqrt{5}$

06 $8+2\sqrt{6}-2\sqrt{10}$　**07** 80

01 **풀이전략** 잘못 기억한 근의 공식을 이용하여 식을 세워 처음 이차방정식을 구한다.

처음 이차방정식을 $px^2+qx+r=0$이라 하면

근의 공식을 잘못 기억하여 푼 근은

$x=\dfrac{-q\pm\sqrt{q^2-pr}}{p}$

$=-\dfrac{q}{p}\pm\sqrt{\dfrac{q^2-pr}{p^2}}=-\dfrac{q}{p}\pm\sqrt{\dfrac{q^2}{p^2}-\dfrac{r}{p}}$

이 이차방정식의 근이 $-5\pm\sqrt{22}$이므로 $-\dfrac{q}{p}=-5$

$\dfrac{q^2}{p^2}-\dfrac{r}{p}=\left(-\dfrac{q}{p}\right)^2-\dfrac{r}{p}=25-\dfrac{r}{p}=22$에서

$\dfrac{r}{p}=3$

$28t^2+t-2=0,\ (7t+2)(4t-1)=0$

따라서 $t=-\dfrac{2}{7}$ 또는 $t=\dfrac{1}{4}$

이때 $x>y$이므로

$x=\dfrac{1}{4},\ y=-\dfrac{2}{7}$

다른 풀이

$x+y=-\dfrac{1}{28}$이므로 $y=-\dfrac{1}{28}-x$

이를 $xy=-\dfrac{1}{14}$에 대입하면

$x\left(-\dfrac{1}{28}-x\right)=-\dfrac{1}{14},\ x\left(\dfrac{1}{28}+x\right)=\dfrac{1}{14}$

$x(1+28x)=2,\ 28x^2+x-2=0$

$(7x+2)(4x-1)=0$

$x=-\dfrac{2}{7}$ 또는 $x=\dfrac{1}{4}$

따라서 $x=-\dfrac{2}{7},\ y=\dfrac{1}{4}$ 또는 $x=\dfrac{1}{4},\ y=-\dfrac{2}{7}$

이때 $x>y$이므로 $x=\dfrac{1}{4},\ y=-\dfrac{2}{7}$

TIP $x+y=a,\ xy=b$이면 $x,\ y$는 이차방정식 $t^2-at+b=0$의 두 근이다.

07 $x^2=|x|^2$이므로

$|x|x^2-x^2-6|x|=|x|^3-|x|^2-6|x|$
$\qquad\qquad\qquad\quad=|x|(|x|^2-|x|-6)$
$\qquad\qquad\qquad\quad=|x|(|x|+2)(|x|-3)=0$

따라서 $|x|=0$ 또는 $|x|=-2$ 또는 $|x|=3$

$|x|\geq0$이므로 $|x|=0$ 또는 $|x|=3$에서

$x=0$ 또는 $x=\pm3$

08 $x^4-6x^2+1=(x^2-1)^2-\boxed{4x^2}$
$\qquad\qquad\qquad\quad=(x^2-1)^2-(\boxed{2x})^2$
$\qquad\qquad\qquad\quad=(x^2+2x-1)(\boxed{x^2-2x-1})=0$

따라서 $x^2+2x-1=0$ 또는 $\boxed{x^2-2x-1}=0$

(i) $x^2+2x-1=0$을 $(x+p)^2=q$ 꼴로 나타내면

$\boxed{(x+1)^2=2}$이므로 $x=\boxed{-1\pm\sqrt{2}}$

(ii) $\boxed{x^2-2x-1}=0$을 $(x+p)^2=q$ 꼴로 나타내면

$\boxed{(x-1)^2=2}$이므로 $x=\boxed{1\pm\sqrt{2}}$

따라서 $x=\boxed{-1\pm\sqrt{2}}$ 또는 $x=\boxed{1\pm\sqrt{2}}$

그러므로 (가): $4x^2$, (나): $2x$ 또는 $-2x$, (다): x^2-2x-1,

(라): $(x+1)^2=2$, (마): $-1\pm\sqrt{2}$, (바): $(x-1)^2=2$,

(사): $1\pm\sqrt{2}$이다.

Level 4 본문 78~79쪽

01 $-1,\ 0,\ 1$ **02** -2 **03** $2<k\leq\dfrac{5}{2}$ **04** $-\dfrac{5}{16},\ -\dfrac{1}{4}$

05 6 **06** $bx^2+ax+1=0$ **07** 2

08 $x=-4$ 또는 $x=-2$ 또는 $x=1$ 또는 $x=2$

---

01 **풀이전략** 식을 정리한 후, 이차항의 계수가 0이 되지 않도록 하는 정수 k의 값을 구한다.

$(m^2+1)x^2+mx+3=k(mx^2+1)$의 모든 항을 좌변으로 이항하여 정리하면

$(m^2-km+1)x^2+mx+3-k=0$

이때 실수 m의 값에 관계없이 항상 이차방정식이 되기 위해서는 x^2의 계수인 m^2-km+1이 m의 값에 관계없이 항상 0이 아니어야 한다. 즉, m에 대한 이차방정식 $m^2-km+1=0$이 해를 갖지 않는다.

m에 대한 이차방정식을 변형하면

$\left(m-\dfrac{k}{2}\right)^2=\dfrac{k^2}{4}-1$

이므로

$\dfrac{k^2}{4}-1<0,\ k^2<4$

따라서 정수 k에 대하여 $k^2=0$ 또는 $k^2=1$

즉, $k=0$ 또는 $k=\pm1$일 때, 실수 m의 값에 관계없이 항상 이차방정식이 된다.

따라서 구하는 정수 k는 $-1,\ 0,\ 1$이다.

02 **풀이전략** 이차방정식 $f(x)=0,\ g(x)=0$에 대하여 $f(\alpha)=0$이고 $g(\alpha)=0$이면 $f(x)-g(x)=0$에 대하여 $f(\alpha)-g(\alpha)=0$이다.

두 이차방정식 $x^2+ax+2b=0,\ x^2+bx+2a=0$의 공통인 근을 α라 하면

$\alpha^2+a\alpha+2b=0$ ...... ㉠

$\alpha^2+b\alpha+2a=0$ ...... ㉡

㉠과 ㉡을 변끼리 빼면

$(a-b)\alpha+2b-2a=0$

$(a-b)\alpha-2(a-b)=0,\ (a-b)(\alpha-2)=0$

$a\neq b$이므로

$\alpha-2=0,\ \alpha=2$

$\alpha=2$를 ㉠에 대입하면

$4+2a+2b=0$

이므로 $a+b=-2$

03 풀이전략 $\alpha<n<\beta$를 만족시키는 정수 n의 개수가 변하는 k의 값을 구한다.

$2x^2-(k+2)x-6k^2-3k=0$에서
$2x^2-(k+2)x-3k(2k+1)=0$
$(x-2k-1)(2x+3k)=0$

따라서 $x=2k+1$ 또는 $x=-\dfrac{3}{2}k$

이때 $\alpha<\beta$이고, k는 양수이므로

$\alpha=-\dfrac{3}{2}k$, $\beta=2k+1$

이때 $y=-\dfrac{3}{2}k$의 그래프와 $y=2k+1$의 그래프를 그리면 각각의 y의 값은 k의 값에 따른 α, β의 값을 나타낸다.

(i) $k\le2$일 때, [그림 1], [그림 2]에서
$\alpha<n<\beta$를 만족시키는 정수 n은 최대 7개이다.

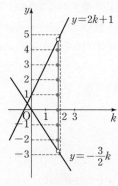

[그림 1]

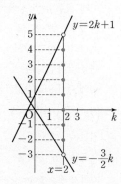

[그림 2]

(ii) $2<k\le\dfrac{5}{2}$일 때, 오른쪽 그림에서 $\alpha<n<\beta$를 만족시키는 정수 n은 9개이다.

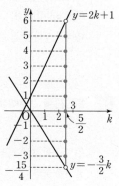

(iii) $k>\dfrac{5}{2}$일 때, 오른쪽 그림과 같이 $\alpha<n<\beta$를 만족시키는 정수 n은 10개 이상이다.

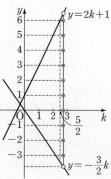

따라서 조건을 만족하는 양수 k의 값의 범위는

$2<k\le\dfrac{5}{2}$

04 풀이전략 점 P가 일차함수 $y=mx-4a$의 그래프 위에 존재하도록 하는 실수 m의 값은 점 P의 좌표를 일차함수의 식에 대입했을 때 나오는 방정식을 참이 되도록 하는 실수 m의 값을 말한다.

점 $P(m, m+1)$이 일차함수 $y=mx-4a$의 그래프 위에 존재하므로 $x=m$, $y=m+1$을 $y=mx-4a$에 대입하면
$m+1=m^2-4a$, $m^2-m-4a-1=0$

(i) 이차방정식 $m^2-m-4a-1=0$이 중근을 갖는 경우
$$\left(\dfrac{-1}{2}\right)^2=-4a-1$$
$$4a=-\dfrac{5}{4} \qquad \therefore a=-\dfrac{5}{16}$$
따라서 $a=-\dfrac{5}{16}$이고, 그때의 해는 $m=\dfrac{1}{2}$ (중근)

(ii) 이차방정식 $m^2-m-4a-1=0$이 서로 다른 두 근을 갖고 두 근 중 한 근이 $m=0$인 경우
$m=0$이 주어진 이차방정식의 해일 때,
$-4a-1=0$, $4a=-1$, $a=-\dfrac{1}{4}$

따라서 $a=-\dfrac{1}{4}$이고, 그때의 해는 $m=0$ 또는 $m=1$

이때 $y=mx-4a$가 일차함수이기 위해서는 $m\ne0$이므로 실수 m의 값은 $m=1$뿐이다.

(i), (ii)에서 구하는 실수 a의 값은 $-\dfrac{5}{16}$, $-\dfrac{1}{4}$이다.

05 풀이전략 주어진 이차방정식의 두 근을 미지수로 놓고 식을 세운다.

$x^2-(2m-3)x+m^2-3m=0$의 두 근을 α, 2α $(\alpha>0)$라 하면 주어진 이차방정식의 좌변은
$$x^2-(2m-3)x+m^2-3m=(x-\alpha)(x-2\alpha)$$
$$=x^2-3\alpha x+2\alpha^2$$
이므로
$-(2m-3)=-3\alpha$ ...... ㉠
$m^2-3m=2\alpha^2$ ...... ㉡

㉠을 변형하면 $\alpha=\dfrac{2m-3}{3}$ ...... ㉢

㉢을 ㉡에 대입하면

$m^2-3m=2\left(\dfrac{2m-3}{3}\right)^2$
$9(m^2-3m)=2(2m-3)^2$
$9m^2-27m=2(4m^2-12m+9)$
$9m^2-27m=8m^2-24m+18$

$m^2-3m-18=0$, $(m+3)(m-6)=0$

따라서 $m=-3$ 또는 $m=6$

이때 $\alpha>0$이므로 ⓒ에서

$\dfrac{2m-3}{3}>0$

$2m>3$ $\therefore m>\dfrac{3}{2}$

따라서 $m=6$

검토하기

$m=6$을 $x^2-(2m-3)x+m^2-3m=0$에 대입한 후 이차방정식의 근을 구해 확인해 보면

$x^2-9x+18=(x-3)(x-6)=0$

따라서 $x=3$ 또는 $x=6$

함정 피하기

α의 범위가 제한되어 있고 α를 m에 대한 식으로 표현하면 m의 값의 범위 역시 제한된다. 따라서 값을 구한 후 다시 처음 이차방정식에 대입하여 확인해 보도록 한다.

06 **풀이전략** $\dfrac{1}{\alpha}$, $\dfrac{1}{\beta}$을 두 근으로 하고 상수항이 1인 이차방정식을 인수분해를 이용하여 표현해 본다.

$x^2+ax+b=0$ $(b\neq0)$의 두 근이 α, β이므로

$\alpha+\beta=-a$, $\alpha\beta=b$

이때 $\dfrac{1}{\alpha}$, $\dfrac{1}{\beta}$을 두 근으로 하고 상수항이 1인 이차방정식은

$\alpha\beta\left(x-\dfrac{1}{\alpha}\right)\left(x-\dfrac{1}{\beta}\right)=0$

이 식의 좌변을 전개하여 정리하면

$\alpha\beta\left\{x^2-\left(\dfrac{1}{\alpha}+\dfrac{1}{\beta}\right)x+\dfrac{1}{\alpha\beta}\right\}=0$

$\alpha\beta x^2-\alpha\beta\left(\dfrac{1}{\alpha}+\dfrac{1}{\beta}\right)x+1=0$

$\alpha\beta x^2-(\alpha+\beta)x+1=0$

따라서 구하는 이차방정식은

$bx^2+ax+1=0$

다른 풀이

$x^2+ax+b=0$ $(b\neq0)$의 두 근이 α, β이므로

$\alpha^2+a\alpha+b=0$, $\beta^2+a\beta+b=0$

또한 $b=\alpha\beta\neq0$이므로 이 식의 양변을 각각 α^2, β^2으로 나누면

$1+\dfrac{a}{\alpha}+\dfrac{b}{\alpha^2}=0$, $1+\dfrac{a}{\beta}+\dfrac{b}{\beta^2}=0$

따라서 $\dfrac{1}{\alpha}$, $\dfrac{1}{\beta}$은 이차방정식은 $1+ax+bx^2=0$의 두 근이다.

07 **풀이전략** 주어진 방정식을 만족하는 x와 y의 값의 범위를 구한다.

$[x]^2+[x]-6=0$이므로

$([x]+3)([x]-2)=0$

$[x]=-3$ 또는 $[x]=2$

따라서 $-3\leq x<-2$ 또는 $2\leq x<3$

또, $2[y]^2-9[y]-5=0$이므로

$([y]-5)(2[y]+1)=0$

$[y]=5$ 또는 $[y]=-\dfrac{1}{2}$

이때 $[y]$는 정수이므로 $[y]=5$에서

$5\leq y<6$

따라서 $x+y$의 최솟값은 $x=-3$, $y=5$일 때 2이다.

08 **풀이전략** $x^2+\dfrac{16}{x^2}=\left(x-\dfrac{4}{x}\right)^2+8$임을 이용하여 $x-\dfrac{4}{x}=t$에 대한 이차방정식으로 변형한다.

$x-\dfrac{4}{x}=t$로 치환하면

$x^2+\dfrac{16}{x^2}=\left(x-\dfrac{4}{x}\right)^2+8=t^2+8$

이므로

$x^2+\dfrac{16}{x^2}+3\left(x-\dfrac{4}{x}\right)-8=(t^2+8)+3t-8$

$\qquad\qquad\qquad\qquad\quad =t^2+3t$

$\qquad\qquad\qquad\qquad\quad =t(t+3)=0$

따라서 $t=0$ 또는 $t=-3$

(i) $t=0$일 때,

$\quad x-\dfrac{4}{x}=0$이므로 $x=\dfrac{4}{x}$

$\quad$ 양변에 x $(x\neq0)$를 곱하면 $x^2=4$

$\quad$ 따라서 $x=2$ 또는 $x=-2$

(ii) $t=-3$일 때,

$\quad x-\dfrac{4}{x}=-3$

$\quad$ 양변에 x $(x\neq0)$를 곱하면

$\quad x^2-4=-3x$, $x^2+3x-4=0$

$\quad (x+4)(x-1)=0$

$\quad$ 따라서 $x=-4$ 또는 $x=1$

(i), (ii)에서

$x=-4$ 또는 $x=-2$ 또는 $x=1$ 또는 $x=2$

Ⅲ. 이차방정식

6 이차방정식의 근의 공식과 활용

01 49　　**02** $\sqrt{41}$

03 (가): $\dfrac{b'}{a}$, (나): b'^2-ac, (다): $\dfrac{\sqrt{b'^2-ac}}{a}$, (라): $\dfrac{-b'\pm\sqrt{b'^2-ac}}{a}$

04 $x=\dfrac{7\pm\sqrt{37}}{6}$　**05** ⑤　**06** $\dfrac{-5+\sqrt{53}}{2}$　**07** -5

08 ②, ③　　**09** 10, 11, 12　　**10** ②　　**11** $\left(\dfrac{3}{2},\ 1\right)$

12 $\dfrac{14}{3}$　**13** ②　**14** 1초 후　　**15** ④　**16** 8

---

01 근의 공식을 이용하여 이차방정식 $4x^2+3x-2=0$의 해를 구하면

$$x=\frac{-3\pm\sqrt{3^2+32}}{8}=\frac{-3\pm\sqrt{41}}{8}$$

이것이 $x=\dfrac{-3\pm\sqrt{b}}{a}$와 같아야 하고, a, b가 유리수이므로

$a=8$, $b=41$

따라서 $a+b=49$

02 근의 공식을 이용하여 이차방정식 $x^2-7x+2=0$의 해를 구하면

$$x=\frac{7\pm\sqrt{7^2-4\times2}}{2}=\frac{7\pm\sqrt{41}}{2}$$

따라서 $m=\dfrac{7+\sqrt{41}}{2}$이므로

$2m-7=\sqrt{41}$

03 근의 공식에서 일차항의 계수가 짝수인 경우를 제곱근을 사용하여 유도하는 과정이다.

이차방정식 $ax^2+2b'x+c=0$ $(b'^2-ac\geq0)$의 양변을 a로 나누고 상수항을 우변으로 이항하면

$$x^2+\frac{2b'}{a}x=-\frac{c}{a}$$

이 식의 양변에 $\left(\boxed{\dfrac{b'}{a}}\right)^2$을 더하면

$$x^2+\frac{2b'}{a}x+\left(\boxed{\frac{b'}{a}}\right)^2=-\frac{c}{a}+\left(\boxed{\frac{b'}{a}}\right)^2$$

좌변을 인수분해하면 $\left(x+\boxed{\dfrac{b'}{a}}\right)^2=\boxed{\dfrac{b'^2-ac}{a^2}}$

따라서 $x+\boxed{\dfrac{b'}{a}}=\pm\boxed{\dfrac{\sqrt{b'^2-ac}}{a}}$이므로

$$x=\boxed{\frac{-b'\pm\sqrt{b'^2-ac}}{a}}$$

그러므로 (가): $\dfrac{b'}{a}$, (나): b'^2-ac, (다): $\dfrac{\sqrt{b'^2-ac}}{a}$,

(라): $\dfrac{-b'\pm\sqrt{b'^2-ac}}{a}$이다.

04 주어진 이차방정식의 양변에 2를 곱하면

$(x+1)(x-2)=2(x+1)^2+2(x-3)^2-21$

전개하면

$x^2-x-2=2(x^2+2x+1)+2(x^2-6x+9)-21$

$x^2-x-2=4x^2-8x-1$

$3x^2-7x+1=0$

근의 공식을 이용하여 해를 구하면

$$x=\frac{7\pm\sqrt{49-4\times3}}{6}=\frac{7\pm\sqrt{37}}{6}$$

05 $x-y=A$로 놓으면

$$\begin{aligned}(x-y)^2-4x+4y-5&=(x-y)^2-4(x-y)-5\\&=A^2-4A-5\\&=(A-5)(A+1)=0\end{aligned}$$

$\therefore\ A=5$ 또는 $A=-1$

$$\begin{aligned}2(x-y)^2+x-y-1&=2(x-y)^2+(x-y)-1\\&=2A^2+A-1\\&=(2A-1)(A+1)\neq0\end{aligned}$$

이므로 $A\neq\dfrac{1}{2}$이고 $A\neq-1$

따라서 $A=x-y=5$

06 $x^2-2mx-5m+7=0$이 중근을 가지므로

$(-2m)^2-4(-5m+7)=0$

$4m^2-4(-5m+7)=0$, $m^2+5m-7=0$

근의 공식을 이용하여 해를 구하면

$$m=\frac{-5\pm\sqrt{5^2-4\times(-7)}}{2}=\frac{-5\pm\sqrt{53}}{2}$$

이때 $7<\sqrt{53}<8$이고, m은 양수이므로

$$m=\frac{-5+\sqrt{53}}{2}$$

따라서 $q=5p$, $r=3p$

이것을 $px^2+qx+r=0$에 대입하면

$px^2+5px+3p=p(x^2+5x+3)=0$

이므로 $px^2+qx+r=0$의 근은 $x^2+5x+3=0$의 근과 같다.

따라서 근의 공식을 사용하여 $x^2+5x+3=0$을 풀면

$$x=\frac{-5\pm\sqrt{5^2-4\times3}}{2}=\frac{-5\pm\sqrt{13}}{2}$$

다른 풀이

처음 이차방정식을 $px^2+qx+r=0$이라 하면 근의 공식을 잘 못 기억하여 푼 근은

$$x=\frac{-q\pm\sqrt{q^2-pr}}{p}$$

$$=-\frac{q}{p}\pm\sqrt{\frac{q^2-pr}{p^2}}=-\frac{q}{p}\pm\sqrt{\frac{q^2}{p^2}-\frac{r}{p}}$$

이 이차방정식의 근이 $-5\pm\sqrt{22}$이므로

$$-\frac{q}{p}=-5,$$

$$\frac{q^2}{p^2}-\frac{r}{p}=\left(-\frac{q}{p}\right)^2-\frac{r}{p}=25-\frac{r}{p}=22$$에서

$$\frac{r}{p}=3$$

근의 공식을 올바로 사용하여 푼 근은

$$x=\frac{-q\pm\sqrt{q^2-4pr}}{2p}$$

$$=-\frac{q}{2p}\pm\sqrt{\frac{q^2-4pr}{4p^2}}$$

$$=-\frac{q}{2p}\pm\sqrt{\frac{q^2}{4p^2}-\frac{r}{p}}$$

$$=\frac{1}{2}\times\left(-\frac{q}{p}\right)\pm\sqrt{\frac{1}{4}\times\left(-\frac{q}{p}\right)^2-\frac{r}{p}}$$

$$=-\frac{5}{2}\pm\sqrt{\frac{25}{4}-3}=-\frac{5}{2}\pm\sqrt{\frac{13}{4}}=-\frac{5}{2}\pm\frac{\sqrt{13}}{2}$$

$$=\frac{-5\pm\sqrt{13}}{2}$$

02 **풀이전략** $x=\frac{\alpha+\beta}{2}$를 대입한 후 c에 대한 이차방정식을 푼다.

이차방정식 $-(x-\alpha)(x-\beta)=4(x-c)^2$에 $x=\frac{\alpha+\beta}{2}$를 대입하면

$$-\left(\frac{\alpha+\beta}{2}-\alpha\right)\left(\frac{\alpha+\beta}{2}-\beta\right)=4\left(\frac{\alpha+\beta}{2}-c\right)^2$$

$$-\left(\frac{-\alpha+\beta}{2}\right)\left(\frac{\alpha-\beta}{2}\right)=4\left(\frac{\alpha+\beta}{2}-c\right)^2$$

$$\frac{(\alpha-\beta)^2}{4}=4\left(\frac{\alpha+\beta}{2}-c\right)^2$$

$$\left(c-\frac{\alpha+\beta}{2}\right)^2=\frac{(\alpha-\beta)^2}{16}$$

$$c-\frac{\alpha+\beta}{2}=\frac{\alpha-\beta}{4}\ \text{또는}\ c-\frac{\alpha+\beta}{2}=-\frac{\alpha-\beta}{4}$$

따라서 $c=\frac{\alpha+\beta}{2}+\frac{\alpha-\beta}{4}=\frac{3\alpha+\beta}{4}$

또는 $c=\frac{\alpha+\beta}{2}-\frac{\alpha-\beta}{4}=\frac{\alpha+3\beta}{4}$

함정 피하기

문자가 여러 개인 경우 어떤 미지수에 대한 이차방정식인지 주의한다.

03 **풀이전략** 이차방정식 $ax^2+bx+c=0$이 해를 갖지 않을 조건이 $b^2-4ac<0$이므로 해를 가질 조건은 $b^2-4ac\geq0$이다.

이차방정식 $5x^2+cx+c+k=0$이 해를 갖기 위해서는

$c^2-4\times5\times(c+k)\geq0$, $c^2-20c-20k\geq0$

이때 $c^2-20c-20k=(c-10)^2-100-20k$에서

$(c-10)^2\geq0$이므로

$(c-10)^2-100-20k\geq-100-20k$

실수 c의 값에 관계없이 항상 $c^2-20c-20k\geq0$이기 위해서는

$c^2-20c-20k$의 최솟값인 $-100-20k$가 0 이상이어야 한다.

즉,

$-100-20k\geq0$, $-100\geq20k$

$\therefore\ k\leq-5$

따라서 상수 k의 최댓값은 -5이다.

함정 피하기

실수의 제곱은 항상 0 이상이므로 주어진 식을 (완전제곱식)+(상수)의 꼴로 나타내면 그 식의 최솟값을 구할 수 있다.

04 **풀이전략** 무리수의 소수 부분은 0보다 크고 1보다 작음을 이용한다.

b는 a의 소수 부분이므로

$0<b<1$, $0<b^2<1$

$a^2+b^2=67$에서 $a^2=67-b^2$이므로

$66<a^2<67$, $\sqrt{66}<a<\sqrt{67}$

따라서 $8<a<9$이므로 a의 정수 부분은 8, $b=a-8$이다.

이를 $a^2+b^2=67$에 대입하면

$a^2+(a-8)^2=67$

$a^2+a^2-16a+64=67$

$2a^2-16a-3=0$

일차항의 계수가 짝수일 때의 근의 공식을 이용하면

$$a = \frac{8 \pm \sqrt{(-8)^2 - 2 \times (-3)}}{2}$$

$$= \frac{8 \pm \sqrt{70}}{2}$$

이때 $a > 0$이므로 $a = \dfrac{8 + \sqrt{70}}{2}$

05 풀이전략 정오각형의 한 내각의 크기는 $108°$이며, 각의 크기를 구해 보면 그림과 같이 꼭지각의 크기가 $108°$인 이등변삼각형과 꼭지각의 크기가 $36°$인 이등변삼각형이 존재하는 것을 이용한다.

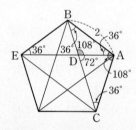

정오각형의 한 내각의 크기는 $108°$이므로 $\triangle ABC$는 꼭지각 A의 크기가 $108°$인 이등변삼각형이며, 두 밑각의 크기는 $36°$이다.

같은 방법으로 하면 $\triangle BEA$에서

$\angle BEA = \angle BAE = 36°$

따라서 $\triangle BDA$도 두 밑각의 크기는 $36°$인 이등변삼각형이므로

$\angle BDA = 108°$

따라서 $\triangle ABC \backsim \triangle DAB$ (AA 닮음)

또한 $\triangle CAD$에서 $\angle ADC = 180° - 108° = 72°$이고,

$\angle DAC = 108° - 36° = 72°$이므로

$\triangle CAD$는 $\overline{CA} = \overline{CD}$인 이등변삼각형이다.

$\therefore \overline{CA} = \overline{CD} = 2$

정오각형의 대각선의 길이를 x라 하면

$\overline{BC} = x$, $\overline{BD} = \overline{BC} - \overline{DC} = x - 2$

이때 $\triangle ABC$와 $\triangle DAB$에서

$\overline{AC} : \overline{DB} = \overline{BC} : \overline{AB}$

즉, $2 : (x-2) = x : 2$이므로

$x(x-2) = 4$, $x^2 - 2x - 4 = 0$

근의 공식을 이용하여 이차방정식을 풀면

$x = 1 \pm \sqrt{(-1)^2 - 1 \times (-4)}$

$= 1 \pm \sqrt{5}$

이때 $x > 0$이므로 $x = 1 + \sqrt{5}$

따라서 정오각형의 대각선의 길이는 $1 + \sqrt{5}$이다.

06 풀이전략 점 P와 점 Q가 각각 변 AD, AB 위에 있을 때와 변 DC, BC 위에 있을 때를 나누어 생각한다.

t초 후 두 점 P, Q의 위치를 다음과 같이 나누어 생각할 수 있다.

(i) 점 P와 점 Q가 각각 $\overline{AD}$, $\overline{AB}$ 위에 있을 때 즉, $0 \le t < 8$일 때,

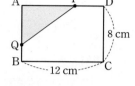

$\overline{AP} = 1.5t \, (\text{cm})$,

$\overline{AQ} = t \, (\text{cm})$이므로

$\triangle APQ = \dfrac{1}{2} \times 1.5t \times t = \dfrac{3}{4} t^2 \, (\text{cm}^2)$

$\triangle APQ$의 넓이가 $30 \, \text{cm}^2$이므로

$\dfrac{3}{4} t^2 = 30$에서 $t^2 = 40$

따라서 $t = \pm \sqrt{40} = \pm 2\sqrt{10}$

이때 $t > 0$이므로 $t = 2\sqrt{10}$

(ii) 점 P와 점 Q가 각각 $\overline{DC}$, $\overline{BC}$ 위에 있을 때 즉, $8 \le t < \dfrac{40}{3}$일 때,

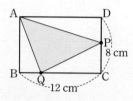

$\overline{BQ} = t - 8 \, (\text{cm})$,

$\overline{DP} = 1.5t - 12 \, (\text{cm})$이므로

$\triangle APQ = 12 \times 8 - \triangle ABQ - \triangle PQC - \triangle APD$

$= 96 - \dfrac{1}{2} \times 8 \times (t-8)$

$\quad - \dfrac{1}{2} \times \{12 - (t-8)\}\{8 - (1.5t - 12)\}$

$\quad - \dfrac{1}{2} \times 12 \times (1.5t - 12)$

$= 12t - \dfrac{3}{4} t^2$

$\triangle APQ$의 넓이가 $30 \, \text{cm}^2$이므로

$12t - \dfrac{3}{4} t^2 = 30$

$3t^2 - 48t + 120 = 0$, $t^2 - 16t + 40 = 0$

따라서

$t = 8 \pm \sqrt{(-8)^2 - 40} = 8 \pm 2\sqrt{6}$

이때 $8 \le t < \dfrac{40}{3}$이므로 $8 - 2\sqrt{6}$은 해가 될 수 없고,

$\dfrac{40}{3} - (8 + 2\sqrt{6}) = \dfrac{16 - 6\sqrt{6}}{3} = \dfrac{\sqrt{256} - \sqrt{216}}{3} > 0$이므로

$8 < 8 + 2\sqrt{6} < \dfrac{40}{3}$

따라서 $t = 8 + 2\sqrt{6}$이다.

(iii) 점 P가 점 C에 도착하고 점 Q가 변 BC 위에 있을 때 즉, $\dfrac{40}{3} \le t \le 20$일 때,

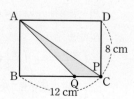

$\overline{BQ} = t - 8 \, (\text{cm})$이므로

$$\triangle APQ = \frac{1}{2} \times \{12-(t-8)\} \times 8$$
$$= 4(20-t)$$
$$= 80-4t$$

$\triangle APQ$의 넓이가 $30\ \mathrm{cm^2}$이므로

$80-4t=30$에서 $t=\dfrac{25}{2}$

그러나 $\dfrac{25}{2} < \dfrac{40}{3}$이므로 해가 존재하지 않는다.

(ⅰ)~(ⅲ)에서 $a<b$이므로

$a=2\sqrt{10}$, $b=8+2\sqrt{6}$

따라서 $b-a=8+2\sqrt{6}-2\sqrt{10}$

---

07 **풀이전략** 커피 원액의 양을 기준으로 식을 세운다.

처음 따라낸 후 물을 채웠을 때의 용액을 A라 하면 용액 A는 커피 원액 $(300-x)\ \mathrm{mL}$와 물 $x\ \mathrm{mL}$로 구성되어 있다.

용액 A에서 $(x-20)\ \mathrm{mL}$만큼 더 따라냈을 때, 용액 A의 커피 농도와 더 따라낸 용액의 커피 농도가 같으므로 $(x-20)\ \mathrm{mL}$ 안의 커피 원액의 양을 $y\ \mathrm{mL}$라 하고, 비례식을 이용하여 구해 보면

$$300 : (300-x) = (x-20) : y$$
$$y = \frac{(300-x)(x-20)}{300}$$

따라서 따라내고 다시 물로 채운 용액을 B라 하면 B 속의 커피 원액은

$$300-x-y = 300-x-\frac{(300-x)(x-20)}{300}$$

이때 용액 B의 커피 원액과 물의 비가 $44:31$이므로 용액 B 속의 커피 원액은

$$300 \times \frac{44}{44+31} = 176$$

따라서 방정식을 세우면

$$300-x-\frac{(300-x)(x-20)}{300} = 176$$
$$\frac{(x-300)(x-20)}{300} = x-124$$
$$x^2-320x+300\times20 = 300x-300\times124$$
$$x^2-620x+300\times144 = 0$$
$$x^2-620x+43200 = 0$$
$$(x-80)(x-540) = 0$$

따라서 $x=80$ 또는 $x=540$

이때 $x<300$이므로 $x=80$

실수하기 쉬운 부분 짚어보기
용액에서 일부를 덜어냈을 때, 용액의 농도와 덜어낸 용액의 농도는 같다.

---

01 -1 **02** $\dfrac{1}{36}$ **03** $x=5$ 또는 $x=\dfrac{3}{2}$

04 $x=\dfrac{3}{2}$ 또는 $x=-\dfrac{4}{3}$ **05** 1 **06** $-1-\dfrac{\sqrt{15}}{2}$ **07** 10명

08 $\dfrac{3+\sqrt{21}}{2}$

---

01 $(a+1)x^2-2a^2x-4a=0$에 $x=2$를 대입하면

$4(a+1)-4a^2-4a=0$, $a+1-a^2-a=0$

$a^2-1=0$, $(a+1)(a-1)=0$

따라서 $a=1$ 또는 $a=-1$

이때 $a+1\neq0$이므로 $a=1$

따라서 주어진 이차방정식은

$2x^2-2x-4=0$

$x^2-x-2=0$, $(x-2)(x+1)=0$

따라서 $x=2$ 또는 $x=-1$이므로 나머지 한 근은 -1이다.

02 1부터 9까지의 카드 중 두 장의 카드를 차례로 뽑는 모든 경우의 수는 $9\times8=72$ (가지)

$x^2+ax+b=0$이 중근을 갖기 위해서는 $a^2-4b=0$

즉, $a^2=4b$

1부터 9까지의 자연수 중 이를 만족하는 순서쌍 (a, b)를 구하면

$(2, 1)$, $(4, 4)$, $(6, 9)$

의 세 가지이다. 이때 뽑은 카드는 다시 넣지 않으므로 $a\neq b$에서 $(4, 4)$는 불가능한 경우이다.

따라서 카드 2장을 차례로 뽑았을 때, 이차방정식 $x^2+ax+b=0$이 중근을 가질 경우의 수는 2가지이므로 중근을 가질 확률은

$$\frac{2}{72} = \frac{1}{36}$$

03 두 이차방정식 $f(x)=0$, $g(x)=0$이 각각 5와 6, -3과 5를 근으로 가지므로

$f(x)=(x-5)(x-6)$, $g(x)=(x+3)(x-5)$

$f(x)+g(x)=0$에 대입하면

$(x-5)(x-6)+(x+3)(x-5)=0$

$(x-5)(2x-3)=0$

따라서 이차방정식 $(x-5)(2x-3)=0$을 풀면

$x=5$ 또는 $x=\dfrac{3}{2}$

04 서준이가 상수항을 잘못 본 식은

$$a(x-1)\left(x+\frac{5}{6}\right)=ax^2-\frac{1}{6}ax-\frac{5}{6}a=0$$

이고, 일차항의 계수는 옳게 보았으므로

$$b=-\frac{1}{6}a$$

또, 예준이가 일차항의 계수를 잘못 본 식은

$$a(x-1)(x+2)=ax^2+ax-2a=0$$

이고, 상수항은 옳게 보았으므로

$$c=-2a$$

이것을 이차방정식 $ax^2+bx+c=0$에 대입하면

$$ax^2-\frac{1}{6}ax-2a=0$$

$$\frac{1}{6}a(6x^2-x-12)=0$$

이때 $6x^2-x-12=(2x-3)(3x+4)=0$이므로 올바른 근은

$$x=\frac{3}{2} \text{ 또는 } x=-\frac{4}{3}$$

05 $\dfrac{(2x-3)(5x+3)}{4}=x^2-1.5x+0.75$의 양변에 4를 곱하면

$$(2x-3)(5x+3)=4x^2-6x+3$$

$$10x^2-9x-9=4x^2-6x+3$$

$$6x^2-3x-12=0, \ 2x^2-x-4=0$$

근의 공식을 이용하여 해를 구하면

$$x=\frac{1\pm\sqrt{1-4\times2\times(-4)}}{4}=\frac{1\pm\sqrt{33}}{4}$$

이때 $5<\sqrt{33}<6$, $\dfrac{3}{2}<\dfrac{1+\sqrt{33}}{4}<\dfrac{7}{4}$이므로

$\dfrac{1-\sqrt{33}}{4}$과 $\dfrac{1+\sqrt{33}}{4}$ 사이에 있는 정수 중 가장 큰 정수는 1이다.

06 이차방정식 $x^2+(2k+1)x+3-k=0$이 중근을 갖기 위해서는

$$(2k+1)^2-4(3-k)=0, \ 4k^2+8k-11=0$$

일차항의 계수가 짝수일 때의 근의 공식을 이용하면

$$k=\frac{-4\pm\sqrt{4^2-4\times(-11)}}{4}=\frac{-4\pm\sqrt{60}}{4}$$

$$=\frac{-2\pm\sqrt{15}}{2}$$

한편, 중근이 양수이기 위해서는 양수 α에 대하여

$$(x-\alpha)^2=x^2-2\alpha x+\alpha^2=0$$

꼴이어야 하므로 일차항의 계수가 음수, 상수항이 양수이어야 한다.

일차항의 계수에서

$$2k+1<0 \quad \therefore k<-\frac{1}{2} \quad \cdots\cdots \ \bigcirc$$

상수항에서

$$3-k>0 \quad \therefore k<3 \quad \cdots\cdots \ \bigcirc$$

$\bigcirc$, $\bigcirc$에서 $k<-\dfrac{1}{2}$

따라서 양수인 중근을 갖도록 하는 k의 값은

$$\frac{-2-\sqrt{15}}{2}=-1-\frac{\sqrt{15}}{2}\text{이다.}$$

07 n명이 서로 악수를 한 횟수는 $\dfrac{n(n-1)}{2}$이다.

따라서 $\dfrac{n(n-1)}{2}=45$를 풀면

$$n^2-n=90, \ n^2-n-90=0$$

$$(n-10)(n+9)=0$$

따라서 $n=10$ 또는 $n=-9$

이때 n은 자연수이므로 $n=10$

08 처음 준비한 주스 속 주스 원액은 3 L이고, 주스의 총량은 x L이다.
준비한 주스에 x L의 주스 원액과 1 L의 물을 더 부었을 때, 이 용액 속의 주스 원액은 $(x+3)$L이고, 주스의 총량은

$$x+(x+1)=2x+1\,(\text{L})$$

이 주스와 처음 만든 주스의 농도가 같으므로

$$3:x=(x+3):(2x+1)$$

$$x(x+3)=3(2x+1), \ x^2+3x=6x+3$$

$$x^2-3x-3=0$$

근의 공식을 이용하여 해를 구하면

$$x=\frac{3\pm\sqrt{(-3)^2-4\times1\times(-3)}}{2}=\frac{3\pm\sqrt{21}}{2}$$

이때 처음 만든 주스의 총량은 주스 원액의 양인 3 L보다 많으므로 $x>3$

따라서 $x=\dfrac{3+\sqrt{21}}{2}$

실수하기 쉬운 부분 짚어보기

준비한 주스에 x L의 주스 원액과 1 L의 물을 더 부으면 주스의 총량은 $(x+1)$L만큼 증가한다.

다른 풀이

처음 준비한 주스의 농도와 새로 만든 주스의 농도가 같으므로 처음 준비한 주스와 추가한 주스의 농도가 같다. 이 사실을 이용해 다음과 같은 식을 세울 수 있다.
주스 원액이 3 L이고 주스의 총량이 x L인 처음 준비한 주스와 주스 원액이 x L이고 주스의 총량이 $(x+1)$L인 주스의 농도가 같으므로

$$3:x=x:(x+1)$$

$$x^2=3(x+1), \ x^2-3x-3=0$$

IV. 이차함수

7 이차함수와 그 그래프

본문 98~101쪽

Level 1

01 ①, ④   **02** ③   **03** $\dfrac{5}{2}$ **04** ③   **05** ①   **06** $\dfrac{3}{2}$ **07** ③

08 ⑤   **09** ③, ⑤   **10** 18   **11** 5   **12** 7   **13** (2, 2)

14 6   **15** ⑤   **16** 3

---

01 ① $y=\sqrt{x^2}=|x|$이므로 y는 x에 대한 이차함수가 아니다.

② 대각선의 길이가 x인 정사각형의 한 변의 길이는 $\dfrac{\sqrt{2}}{2}x$이므로 넓이는

$$y=\frac{1}{2}x^2$$

따라서 y는 x에 대한 이차함수이다.

③ $y=x\times 2x=2x^2$이므로 y는 x에 대한 이차함수이다.

④ $y=\dfrac{\sqrt{3}}{4}(x+2)^2-\dfrac{\sqrt{3}}{4}x^2$에서 식을 정리하면

$$y=\sqrt{3}(x+1)$$

이므로 y는 x에 대한 이차함수가 아니다.

⑤ $y=x^2\times\pi\times 5=5\pi x^2$이므로 y는 x에 대한 이차함수이다.

따라서 이차함수가 아닌 것은 ①, ④이다.

02 $y=(2a-3)x^2-2x+x^2$

$\quad =(2a-2)x^2-2x$

이므로 y가 x에 대한 이차함수가 되려면

$2a-2\neq 0$

따라서 $a\neq 1$이어야 한다.

03 $f(x)=x^2-ax+b$에서 $f(-1)=4$이므로

$f(-1)=(-1)^2-a\times(-1)+b$

$\qquad =1+a+b=4$

$\therefore a+b=3$

또한, $f(3)=6$이므로

$f(3)=3^2-a\times 3+b$

$\qquad =9-3a+b=6$

$\therefore 3a-b=3$

연립방정식 $\begin{cases} a+b=3 \\ 3a-b=3 \end{cases}$ 을 풀면 $a=b=\dfrac{3}{2}$

따라서 $f(x)=x^2-\dfrac{3}{2}x+\dfrac{3}{2}$이므로

$$f(2)=2^2-\frac{3}{2}\times 2+\frac{3}{2}=\frac{5}{2}$$

04 ① 이차함수 $y=-2x^2$에 $x=-1$을 대입하면 $y=-2$이므로 점 $(-1, -2)$를 지난다.

② 위로 볼록한 포물선이다.

③ 이차함수 $y=ax^2$의 그래프는 $|a|$의 값이 클수록 폭이 좁으므로 이차함수 $y=x^2$의 그래프보다 폭이 좁다.

④ $x<0$일 때 x의 값이 증가하면 y의 값도 증가하고, $x>0$일 때 x의 값이 증가하면 y의 값이 감소한다.

⑤ $x=0$이면 $y=0$이므로 이차함수 $y=-2x^2$의 그래프는 모든 실수 x에 대하여 $y\leq 0$이다.

따라서 옳은 것은 ③이다.

05 그래프의 폭이 가장 좁은 이차함수를 찾기 위해 x^2의 계수의 절댓값을 구하면

① $|-5|=5$ ② $\dfrac{5}{6}$ ③ $\dfrac{\sqrt{50}}{2}$

④ $\dfrac{1}{5}$ ⑤ $|-3|=3$

따라서 이차항의 계수의 절댓값이 가장 큰 것은 $y=-5x^2$이므로 그래프의 폭이 가장 좁은 것은 ①이다.

> **실수하기 쉬운 부분 짚어보기**
>
> 이차함수 $y=ax^2$의 그래프는 $|a|$의 값이 클수록 폭이 좁아진다.

06 그래프가 원점을 지나고 대칭축이 y축인 이차함수의 식은 $y=ax^2$으로 놓을 수 있다.

이 그래프가 점 $(3, -12)$를 지나므로 $y=ax^2$에 $x=3$, $y=-12$를 대입하면

$-12=a\times 3^2$

따라서 $a=-\dfrac{12}{9}=-\dfrac{4}{3}$

이차함수 $y=-\dfrac{4}{3}x^2$의 그래프가 점 $(k, -3)$을 지나므로 $x=k$, $y=-3$을 대입하면

$-3=-\dfrac{4}{3}k^2$, $k^2=\dfrac{9}{4}$

이때 k는 양수이므로

$$k=\frac{3}{2}$$

07 원점을 꼭짓점으로 하는 이차함수의 식은 $y=ax^2$으로 놓을 수 있다.

이 그래프가 점 $(-\sqrt{3}, -1)$을 지나므로 $y=ax^2$에

$x=-\sqrt{3}$, $y=-1$을 대입하면

$-1=3a$ $\therefore a=-\dfrac{1}{3}$

이차함수 $y=-\dfrac{1}{3}x^2$의 그래프와 x축에 대하여 대칭인 포물선은

$y=\dfrac{1}{3}x^2$

따라서 주어진 점 중 이 그래프가 지나지 않는 점은

③ $\left(\dfrac{3}{2}, -\dfrac{3}{4}\right)$이다.

08 ① 꼭짓점의 좌표는 $(0, q)$이다.

② $a>0$, $q<0$이면 그래프가 모든 사분면을 지나지만, $a<0$, $q<0$이면 그래프가 제3, 4사분면만을 지난다.

③ 축의 방정식은 $x=0$이다.

④ 이차함수 $y=ax^2+q$의 그래프는 이차함수 $y=ax^2$의 그래프를 y축의 방향으로 q만큼 평행이동한 것이다.

⑤ 두 이차함수 $y=ax^2+q$, $y=-ax^2-q$의 그래프는 x축에 대하여 대칭이다.

따라서 옳은 것은 ⑤이다.

09 그래프를 평행이동하여도 그래프의 모양과 폭은 변하지 않으므로 x^2의 계수가 같은 그래프는 서로 그래프의 모양이 같다.

따라서 x^2의 계수가 $-\dfrac{3}{2}$인 것을 찾으면

③ $y=-\dfrac{3}{2}\left(x-\dfrac{2}{3}\right)^2$

⑤ $y=-\dfrac{1}{2}(x+1)^2-x^2=-\dfrac{3}{2}x^2-x-\dfrac{1}{2}$

이다.

> **함정 피하기**
>
> 그래프를 평행이동해도 그래프의 모양과 폭은 변하지 않으므로 x^2의 계수도 변하지 않는다.

10 이차함수 $y=\dfrac{1}{4}x^2+3$의 그래프의

꼭짓점의 좌표는 A$(0, 3)$이므로

$\triangle$AOP의 밑변의 길이는 3이다.

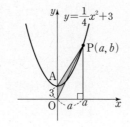

$\triangle$AOP의 높이는 a이므로 $\triangle$AOP의 넓이는

$\triangle$AOP$=\dfrac{1}{2}\times3\times a=9$

$\therefore a=6$

이때 그래프가 점 P$(6, b)$를 지나므로

$b=\dfrac{1}{4}\times6^2+3=12$

따라서 $a+b=6+12=18$

11 이차함수 $y=2(x+1)^2-2$의 그래프를 x축의 방향으로 m만큼, y축의 방향으로 n만큼 평행이동하면

$y=2(x-m+1)^2-2+n$

이것이 $y=2(x-1)^2+1$과 같아야 하므로

$m=2$, $n=3$

따라서 $m+n=2+3=5$

> **다른 풀이**

그래프를 평행이동해도 그래프의 모양과 폭은 변하지 않으므로 이차함수의 그래프의 꼭짓점만 평행이동시켜도 문제를 풀 수 있다.

이차함수 $y=2(x+1)^2-2$의 그래프의 꼭짓점의 좌표는 $(-1, -2)$이므로 점 $(-1, -2)$를 x축의 방향으로 m만큼, y축의 방향으로 n만큼 평행이동하면

$(-1, -2) \xrightarrow[\substack{y축의 방향으로 \ n만큼}]{\substack{x축의 방향으로 \ m만큼}} (-1+m, -2+n)$

이차함수 $y=2(x-1)^2+1$의 그래프의 꼭짓점의 좌표 $(1, 1)$

이 점 $(-1+m, -2+n)$과 같아야 하므로

$m=2$, $n=3$

따라서 $m+n=2+3=5$

12 이차함수 $y=(x-2)^2+1$의 그래프를 x축의 방향으로 m만큼, y축의 방향으로 $-2m$만큼 평행이동하면

$y=(x-m-2)^2+1-2m$

이 그래프가 점 $(4, 12)$를 지나므로

$12=(4-m-2)^2+1-2m$

$m^2-6m-7=0$, $(m-7)(m+1)=0$

따라서 $m=-1$ 또는 $m=7$

이때 m은 양수이므로

$m=7$

13 이차함수 $y=ax^2$의 그래프를 x축의 방향으로 p만큼, y축의 방향으로 q만큼 평행이동하면

$y=a(x-p)^2+q$

의 그래프가 되고, 축의 방정식은 $x=p$이다.

이때 포물선이 직선 $x=2$에 대하여 대칭이므로

$p=2$

$y=a(x-2)^2+q$의 그래프가 두 점 $(1, 6)$, $\left(\dfrac{3}{2}, 3\right)$을 지나므로

$6=a+q$, $3=\dfrac{1}{4}a+q$

두 식을 연립하여 풀면 $a=4$, $q=2$

따라서 이차함수 $y=4(x-2)^2+2$의 그래프의 꼭짓점의 좌표는 $(2, 2)$이다.

14 꼭짓점의 좌표가 $(-1, 2)$인 포물선을 그래프로 하는 이차함수의 식은

$y=a(x+1)^2+2$

따라서 $p=1$, $q=2$

또, 이차함수 $y=3(x-1)^2$의 그래프와 모양이 같으므로

$a=3$

따라서 $a+p+q=3+1+2=6$

15 꼭짓점의 좌표가 $(-2, 0)$인 포물선을 그래프로 하는 이차함수의 식은

$y=a(x+2)^2$

이 그래프가 점 $(1, 6)$을 지나므로 $x=1$, $y=6$을 대입하면

$6=a(1+2)^2$

$9a=6$ $\quad \therefore a=\dfrac{2}{3}$

따라서 주어진 점 중에서 이차함수 $y=\dfrac{2}{3}(x+2)^2$의 그래프 위의 점인 것은 ⑤ $\left(-\dfrac{1}{2}, \dfrac{3}{2}\right)$이다.

16 점 B의 좌표를

$\left(t, \dfrac{3}{2}t^2\right)(t>0)$이라 하면

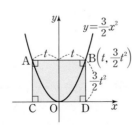

사각형 ACDB의 가로의 길이는

$2t$, 세로의 길이는 $\dfrac{3}{2}t^2$이므로

사각형 ACDB의 둘레의 길이는

$2t \times 2+\dfrac{3}{2}t^2 \times 2=4t+3t^2$

이때 사각형 ACDB의 둘레의 길이가 7이므로

$4t+3t^2=7$

t에 대한 이차방정식을 풀면

$3t^2+4t-7=0$, $(t-1)(3t+7)=0$

$t=1$ 또는 $t=-\dfrac{7}{3}$

$t>0$이므로 $t=1$

따라서 사각형 ACDB의 넓이는 $2 \times \dfrac{3}{2}=3$

Level 2 본문 102~105쪽

01 ⑤ **02** -4 **03** $\dfrac{1}{2}$ **04** ③ **05** $\dfrac{1}{4} \leq a \leq 2$

06 -3 **07** 2 **08** 제3사분면 **09** ② **10** ④ **11** 10

12 ④ **13** $0<a<\dfrac{5}{9}$ **14** ③ **15** $3\sqrt{3}$ **16** $-\dfrac{3}{4}$ 또는 1

01 $y=a^2x^2+5x-(2ax+1)(x+1)$
$\quad =(a^2-2a)x^2+(4-2a)x-1$

이것이 이차함수가 되려면 이차항의 계수 $a^2-2a \neq 0$이어야 하므로

$a(a-2) \neq 0$

따라서 이차함수가 되도록 하는 상수 a의 조건은 $a \neq 0$이고, $a \neq 2$이다.

02 $f(x)=ax^2+3(a-1)x+a^2$에서 $f(a)=-3a$이므로 $x=a$를 대입하면

$a \times a^2+3(a-1) \times a+a^2=-3a$

이때 $y=f(x)$가 이차함수이므로 $a \neq 0$

따라서 위의 식의 양변을 a로 나누면

$a^2+3(a-1)+a=-3$

$a^2+4a=0$, $a(a+4)=0$

$a \neq 0$이므로 $a=-4$

03 이차함수 $y=-2x^2+1$의 그래프가 점 $(-a, a)$를 지나므로

$x=-a$, $y=a$를 대입하면

$a=-2a^2+1$

$2a^2+a-1=0$, $(a+1)(2a-1)=0$

$\therefore a=-1$ 또는 $a=\dfrac{1}{2}$

이때 점 $(-a, a)$는 제2사분면 위의 점이므로

$a=\dfrac{1}{2}$

04 이차함수 $y=ax^2$의 그래프에서 x의 값이 1에서 4로 증가할 때, y의 값은 a에서 $16a$로 변한다.

이때 y의 값은 3만큼 감소하므로

$16a-a=-3$, $15a=-3$

$\therefore a=-\dfrac{3}{15}=-\dfrac{1}{5}$

따라서 이차함수 $y=-\dfrac{1}{5}x^2$의 그래프가 두 점 $(-5, -5)$,

$\left(-2, -\dfrac{4}{5}\right)$를 지나므로 x의 값이 -5에서 -2로 증가할 때,

y의 값은

$-\dfrac{4}{5}-(-5)=\dfrac{21}{5}$

만큼 증가한다.

05 이차함수 $y=ax^2$의 그래프는 $|a|$의 값이 클수록 폭이 좁아지므로 오른쪽 그림과 같이 $y=ax^2$의 그래프가 선분 AB 와 점 A에서 만날 때 a의 값이 가장 크고, 점 B에서 만날 때 a의 값이 가장 작다.

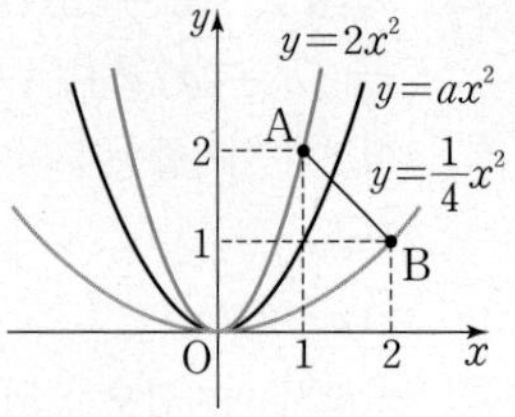

점 A$(1, 2)$를 지날 때, $a=2$,

점 B$(2, 1)$을 지날 때, $4a=1$에서 $a=\dfrac{1}{4}$

따라서 실수 a의 값의 범위는

$\dfrac{1}{4}\leq a\leq 2$

06 이차함수 $y=f(x)$의 그래프는 이차함수 $y=ax^2$의 그래프를 y축의 방향으로 평행이동한 것이므로

$f(x)=ax^2+q$

로 놓을 수 있다.

이 그래프가 두 점 $(2, 0)$, $(3, 3)$을 지나므로

$0=4a+q$, $3=9a+q$

두 식을 연립하여 풀면

$a=\dfrac{3}{5}$, $q=-\dfrac{12}{5}$

따라서 $f(x)=\dfrac{3}{5}x^2-\dfrac{12}{5}$

이차함수 $y=f(x)$의 그래프는 y축에 대하여 대칭이므로

$f(0)=-\dfrac{12}{5}$, $f(-1)=f(1)=-\dfrac{9}{5}$,

$f(-2)=f(2)=0$, $f(-3)=f(3)=3$

따라서

$f(-3)+f(-2)+f(-1)+f(0)+f(1)$

$=3+0+\left(-\dfrac{9}{5}\right)+\left(-\dfrac{12}{5}\right)+\left(-\dfrac{9}{5}\right)$

$=-3$

07 $y=(k-1)(x+k)^2-2k^2$이 이차함수이므로

$k-1\neq 0$

따라서 $k\neq 1$

이차함수 $y=(k-1)(x+k)^2-2k^2$의 그래프의 꼭짓점의 좌표는 $(-k, -2k^2)$이고, 이 점이 일차함수 $y=6x+4$의 그래프 위에 있으므로

$-2k^2=6\times(-k)+4$

$k^2-3k+2=0$, $(k-1)(k-2)=0$

$k=1$ 또는 $k=2$

이때 $k\neq 1$이므로

$k=2$

08 이차함수의 그래프가 아래로 볼록하면 $x>0$인 모든 x에 대하여 x의 값이 증가할 때 y의 값이 감소하는 경우는 없으므로 평행이동한 포물선은 위로 볼록하다.

따라서 $a<0$

이차함수 $y=a(x+p-3)^2-\dfrac{2}{3}p+2$ $(a<0)$의 그래프의 축의 방정식은

$x=-p+3$

p는 3이 아닌 상수이고, $x>0$일 때 x의 값이 증가하면 y의 값이 감소하므로 대칭축은 y축보다 왼쪽에 있어야 한다.

$-p+3<0$ $\therefore p>3$

이때 꼭짓점의 좌표는 $\left(-p+3, -\dfrac{2}{3}p+2\right)$이고,

$-p+3<0$, $-\dfrac{2}{3}p+2<0$이므로 꼭짓점은 제3사분면에 있다.

09 이차함수 $y=-(x-3)^2-2$의 그래프를 x축의 방향으로 -2만큼, y축의 방향으로 5만큼 평행이동한 그래프의 식은

$y=-(x+2-3)^2-2+5$

$=-(x-1)^2+3$

이 그래프와 x축에 대하여 서로 대칭인 그래프의 식은
$$y=(x-1)^2-3$$
이 그래프가 점 $(0, a)$를 지나므로
$$a=(0-1)^2-3=-2$$

10 이차함수 $y=-2(x+b)^2-c$의 그래프의 꼭짓점의 좌표는 $(-b, -c)$이다.
따라서 이 그래프를 x축의 방향으로 5만큼, y축의 방향으로 -2만큼 평행이동한 그래프의 꼭짓점의 좌표는 $(-b+5, -c-2)$이다.
이것이 이차함수 $y=a(x+5)^2+2$의 그래프의 꼭짓점의 좌표 $(-5, 2)$와 같으므로
$$-b+5=-5, \ -c-2=2$$
$$\therefore b=10, \ c=-4$$
또, 그래프를 평행이동해도 그래프의 모양과 폭은 변하지 않으므로
$$a=-2$$
따라서 $a+b+c=-2+10+(-4)=4$

> **실수하기 쉬운 부분 짚어보기**
> 이차함수의 그래프를 평행이동할 때는 꼭짓점의 이동을 기준으로 살펴보면 실수를 줄일 수 있다.

11 직선 $x=2$에 대하여 대칭인 이차함수의 그래프의 식은
$$y=a(x-2)^2+q$$
로 놓을 수 있다.
이 그래프가 두 점 $(4, 6)$, $(-1, 1)$을 지나므로
$$6=4a+q, \ 1=9a+q$$
두 식을 연립하여 풀면
$$a=-1, \ q=10$$
한편, 점 $\mathrm{P}(m, n)$이 직선 $y=6$ 위의 점이므로
$$n=6$$
점 $\mathrm{P}(m, 6)$이 제1사분면 위에 있으므로
$$m>0$$
점 $\mathrm{P}(m, 6)$은 이차함수 $y=-(x-2)^2+10$의 그래프 위의 점이므로
$$6=-(m-2)^2+10$$
$$m^2-4m=0, \ m(m-4)=0$$
$$m=0 \ \text{또는} \ m=4$$
이때 $m>0$이므로 $m=4$
따라서 $m+n=4+6=10$

12 일차함수 $y=-ax+b$의 그래프가 오른쪽 위로 향하는 직선이므로 기울기는 양수이다.
따라서 $-a>0$이므로
$$a<0$$
또, 직선의 y절편이 양수이므로
$$b>0$$
따라서 이차함수 $y=a(x+b)^2$의 그래프는 $a<0$이므로 위로 볼록($\cap$)한 모양이고, 꼭짓점의 좌표가 $(-b, 0)$이므로 꼭짓점은 x축의 음의 방향에 있다.
따라서 이차함수 $y=a(x+b)^2$의 그래프의 개형으로 알맞은 것은 ④이다.

13 이차함수 $y=a(x+3)^2-5$의 그래프의 꼭짓점의 좌표는 $(-3, -5)$이므로 꼭짓점은 제3사분면 위에 있다.
$a<0$이면 그래프가 제3,4사분면만 지나므로
$$a>0$$
그래프와 y축의 교점은 $(0, 9a-5)$이고, 그래프가 모든 사분면을 지나려면 y축과의 교점의 y좌표가 음수이어야 하므로
$$9a-5<0$$
에서 $a<\dfrac{5}{9}$
따라서 실수 a의 값의 범위는
$$0<a<\dfrac{5}{9}$$

> **함정 피하기**
> 이차함수 $y=a(x-p)^2+q$의 그래프가 모든 사분면을 지나면 아래 경우 중 하나이다.
> ① $a>0$이고, y축과의 교점의 y좌표는 음수
> ② $a<0$이고, y축과의 교점의 y좌표는 양수

14 이차함수 $y=a(x+p)^2+q$의 그래프가 아래로 볼록한 모양이므로 $a>0$
꼭짓점 $(-p, q)$가 제4사분면에 있으므로
$$-p>0, \ q<0$$
따라서 $a>0, \ p<0, \ q<0$
이차함수 $y=q(x+a)^2+p$의 그래프는 $q<0$이므로 위로 볼록한 모양이며, 꼭짓점 $(-a, p)$가 제3사분면에 있으므로 개형으로 알맞은 것은 ③이다.

> **실수하기 쉬운 부분 짚어보기**
> 이차함수 $y=a(x+p)^2+q$의 그래프의 꼭짓점의 좌표는 (p, q)가 아니라 $(-p, q)$이다.

15 오른쪽 그림에서 점 B의 좌표를 $(t, t^2)(t>0)$이라 하면 △AOB의 한 변의 길이는 $2t$, 높이는 t^2이다.

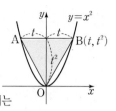

한편, 한 변의 길이가 a인 정삼각형의 높이는 $\frac{\sqrt{3}}{2}a$이므로 △AOB의 높이는

$\frac{\sqrt{3}}{2}\times 2t=\sqrt{3}t$

따라서 $\sqrt{3}t=t^2$이므로

$t(t-\sqrt{3})=0$

$t=0$ 또는 $t=\sqrt{3}$

이때 $t>0$이므로 $t=\sqrt{3}$

따라서 정삼각형 AOB의 한 변의 길이가 $2\sqrt{3}$이므로 넓이는

$\frac{\sqrt{3}}{4}\times(2\sqrt{3})^2=\frac{\sqrt{3}}{4}\times 12=3\sqrt{3}$

16 점 P는 $y=-2x^2-1$의 그래프 위의 점이므로 점 P의 좌표를 $(t, -2t^2-1)$이라 하면 점 Q는 점 P보다 y축의 방향으로 $\frac{7}{2}$만큼 위에 있으므로 점 Q의 좌표는

$\left(t, -2t^2+\frac{5}{2}\right)$

이다.

점 Q가 일차함수 $y=-\frac{1}{2}x+1$의 그래프 위에 있으므로

$-2t^2+\frac{5}{2}=-\frac{1}{2}t+1$

$4t^2-t-3=0$, $(t-1)(4t+3)=0$

$t=1$ 또는 $t=-\frac{3}{4}$

따라서 점 P의 x좌표는 $-\frac{3}{4}$ 또는 1이다.

 Level ③ 본문 106~107쪽

01 2 **02** $a=2, b=\frac{1}{2}$ **03** $\frac{1}{2}$ **04** -1

05 제1사분면, 제2사분면 **06** $p=0, q=6$

01 주어진 식을 정리하면

$(a^2-9)x^2+(-a-9)x+(a^2-5a+6)y^2+y=0$

y가 x에 대한 이차함수가 되기 위해서는

(i) y^2항이 없어져야 하므로

$a^2-5a+6=0$

$(a-2)(a-3)=0$

따라서 $a=2$ 또는 $a=3$

(ii) x^2항이 없어지면 안 되므로

$a^2-9\neq0$

만약 (i)에서 $a=3$이면 $a^2-9=0$이므로 주어진 식이 $y=12x$가 되어 y가 x에 대한 일차함수가 된다.

(i), (ii)에서 $a=2$

실수하기 쉬운 부분 짚어보기

함수 $y=f(x)$가 x에 대한 이차함수가 되려면 x^2항이 없어지면 안 된다.

02 점 A$(1, 2)$가 이차함수 $y=ax^2$의 그래프 위에 있으므로

$a=2$

직선 AB의 기울기가 $\frac{5}{4}$이므로 점 A와 점 B에서

$(x$좌표의 차$):(y$좌표의 차$)=4:5$

이다.

점 A와 점 B의 x좌표의 차, y좌표의 차를 각각 $4k, 5k\ (k>0)$라 하면 $\overline{AB}=\frac{\sqrt{41}}{2}$이므로 피타고라스 정리에 의하여

$\overline{AB}^2=(4k)^2+(5k)^2$, $41k^2=\frac{41}{4}$

$k^2=\frac{1}{4}$

이때 $k>0$이므로

$k=\frac{1}{2}$

따라서 점 B의 좌표는 $(4k+1, 5k+2)$이므로 $k=\frac{1}{2}$을 대입하면 $\left(3, \frac{9}{2}\right)$이다.

점 B$\left(3, \frac{9}{2}\right)$는 이차함수 $y=bx^2$의 그래프 위의 점이므로

$\frac{9}{2}=9b$ $\therefore b=\frac{1}{2}$

03 점 A의 좌표가 $(0, m)$이므로

$\overline{AO}=m$

직선 AC의 기울기가 1이므로

$\overline{CO}=m$

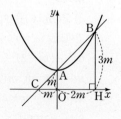

점 B에서 x축에 내린 수선의 발을 H라 하면

△ACO∽△BCH (AA 닮음)

이며, $\overline{CA}:\overline{AB}=1:2$이므로 닮음비는 1 : 3이다.

따라서 $\overline{CH}=\overline{BH}=3m$이므로 점 B의 좌표는 $(2m, 3m)$이다.

점 B는 이차함수 $y=x^2+m$의 그래프 위의 점이므로

$x=2m$, $y=3m$을 대입하면

$3m=4m^2+m$

$4m^2-2m=0$, $m(2m-1)=0$

$m=0$ 또는 $m=\dfrac{1}{2}$

이때 $m>0$이므로

$m=\dfrac{1}{2}$

다른 풀이

점 A의 좌표가 $(0, m)$이므로 직선 AC의 방정식은

$y=x+m$

점 B의 좌표를 $(t, m+t)$ $(t>0)$라 하면 점 B는 이차함수

$y=x^2+m$ 위의 점이므로 $x=t$, $y=m+t$를 대입하면

$m+t=t^2+m$

$t^2-t=0$, $t(t-1)=0$

$t=0$ 또는 $t=1$

이때 $t>0$이므로 $t=1$

따라서 $A(0, m)$, $B(1, 1+m)$이므로 피타고라스 정리에 의하여

$\overline{AB}=\sqrt{1^2+1^2}=\sqrt{2}$

또, 점 C의 좌표가 $(-m, 0)$이므로 $\triangle ACO$에서 피타고라스 정리에 의하여

$\overline{CA}=\sqrt{m^2+m^2}=\sqrt{2}m$

따라서 $\overline{CA}:\overline{AB}=\sqrt{2}m:\sqrt{2}=m:1=1:2$이므로

$m=\dfrac{1}{2}$

04 점 A는 $y=-\dfrac{3}{4}x^2+3$의 꼭짓점이므로 점 A의 좌표는

$A(0, 3)$이다.

두 점 B, C의 좌표를 구하기 위하여 $y=-\dfrac{3}{4}x^2+3$에

$y=0$을 대입하면

$0=-\dfrac{3}{4}x^2+3$ ∴ $x=\pm2$

따라서 두 점 B, C의 좌표는 각각 $B(-2, 0)$, $C(2, 0)$이다.

이때 $\triangle ABC=\dfrac{1}{2}\times4\times3=6$이고, 사각형 ABDC의 넓이는

10이므로

$\triangle DCB=10-6=4$

또, $\triangle DCB=\dfrac{1}{2}\times4\times\overline{OD}$이므로

$\overline{OD}=2$

따라서 점 D의 좌표는 $D(0, -2)$이므로

$m=-2$

이차함수 $y=ax^2$의 그래프를 y축의 방향으로 -2만큼 평행이동한 포물선의 식은

$y=ax^2-2$

이고, 이 포물선이 두 점 $B(-2, 0)$, $D(0, -2)$를 지나므로

$a=\dfrac{1}{2}$

따라서 $am=-1$

다른 풀이

$\square ABDC=\dfrac{1}{2}\overline{AD}\times\overline{BC}$임을 이용하면 $\triangle DBC$의 넓이를 구하지 않고도 다음과 같은 식을 통해 m을 구할 수 있다.

$10=\dfrac{1}{2}\times(3-m)\times4$, $3-m=5$

따라서 $m=-2$

05 직선 $y=ax+b$의 기울기가 양수이면서 직선 $y=x$의 기울기보다 작으므로

$0<a<1$ ······ ㉠

직선 $y=ax+b$의 y절편이 음수이므로

$b<0$

㉠에서 $a-1<0$이므로

$\dfrac{b}{a-1}>0$

따라서 이차함수 $y=(1-a)(x-b)^2+\dfrac{b}{a-1}$의 그래프는

$1-a>0$이므로 아래로 볼록(∪)인 포물선이고, 꼭짓점

$\left(b, \dfrac{b}{a-1}\right)$는 제2사분면 위에 있다.

그러므로 주어진 이차함수의 그래프는 제1사분면, 제2사분면을 지난다.

06 오른쪽 그림과 같이 점 C에서 x축에 내린 수선의 발을 O라 하면

$\triangle ABC$가 정삼각형이므로

$\triangle CAO\equiv\triangle CBO$ (SAS 합동)

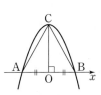

이때 점 C가 y축 위의 점이므로

점 O는 원점이며, $\overline{AO}=\overline{BO}$이므로

이차함수 $y=-\dfrac{1}{2}(x-p)^2+q$의 그래프는 $x=0$ (y축)에 대하여 대칭임을 알 수 있다.

∴ $p=0$

점 C의 좌표가 $(0, q)$이므로 정삼각형 ABC의 높이는 q이고,

$\overline{\text{AB}} \times \dfrac{\sqrt{3}}{2} = q$이므로

$\overline{\text{AB}} = \dfrac{2q}{\sqrt{3}} = \dfrac{2\sqrt{3}q}{3}$

두 점 A, B 중 x축의 양의 방향에 위치한 점을 B라 하면

$\overline{\text{BO}} = \dfrac{1}{2}\overline{\text{AB}} = \dfrac{\sqrt{3}q}{3}$

이므로 점 B의 좌표는 $\left(\dfrac{\sqrt{3}q}{3}, 0\right)$이다.

점 B가 이차함수 $y = -\dfrac{1}{2}x^2 + q$의 그래프 위의 점이므로

$0 = -\dfrac{1}{2} \times \dfrac{q^2}{3} + q$

$q^2 - 6q = 0,\ q(q-6) = 0$

$q = 0$ 또는 $q = 6$

이때 $q > 0$이므로 $q = 6$

따라서 $p = 0,\ q = 6$

Level ④

본문 108~109쪽

01 ①　　**02** $-4 \leq k < -3$　**03** 2　　**04** 5

05 제2사분면, 제3사분면, 제4사분면　**06** 2　　**07** 5

01 　**풀이전략**　두 이차함수 $y = ax^2,\ y = -ax^2$의 그래프는 x축에 대하여 대칭이며, 폭이 좁을수록 a의 절댓값이 크다는 것을 이용한다.

주어진 그래프에서

$a > 0,\ b > 0,\ c < 0,\ d < 0$

두 이차함수 $y = ax^2$과 $y = cx^2$의 그래프가 x축에 대하여 대칭이므로

$c = -a$

두 이차함수 $y = bx^2$과 $y = dx^2$의 그래프가 x축에 대하여 대칭이므로

$d = -b$

이차함수 $y = ax^2$의 그래프가 이차함수 $y = bx^2$의 그래프보다 폭이 좁으므로

$a > b$

따라서 $c = -a,\ d = -b$를 주어진 식에 대입하면

$\dfrac{\sqrt{4(b+c)^2}}{|d| - a} = \dfrac{2|b+c|}{|d| - a}$

$\qquad = \dfrac{2|b-a|}{|-b| - a}$

$\qquad = \dfrac{2(a-b)}{b-a} = -2$

02 　**풀이전략**　이차함수의 그래프가 $x < k$에서 x의 값이 증가할 때 y의 값이 증가하려면 그래프는 위로 볼록이며, 그래프의 대칭축이 직선 $x = k$이거나 직선 $x = k$보다 오른쪽에 있어야 한다.

이차함수의 그래프가 아래로 볼록이면 $x < k$인 모든 x에 대하여 x의 값이 증가하면 y의 값도 증가하도록 하는 실수 k는 없으므로 평행이동한 포물선은 위로 볼록이다.

따라서 $a < 0$

이차함수 $y = ax^2$의 그래프를 x축의 방향으로 -2만큼, y축의 방향으로 2만큼 평행이동한 포물선에서 $x < -2$이면 x의 값이 증가할 때 y의 값도 증가한다.

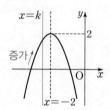

따라서 조건을 만족하는 하는 k의 값의 범위는

$k \leq -2$　　　……　㉠

이차함수 $y = -a(x+k+2)^2 + 2ak^2 + 10ak + 12a$의 그래프는 $-a > 0$이므로 아래로 볼록인 포물선이다.

또, ㉠에 의하여 그래프의 꼭짓점의 x좌표는

$-(k+2) \geq 0$

이 그래프가 세 사분면만을 지나는 경우는 제1, 2, 4사분면을 지나는 경우뿐이므로 꼭짓점의 y좌표가 음수이어야 하고, 이차함수의 그래프와 y축과의 교점의 y좌표가 0 이상이어야 한다.

(i) 꼭짓점의 y좌표가 음수이어야 하므로

$2ak^2 + 10ak + 12a < 0$

$2a(k^2 + 5k + 6) < 0$

$2a(k+2)(k+3) < 0$　　　……　㉡

㉠의 $k + 2 \leq 0$에서 $k + 2 = 0$이면 꼭짓점의 y좌표가 0이 되므로 $k + 2 \neq 0$이어야 한다.

$\therefore k + 2 < 0$

따라서 $a < 0,\ k + 2 < 0$이므로 ㉡에서

$k + 3 < 0$　　$\therefore k < -3$

(ii) 이차함수의 그래프와 y축의 교점의 y좌표가 0 이상이어야 하므로

$-a(k+2)^2 + 2ak^2 + 10ak + 12a \geq 0$

$-a(k+2)^2 + 2a(k+2)(k+3) \geq 0$

$a(k+2)(k+4) \geq 0$

이때 $a < 0$이고, (i)에서 $k + 2 < 0$이므로

$k + 4 \geq 0$　　$\therefore k \geq -4$

(i), (ii)에서

$-4 \leq k < -3$

03 **풀이전략** 꼭짓점의 좌표가 (m, n)이고, 점 A를 지나는 포물선을 그래프로 하는 이차함수의 식을 $y=a(x-m)^2+n$으로 놓고, 점 A의 좌표를 대입하여 상수 a의 값을 구한다.

$y=-\dfrac{1}{2}x^2+k$의 그래프의 꼭짓점의 좌표는

A$(0, k)$

$y=0$일 때 $x=\pm\sqrt{2k}$이므로 점 B의 좌표는 $(-\sqrt{2k}, 0)$이다.

따라서 점 B를 꼭짓점으로 하는 포물선을 그래프로 하는 이차함수의 식은

$y=a(x+\sqrt{2k})^2$

으로 놓을 수 있다.

이 그래프가 점 A$(0, k)$를 지나므로 $x=0$, $y=k$를 대입하면

$k=a\times 2k$

이때 $k\neq 0$이므로 $a=\dfrac{1}{2}$

이차함수 $y=\dfrac{1}{2}(x+\sqrt{2k})^2$의 그래프가 점 P$\left(1, \dfrac{9}{2}\right)$를 지나므로

$x=1$, $y=\dfrac{9}{2}$를 대입하면

$\dfrac{9}{2}=\dfrac{1}{2}(1+\sqrt{2k})^2$

$(1+\sqrt{2k})^2=9$

$1+\sqrt{2k}>0$이므로

$1+\sqrt{2k}=3$, $\sqrt{2k}=2$, $2k=4$

따라서 $k=2$

04 **풀이전략** 이차함수 $y=a(x-p)^2+q$를 x축의 방향으로 m만큼, y축의 방향으로 n만큼 평행이동하면 $y=a(x-m-p)^2+q+n$임을 이용한다.

이차함수 $y=-\dfrac{1}{2}(x-1)^2+1$의 그래프를 x축의 방향으로 p만큼, y축의 방향으로 q만큼 평행이동한 그래프의 식은

$y=-\dfrac{1}{2}(x-1-p)^2+1+q$

이 그래프의 축의 방정식은

$x=1+p$이므로

그래프와 x축이 만나는 두 점은

$(1+p+3\sqrt{2}, 0)$,

$(1+p-3\sqrt{2}, 0)$

이다.

따라서 $y=-\dfrac{1}{2}(x-1-p)^2+1+q$의 그래프는 점

$(1+p+3\sqrt{2}, 0)$을 지나므로

$0=-\dfrac{1}{2}\times(3\sqrt{2})^2+1+q$

$0=-8+q$ $\therefore q=8$

또, 점 $(0, 7)$을 지나므로

$7=-\dfrac{1}{2}(1+p)^2+9$

$(1+p)^2=4$

$1+p=2$ 또는 $1+p=-2$

$p=1$ 또는 $p=-3$

이때 $p<0$이므로 $p=-3$

따라서 $p+q=-3+8=5$

다른 풀이

$y=-\dfrac{1}{2}(x-1)^2+1$의 그래프는 $y=-\dfrac{1}{2}x^2$의 그래프를 x축의 방향으로 1만큼, y축의 방향으로 1만큼 평행이동한 그래프이다.

따라서 구하는 그래프는 $y=-\dfrac{1}{2}x^2$의 그래프를 x축의 방향으로 $(1+p)$만큼, y축의 방향으로 $(1+q)$만큼 평행이동한 그래프이다.

그래프를 평행이동하여도 그래프의 모양과 폭은 변하지 않으므로 계산을 편리하게 하기 위해 $y=-\dfrac{1}{2}x^2$의 그래프를 이용해서 답을 구하자.

이차함수 $y=-\dfrac{1}{2}x^2$의 그래프와 어떤 직선 $y=k$의 그래프의 두 교점 사이의 거리가 $6\sqrt{2}$라 하자.

$y=-\dfrac{1}{2}x^2$의 그래프는 y축에 대하여 대칭이므로 두 교점의 x좌표는 각각 $3\sqrt{2}$, $-3\sqrt{2}$이다.

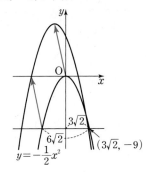

$x=3\sqrt{2}$를 $y=-\dfrac{1}{2}x^2$에 대입하면 $y=-9$이므로

$k=-9$

직선 $y=-9$를 평행이동해서 x축이 되도록 하기 위해서는 y축의 방향으로 9만큼 평행이동해야 한다.

따라서 $1+q=9$이므로

$q=8$

$y=-\dfrac{1}{2}x^2$의 그래프를 x축의 방향으로 $(1+p)$만큼, y축의 방향으로 $1+q=9$만큼 평행이동한 그래프의 식은

$y=-\dfrac{1}{2}(x-1-p)^2+9$

이 그래프가 점 $(0, 7)$을 지나므로

$7=-\dfrac{1}{2}(1+p)^2+9$

$(1+p)^2=4$

$1+p=2$ 또는 $1+p=-2$

$p=1$ 또는 $p=-3$

이때 $p<0$이므로 $p=-3$

따라서 $p+q=-3+8=5$

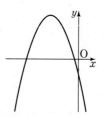

따라서 이차함수 $y=\dfrac{q}{a}(x+p)^2+\dfrac{1}{2a}$의 그래프가 지나는 사분면은 제2, 3, 4사분면이다.

05 풀이전략 이차함수 $y=a(x-p)^2+q$의 그래프가 제1, 2, 4사분면만을 지나려면 그래프의 개형이 오른쪽 그림과 같아야 하므로
$a>0$, $p>0$, $q<0$이고, $ap^2+q\geq0$
이다.

이차함수 $y=a(x+pq)^2+aq$의 그래프가 제1사분면, 제2사분면, 제4사분면만을 지나기 위해서는 그래프가 아래로 볼록이면서 꼭짓점이 제4사분면 위에 있어야 하고, y축과의 교점의 y좌표가 0 이상이어야 하므로

$a>0$, $-pq>0$, $aq<0$, $ap^2q^2+aq\geq0$

$aq<0$의 양변을 양수 a로 나누면

$q<0$

$ap^2q^2+aq\geq0$의 양변을 음수 aq로 나누면

$p^2q+1\leq0$ $\therefore p^2q\leq-1$

$-pq>0$의 양변을 양수 $-q$로 나누면

$p>0$

이차함수 $y=\dfrac{q}{a}(x+p)^2+\dfrac{1}{2a}$에서

(i) $a>0$, $q<0$이므로

$\dfrac{q}{a}<0$

따라서 그래프는 위로 볼록이다.

(ii) $p>0$, $a>0$이므로

$-p<0$, $\dfrac{1}{2a}>0$

따라서 꼭짓점 $\left(-p, \dfrac{1}{2a}\right)$은 제2사분면 위에 있다.

(iii) $x=0$을 대입하면

$y=\dfrac{p^2q}{a}+\dfrac{1}{2a}=\dfrac{2p^2q+1}{2a}$

이때 $p^2q\leq-1$이므로 $2p^2q+1\leq-1$이고, $a>0$이므로

$\dfrac{2p^2q+1}{2a}<0$이다.

따라서 y축과 만나는 점은 원점보다 아래쪽에 있다.

(i)~(iii)에서 이차함수 $y=\dfrac{q}{a}(x+p)^2+\dfrac{1}{2a}$의 그래프의 개형은 다음 그림과 같다.

06 풀이전략 점 P의 좌표를 $\left(t, \dfrac{1}{2}t^2\right)$으로 놓고, t에 대한 방정식을 세워 t의 값을 구한다.

평행사변형의 대각선은 서로 다른 것을 이등분하므로 $\overline{\mathrm{PQ}}$와 $\overline{\mathrm{OA}}$의 교점은 각각의 선분의 중점이다.

이차함수 $y=-\dfrac{1}{2}(x-2)^2$의 그래프의 꼭짓점 A의 좌표가 $(2, 0)$이므로 $\overline{\mathrm{OA}}$의 중점은 $(1, 0)$이다.

따라서 직선 PQ는 점 $(1, 0)$을 지난다.

직선 PQ의 기울기가 $-\dfrac{1}{2}$이고, 점 $(1, 0)$을 지나므로 직선 PQ의 방정식은

$y=-\dfrac{1}{2}(x-1)$

이차함수 $y=\dfrac{1}{2}x^2$의 그래프 위의 점 P의 좌표를 $\left(t, \dfrac{1}{2}t^2\right)$ $(t<0)$이라 하면 점 P는 직선 $y=-\dfrac{1}{2}(x-1)$ 위의 점이므로

$\dfrac{1}{2}t^2=-\dfrac{1}{2}(t-1)$

$t^2+t-1=0$

근의 공식을 이용하여 해를 구하면

$t=\dfrac{-1\pm\sqrt5}{2}$

이때 $t<0$이므로 $t=\dfrac{-1-\sqrt5}{2}$

따라서 사각형 POQA의 넓이는

$\square\mathrm{POQA}=2\triangle\mathrm{POA}$

$\qquad=2\times\left(\dfrac{1}{2}\times2\times\dfrac{1}{2}t^2\right)$

$\qquad=t^2$

$\qquad=\left(\dfrac{-1-\sqrt5}{2}\right)^2$

$\qquad=\dfrac{3}{2}+\dfrac{\sqrt5}{2}$

그러므로 $a=\dfrac{3}{2}$, $b=\dfrac{1}{2}$이므로

$a+b=2$

07 [풀이전략] 점 Q의 좌표를 $(t, 2t^2-2)$로 놓고, t에 대한 방정식을 세워 t의 값을 구한다.

두 이차함수 $y=2x^2-2$, $y=\dfrac{1}{4}x^2+m$의 그래프의 꼭짓점 A, B의 좌표는 각각 A$(0, -2)$, B$(0, m)$이다.

점 Q는 이차함수 $y=2x^2-2$의 그래프 위의 점이므로 점 Q의 좌표를 $(t, 2t^2-2)$라 하자.

점 Q는 이차함수 $y=\dfrac{1}{4}x^2+m$의 그래프 위의 점이기도 하므로

$2t^2-2=\dfrac{1}{4}t^2+m$

$\dfrac{7}{4}t^2=m+2$ ...... ㉠

사각형 PAQB의 넓이가 14이므로

$\square$PAQB$=2\triangle$ABQ

$\qquad =2\times\dfrac{1}{2}\times(m+2)\times t$

$\qquad =(m+2)t=14$

㉠에서 $m+2=\dfrac{7}{4}t^2$이므로

$\dfrac{7}{4}t^3=14$

$t^3=8$ $\therefore t=2$

따라서 $m=\dfrac{7}{4}t^2-2=7-2=5$

이차함수 $y=ax^2+bx+c$의 그래프

Level 1

본문 112~115쪽

01 ① **02** ⑤ **03** $\dfrac{5}{2}$ **04** ①

05 제1사분면, 제3사분면, 제4사분면 **06** ③ **07** -5

08 $k\le\dfrac{15}{2}$ **09** ① **10** $x<-4$ **11** ② **12** 4

13 -6 **14** 11 **15** ②, ⑤ **16** ⑤

---

01 $y=2x^2+6x+1$

$=2(x^2+3x)+1$

$=2\left(x^2+3x+\dfrac{9}{4}-\dfrac{9}{4}\right)+1$

$=2\left(x+\dfrac{3}{2}\right)^2-\dfrac{9}{2}+1$

$=2\left(x+\dfrac{3}{2}\right)^2-\dfrac{7}{2}$

따라서 꼭짓점의 좌표는 $\left(-\dfrac{3}{2}, -\dfrac{7}{2}\right)$이므로

$p+q=-\dfrac{3}{2}-\dfrac{7}{2}=-5$

02 $y=-3x^2+6x+5$

$=-3(x^2-2x+1-1)+5$

$=-3(x-1)^2+8$

이므로 꼭짓점의 좌표는 $(1, 8)$이다.

이차함수 $y=-3(x+1)^2+1$의 그래프의 꼭짓점의 좌표는 $(-1, 1)$이므로 이 그래프를 x축의 방향으로 p만큼, y축의 방향으로 q만큼 평행이동한 그래프의 꼭짓점의 좌표는 $(-1+p, 1+q)$이다.

이때 두 점 $(1, 8)$, $(-1+p, 1+q)$가 같으므로

$p=2$, $q=7$

따라서 $p+q=9$

03 오른쪽 그림과 같이 점 A에서 x축에 내린 수선의 발을 H라 하자.

이차함수 $y=-x^2+5x+2$의 그래프의 축의 방정식은

$x=-\dfrac{5}{-2}=\dfrac{5}{2}$

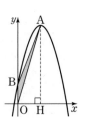

따라서
$$\overline{OH}=\frac{5}{2}$$
이고, y축과 만나는 점의 좌표는 $(0, 2)$이므로
$$\overline{BO}=2$$
따라서 삼각형 OAB의 넓이는
$$\frac{1}{2}\times 2\times\frac{5}{2}=\frac{5}{2}$$

> **실수하기 쉬운 부분 짚어보기**
>
> 이차함수 $y=ax^2+bx+c$의 그래프의 축의 방정식이 $x=-\dfrac{b}{2a}$임을 유의한다.

04 이차함수 $y=-3x^2+2kx+1$의 그래프의 꼭짓점의 x좌표는
$$-\frac{2k}{-6}=\frac{k}{3}$$
이므로 $x=\dfrac{k}{3}$를 $y=-3x^2+2kx+1$에 대입하여 꼭짓점의
y좌표를 구하면
$$-3\times\left(\frac{k}{3}\right)^2+2k\times\frac{k}{3}+1=4$$
$$-\frac{k^2}{3}+\frac{2k^2}{3}+1=4$$
$$k^2=9$$
이때 $k>0$이므로 $k=3$

05 $y=-\dfrac{2}{3}x^2+4x-5$
$$=-\frac{2}{3}(x^2-6x+9-9)-5$$
$$=-\frac{2}{3}(x-3)^2+1$$
이므로 이차함수 $y=-\dfrac{2}{3}x^2+4x-5$의 그래프의 꼭짓점의 좌표는 $(3, 1)$이다.
이 그래프는 위로 볼록이며, y축과 만나는 점의 좌표가 $(0, -5)$이므로 이 그래프는 제1, 3, 4사분면을 지난다.

06 ① $y=x^2-x$
$$=x(x-1)$$
이므로 이 그래프는 x축과 두 점
$(0, 0)$, $(1, 0)$에서 만난다.

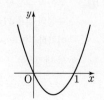

② $y=x^2-4x+2$
$$=(x-2)^2-2$$
이므로 오른쪽 그림과 같이 x축과 두 점에서 만난다.

③ $y=2x^2-2x+1$
$$=2\left(x-\frac{1}{2}\right)^2+\frac{1}{2}$$
이므로 이 그래프는 x축과 만나지 않는다.

④ $y=-\dfrac{1}{2}x^2-3x-4$
$$=-\frac{1}{2}(x+3)^2+\frac{1}{2}$$
이므로 이 그래프는 오른쪽 그림과 같이 x축과 두 점에서 만난다.

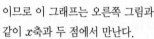

⑤ $y=-x^2-3x+1$
$$=-\left(x+\frac{3}{2}\right)^2+\frac{13}{4}$$
이므로 이 그래프는 오른쪽 그림과 같이 x축과 두 점에서 만난다.

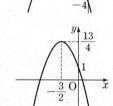

따라서 그래프가 x축과 만나지 않는 것은 ③이다.

> **참고** 이차함수 $y=ax^2+bx+c$의 그래프와 x축의 교점을 구할 땐 $y=0$을 대입하여 이차방정식을 풀면 되므로 이차방정식 $ax^2+bx+c=0$이 해가 없으면 그래프는 x축과 만나지 않는다.

07 $y=-\dfrac{1}{4}x^2+x-2=-\dfrac{1}{4}(x-2)^2-1$
이므로 꼭짓점의 좌표는 $(2, -1)$이다.
이 그래프를 x축의 방향으로 a만큼, y축의 방향으로 3만큼 평행이동하면 꼭짓점의 좌표는 $(2+a, 2)$이다.
두 점 $(2+a, 2)$, $(-5, b)$가 같아야 하므로
$$a=-7, b=2$$
따라서 $a+2=-7+2=-5$

08 $y=-2x^2+2x+k$
$$=-2\left(x-\frac{1}{2}\right)^2+\frac{1}{2}+k$$
이므로 이 그래프를 x축의 방향으로 $\dfrac{3}{2}$만큼 평행이동하면
$$y=-2\left(x-\frac{3}{2}-\frac{1}{2}\right)^2+\frac{1}{2}+k$$
$$=-2(x-2)^2+\frac{1}{2}+k$$

이 그래프와 y축의 교점의 좌표는 $\left(0,\ k-\dfrac{15}{2}\right)$이고, 이 그래프는 위로 볼록이며, 축이 y축보다 오른쪽에 있다.

따라서 제2사분면을 지나지 않기 위해서는

$$k-\frac{15}{2}\le 0$$

이어야 하므로 실수 k의 값의 범위는

$$k\le \frac{15}{2}$$

함정 피하기

위로 볼록인 이차함수의 그래프가 제2사분면을 지나지 않으려면 축이 y축보다 오른쪽에 있어야 하고, y축과의 교점이 원점이거나 원점보다 아래쪽에 있어야 한다.

09 이차함수 $y=-3x^2+kx-5$의 그래프가 점 $(2,\ -1)$을 지나므로 $x=2,\ y=-1$을 대입하면

$$-1=-3\times 2^2+2k-5$$

$$-1=-12+2k-5,\ 16=2k$$

따라서 $k=8$

$y=-3x^2+8x-5$의 그래프의 축의 방정식은

$$x=-\frac{8}{-6}=\frac{4}{3}$$

이며, 그래프가 위로 볼록이므로 x의 값이 증가할 때 y의 값이 감소하는 x의 값의 범위는

$$x>\frac{4}{3}$$

10 이차함수 $y=-\dfrac{1}{4}x^2+(a-2)x+a^2$의 그래프와 y축의 교점의 좌표는 $(0,\ a^2)$이다.

만약 $a\ne 0$이면 $a^2>0$이므로 교점이 원점보다 위쪽에 있게 되어 그래프는 제1사분면을 지나게 된다.

따라서 $a=0$

이차함수 $y=-\dfrac{1}{4}x^2-2x$의 그래프의 축의 방정식은

$$x=-\frac{-2}{-\frac{1}{2}}=-4$$

이고, 그래프가 위로 볼록이므로 x의 값이 증가할 때 y의 값도 증가하는 x의 값의 범위는

$$x<-4$$

함정 피하기

위로 볼록인 이차함수의 그래프가 제1사분면을 지나지 않으려면 대칭축이 y축보다 왼쪽에 있어야 하며, y축과의 교점이 원점이거나 원점보다 아래에 있어야 한다.

11 점 D에서 $\overline{AB}$에 내린 수선의 발을 H라 하자.

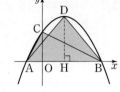

$\triangle ABC$, $\triangle ABD$은 밑변의 길이가 $\overline{AB}$로 같으므로 두 삼각형의 넓이의 비는 높이의 비와 같다.

$$y=-\frac{1}{3}x^2+\frac{4}{3}x+\frac{8}{3}$$

$$=-\frac{1}{3}(x-2)^2+4$$

이므로 이차함수의 그래프의 꼭짓점은 $(2,\ 4)$이고, y축과의 교점의 좌표는 $\left(0,\ \dfrac{8}{3}\right)$이다.

따라서 $\overline{CO}=\dfrac{8}{3}$, $\overline{DH}=4$이므로

$$\triangle ABC:\triangle ABD=\frac{8}{3}:4=2:3$$

12 점 B에서 x축에 내린 수선의 발을 H라 하면

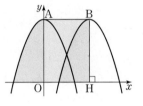

문제에서 색칠한 부분의 넓이는 사각형 AOHB의 넓이와 같으므로 사각형 AOHB의 넓이는 12이다.

이차함수 $y=-x^2+a$의 그래프가 y축과 만나는 점의 좌표는 $(0,\ a)$이므로

$$\overline{AO}=a$$

이차함수 $y=-x^2+a$의 그래프를 x축의 방향으로 3만큼 평행이동하였으므로

$$\overline{OH}=3$$

따라서 사각형 AOHB의 넓이는 $3a$이므로

$$3a=12\qquad \therefore\ a=4$$

13 꼭짓점의 좌표가 $(-2,\ 3)$인 이차함수의 식은

$$y=a(x+2)^2+3$$

그래프가 점 $(-1,\ 2)$를 지나므로 위의 식에 $x=-1,\ y=2$를 대입하면

$$2=a+3\qquad \therefore\ a=-1$$

따라서 이차함수의 식은 $y=-(x+2)^2+3$이므로 식을 풀어 정리하면

$$y=-x^2-4x-1$$

따라서 $a=-1,\ b=-4,\ c=-1$이므로

$$a+b+c=-1-4-1=-6$$

14 이차함수의 식을 $y=ax^2+bx+c$라 하면 그래프가 점 $(0, 4)$를 지나므로

$c=4$

이차함수 $y=ax^2+bx+4$의 그래프가 두 점 $(-1, 5)$, $(1, -1)$을 지나므로

$5=a-b+4$, $-1=a+b+4$

두 식을 연립하여 풀면

$a=-2$, $b=-3$

따라서 이차함수의 식은

$y=-2x^2-3x+4$

$\quad =-2\left(x+\dfrac{3}{4}\right)^2+\dfrac{41}{8}$

이므로 꼭짓점의 좌표는 $\left(-\dfrac{3}{4}, \dfrac{41}{8}\right)$이다.

따라서 $p=-\dfrac{3}{4}$, $q=\dfrac{41}{8}$이므로

$-p+2q=\dfrac{3}{4}+\dfrac{41}{4}=11$

15 $f(x)=ax^2+bx+c$라 하면 주어진 이차함수의 그래프가 위로 볼록이므로

$a<0$

대칭축이 y축보다 왼쪽에 있으므로

$b<0$

y축과의 교점이 원점보다 위에 있으므로

$c>0$

① $a<0$, $b<0$이므로 $ab>0$

② $b<0$, $c>0$이므로 $\dfrac{b}{c}<0$

③ $a<0$, $c>0$이므로 $a-c<0$

④ 그래프에서 $f(-1)=a-b+c>0$

⑤ 그래프에서 $f(2)=4a+2b+c<0$

따라서 옳은 것은 ②, ⑤이다.

16 이차함수의 그래프가 위로 볼록이므로

$a<0$

대칭축이 y축보다 오른쪽에 있으므로

$b>0$

y축과의 교점이 원점보다 위에 있으므로

$c>0$

따라서 이차함수 $y=cx^2+bx+a$의 그래프는 아래로 볼록이면서 대칭축이 y축보다 왼쪽에 있고, y축과의 교점이 원점보다 아래에 있으므로 개형을 그리면 오른쪽 그림과 같다.

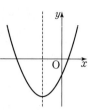

즉, 이 그래프는 모든 사분면을 지난다.

Level ② 본문 116~119쪽

01 ④ **02** $\dfrac{1}{2}$ **03** 2 **04** $(-2, 0)$ **05** $\left(2, -\dfrac{1}{5}\right)$

06 15 **07** $-\dfrac{4}{5}$ **08** $\dfrac{5}{2}$ **09** 62 **10** $\dfrac{15}{8}$ **11** 14 **12** ⑤

13 -32 **14** $(5, -3)$ **15** ③ **16** 제4사분면

01 $y=-\dfrac{1}{2}x^2+2x-1$

$\quad =-\dfrac{1}{2}(x-2)^2+1$

이므로 구하는 이차함수의 꼭짓점의 좌표는 $(2, 1)$이다.

또, 이차함수 $y=-\dfrac{1}{4}x^2$의 그래프와 모양이 같으므로 구하는 이차함수는

$y=-\dfrac{1}{4}(x-2)^2+1$

x축과 만나는 점의 x좌표를 구하기 위하여 $y=0$을 대입하면

$-\dfrac{1}{4}(x-2)^2+1=0$

$\dfrac{1}{4}(x-2)^2=1$, $(x-2)^2=4$, $x-2=\pm 2$

따라서 $x=4$ 또는 $x=0$이므로

$\overline{AB}=4$

02 $y=5x^2+x+q=5\left(x+\dfrac{1}{10}\right)^2-\dfrac{1}{20}+q$

이 그래프를 x축에 대하여 대칭이동하면

$y=-5\left(x+\dfrac{1}{10}\right)^2+\dfrac{1}{20}-q$

이것이 $y=a(x-p)^2-\dfrac{19}{20}$의 그래프와 같으므로

$a=-5$, $p=-\dfrac{1}{10}$, $q=1$

따라서 $apq=\dfrac{1}{2}$

03 이차함수 $y=\frac{1}{2}x^2-ax+b$의 그래프의 꼭짓점의 x좌표가

$-\frac{-a}{1}=a$

이므로 $x=a$를 대입하면

$y=\frac{1}{2}a^2-a^2+b=-\frac{1}{2}a^2+b$

따라서 꼭짓점의 좌표는 $\left(a,\ -\frac{1}{2}a^2+b\right)$이다.

이때 꼭짓점이 직선 $y=3x+\frac{7}{2}$ 위에 있으므로

$-\frac{1}{2}a^2+b=3a+\frac{7}{2}$ ...... ㉠

한편, 이차함수 $y=\frac{1}{2}x^2-ax+b$의 그래프가 점 $(2, 5)$를 지나

므로 $x=2$, $y=5$를 대입하면

$5=2-2a+b$

$\therefore b=2a+3$

이것을 ㉠에 대입하면

$-\frac{1}{2}a^2+(2a+3)=3a+\frac{7}{2}$

$\frac{1}{2}a^2+a+\frac{1}{2}=0$, $a^2+2a+1=0$

$(a+1)^2=0$

$\therefore a=-1$, $b=1$

따라서 $b-a=1-(-1)=2$

04 이차함수 $y=ax^2-\frac{5}{2}x-7$의 그래프가 점 $(7, 0)$을 지나므로

$x=7$, $y=0$을 대입하면

$0=49a-\frac{35}{2}-7$

$49a=\frac{49}{2}$ $\qquad \therefore a=\frac{1}{2}$

x축과 만나는 점의 x좌표를 구하기 위해 $y=0$을 대입하면

$\frac{1}{2}x^2-\frac{5}{2}x-7=0$

$x^2-5x-14=0$, $(x-7)(x+2)=0$

$\therefore x=7$ 또는 $x=-2$

따라서 다른 한 점의 좌표는 $(-2, 0)$이다.

[다른 풀이]

이차방정식 $ax^2-\frac{5}{2}x-7=0$의 한 해가 $x=7$이므로

$a(x-7)(x-k)=0$

으로 놓을 수 있다.

따라서 $ax^2-\frac{5}{2}x-7=a(x-7)(x-k)$이므로

우변의 식을 전개하여 항을 비교하면

$a(7+k)=\frac{5}{2}$, $7ak=-7$

$ak=-1$이므로

$7a=\frac{5}{2}-ak=\frac{7}{2}$

$\therefore a=\frac{1}{2}$

05 일차함수 $y=\frac{4}{5}x+4$의 그래프가 y축과 만나는 점은 $(0, 4)$이

고, x축과 만나는 점은 $(-5, 0)$이다.

따라서 이차함수 $y=-x^2+ax+b$의 그래프가 점 $(0, 4)$를 지

나므로

$b=4$

또, 점 $(-5, 0)$을 지나므로 $x=-5$, $y=0$을

$y=-x^2+ax+4$에 대입하면

$0=-25-5a+4$

이므로

$a=-\frac{21}{5}$

따라서 이차함수 $y=-x^2+4x-\frac{21}{5}$의 그래프의 꼭짓점의 좌표는

$y=-x^2+4x-\frac{21}{5}$

$\quad =-(x-2)^2-\frac{1}{5}$

에서 $\left(2,\ -\frac{1}{5}\right)$이다.

06 $y=-x^2+2x+a$

$\quad =-(x-1)^2+a+1$

이므로 꼭짓점의 좌표는 $(1,\ a+1)$이

고, 축의 방정식은 $x=1$이다.

a의 값이 커짐에 따라 꼭짓점의 y좌표

가 커지므로 정사각형과 만나도록 그래

프를 그려 보면 오른쪽 그림과 같다.

(i) a의 값이 가장 작을 때는 그래프가

점 $(1, 2)$를 지날 때이므로

$2=-1+2+a$

따라서 $a=1$

(ii) a의 값이 가장 클 때는 그래프가 점 $(4, 6)$를 지날 때이므로

$6=-4^2+8+a$

따라서 $a=14$

(i), (ii)에서 구하는 실수 a의 값의 범위는

$1 \le a \le 14$

이므로

$p+q=1+14=15$

07 $y=ax^2-4a$
$=a(x^2-4)$
$=a(x-2)(x+2)$

이므로 이차함수의 그래프와 x축의 교점의 좌표는 $(2, 0)$, $(-2, 0)$이다.

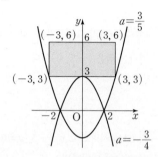

따라서 이차함수 $y=ax^2-4a$의 그래프는 두 점 $(2, 0)$, $(-2, 0)$을 지나면서 a의 값에 따라 그래프의 폭과 모양이 변함을 알 수 있다.

(i) $a>0$일 때,

a의 값이 커질수록 그래프의 폭이 좁아지므로, a의 값이 가장 작을 때는 그래프가 점 $(3, 3)$을 지날 때이다.

$3=9a-4a$에서

$a=\dfrac{3}{5}$

따라서 $a\geq\dfrac{3}{5}$이면 그래프와 직사각형이 만난다.

(ii) $a<0$일 때,

a의 값이 작아질수록 그래프의 폭이 좁아지면서 꼭짓점의 y좌표도 커지므로 a의 값이 가장 클 때는 그래프가 점 $(0, 3)$을 지날 때이다.

$3=-4a$에서

$a=-\dfrac{3}{4}$

따라서 $a\leq-\dfrac{3}{4}$이면 그래프와 직사각형이 만난다.

(i), (ii)에서 이차함수 $y=ax^2-4a$의 그래프가 직사각형과 만나는 실수 a의 값의 범위는

$a\geq\dfrac{3}{5}$ 또는 $a\leq-\dfrac{3}{4}$

따라서 $p=\dfrac{3}{5}$, $q=-\dfrac{3}{4}$이므로

$\dfrac{p}{q}=-\dfrac{4}{5}$

실수하기 쉬운 부분 짚어보기

$a<0$일 때 a의 값이 가장 클 때를 그래프가 점 $(0, 6)$을 지날 때라고 생각하지 않도록 주의한다. $a<0$일 때는 a의 값이 작아질수록 그래프의 폭이 좁아지므로 그래프가 y축과 만나는 점이 $(0, 3)$보다 위쪽이면 당연히 직사각형과 만나게 된다.

08 x의 값이 증가할 때 y의 값이 증가하는 x의 값의 범위가 $x<3$이므로 $a<0$이고 축의 방정식이 $x=3$임을 알 수 있다.

이차함수 $y=ax^2+bx+7$의 그래프의 축의 방정식은

$x=-\dfrac{b}{2a}$이므로

$-\dfrac{b}{2a}=3$ $\therefore b=-6a$

이차함수 $y=ax^2-6ax+7$의 그래프가 점 $\left(\dfrac{1}{a}, 2a\right)$를 지나므로

$x=\dfrac{1}{a}$, $y=2a$를 대입하면

$2a=a\times\dfrac{1}{a^2}-6a\times\dfrac{1}{a}+7$

$2a=\dfrac{1}{a}+1$, $2a^2-a-1=0$

$(2a+1)(a-1)=0$

$a=-\dfrac{1}{2}$ 또는 $a=1$

이때 $a<0$이므로 $a=-\dfrac{1}{2}$

$a=-\dfrac{1}{2}$을 $b=-6a$에 대입하면

$b=3$

따라서 $a+b=\dfrac{5}{2}$

09 $y=\dfrac{1}{2}x^2-3x-8$
$=\dfrac{1}{2}(x-3)^2-\dfrac{25}{2}$

이므로 꼭짓점 B의 좌표는 $\left(3, -\dfrac{25}{2}\right)$이다.

오른쪽 그림과 같이 보조선 $\overline{OB}$를 그려 □OABC를 △OAB, △OBC로 나누자.

점 A의 좌표는 $(0, -8)$이므로

$\overline{OA}=8$

이며, △OAB의 높이는

점 B의 x좌표와 같으므로 3이다.

따라서 삼각형 OAB의 넓이는

$\dfrac{1}{2}\times8\times3=12$

점 C의 x좌표를 구하기 위해 $y=\dfrac{1}{2}x^2-3x-8$에 $y=0$을 대입하면

$\dfrac{1}{2}x^2-3x-8=0$

$x^2-6x-16=0$, $(x+2)(x-8)=0$

$\therefore x=-2$ 또는 $x=8$

따라서 점 C의 좌표는 $(8, 0)$이므로 $\overline{\text{OC}}=8$

이며, 삼각형 OBC의 높이는 점 B의 y좌표의 절댓값과 같으므로 $\dfrac{25}{2}$이다.

따라서 삼각형 OBC의 넓이는

$\dfrac{1}{2} \times 8 \times \dfrac{25}{2}=50$

그러므로 사각형 OABC의 넓이는

$12+50=62$

10

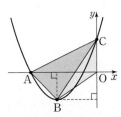

$\triangle \text{ABC}=\triangle \text{ABO}+\triangle \text{AOC}-\triangle \text{BOC}$로 구하자.

$y=x^2+3x+\dfrac{5}{4}=\left(x+\dfrac{3}{2}\right)^2-1$

이므로 꼭짓점 B의 좌표는 $\left(-\dfrac{3}{2},\ -1\right)$이고, 점 C의 좌표는 $\left(0,\ \dfrac{5}{4}\right)$이다.

점 A의 x좌표를 구하기 위해 $y=0$을 대입하면

$x^2+3x+\dfrac{5}{4}=0$

$4x^2+12x+5=0,\ (2x+1)(2x+5)=0$

$\therefore x=-\dfrac{5}{2}$ 또는 $x=-\dfrac{1}{2}$

따라서 점 A의 좌표는 $\left(-\dfrac{5}{2},\ 0\right)$이다.

$\triangle \text{ABO}$에서 $\overline{\text{AO}}=\dfrac{5}{2}$이고 높이는 1이므로 넓이는

$\dfrac{1}{2} \times \dfrac{5}{2} \times 1=\dfrac{5}{4}$

$\triangle \text{AOC}$에서 $\overline{\text{AO}}=\dfrac{5}{2}$이고 높이는 $\dfrac{5}{4}$이므로 넓이는

$\dfrac{1}{2} \times \dfrac{5}{2} \times \dfrac{5}{4}=\dfrac{25}{16}$

$\triangle \text{BOC}$에서 $\overline{\text{CO}}=\dfrac{5}{4}$이고 높이는 $\dfrac{3}{2}$이므로 넓이는

$\dfrac{1}{2} \times \dfrac{5}{4} \times \dfrac{3}{2}=\dfrac{15}{16}$

따라서 $\triangle \text{ABC}$의 넓이는

$\triangle \text{ABC}=\triangle \text{ABO}+\triangle \text{AOC}-\triangle \text{BOC}$

$\qquad =\dfrac{5}{4}+\dfrac{25}{16}-\dfrac{15}{16}$

$\qquad =\dfrac{15}{8}$

11 $y=x^2-6x+10$

$\quad =(x-3)^2+1$

이므로 이차함수 $y=x^2-6x-10$의 그래프의 꼭짓점의 좌표는 $(3, 1)$이다.

일차함수 $y=ax$의 그래프가 점 $(3, 1)$을 지나므로

$a=\dfrac{1}{3}$

따라서 두 일차함수는 $y=\dfrac{1}{3}x,\ y=\dfrac{1}{3}x+\dfrac{14}{3}$이므로 그래프를 그리면 다음과 같다.

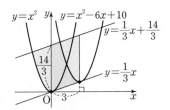

이때 이차함수 $y=x^2-6x+10$의 그래프는 $y=x^2$의 그래프를 평행이동한 것이므로 문제에서 색칠한 부분의 넓이는 위의 그림의 평행사변형의 넓이와 같다.

따라서 색칠한 부분의 넓이는 $\dfrac{14}{3} \times 3=14$

12 이차함수의 그래프가 x축과 만나는 두 점의 좌표가 $O(0, 0)$, $A(8, 0)$이므로 축의 방정식은

$x=\dfrac{0+8}{2}=4$

따라서 점 B의 x좌표는 4이다.

또한, $\overline{\text{OA}}=8$이고 $\triangle \text{OAB}$의 넓이가 20이므로 높이는 5이다.

따라서 점 B의 y좌표는 5이다.

이차함수 $y=ax^2+bx+c$의 그래프의 꼭짓점의 좌표는 $(4, 5)$이므로

$y=a(x-4)^2+5$

이 그래프가 원점 $(0, 0)$을 지나므로

$0=a(0-4)^2+5$

$\therefore a=-\dfrac{5}{16}$

따라서 이차함수의 식은

$y=-\dfrac{5}{16}(x-4)^2+5$

$\quad =-\dfrac{5}{16}x^2+\dfrac{5}{2}x$

이므로

$b=\dfrac{5}{2},\ c=0$

따라서 $a+b+c=\dfrac{35}{16}$

다른 풀이

$a+b+c$의 값은 $x=1$일 때의 함숫값이므로 이차함수

$y=-\dfrac{5}{16}(x-4)^2+5$에 $x=1$을 대입하여도 답을 구할 수 있다.

TIP 이차함수의 그래프는 축에 대하여 대칭이므로 x축과의 두 교점의 좌표가 $(m, 0)$, $(n, 0)$이면 축의 방정식은 $x=\dfrac{m+n}{2}$이다.

13 $f(-3)=f(4)$이므로 이차함수 $y=f(x)$의 그래프의 축의 방정식은

$$x=\frac{-3+4}{2}=\frac{1}{2}$$

따라서 꼭짓점의 x좌표는 $\dfrac{1}{2}$이고, 이 그래프가 점 $(0, 2)$를 지나므로 이차함수의 식을

$$y=a\left(x-\frac{1}{2}\right)^2-\frac{1}{4}a+2$$

로 놓을 수 있다.

이 그래프가 점 $\left(\dfrac{3}{2}, 5\right)$를 지나므로 $x=\dfrac{3}{2}$, $y=5$를 대입하면

$$5=a-\frac{1}{4}a+2$$

$$3=\frac{3}{4}a \quad \therefore a=4$$

따라서 $f(x)=4\left(x-\dfrac{1}{2}\right)^2+1=4x^2-4x+2$이므로

$b=-4$, $c=2$

$\therefore abc=4\times(-4)\times 2=-32$

14 이차함수의 그래프와 x축의 두 교점의 좌표가 $(k, 0)$, $(2k+1, 0)$이므로 축의 방정식은

$$x=\frac{k+(2k+1)}{2}=\frac{3k+1}{2}$$

그래프가 직선 $x=5$에 대하여 대칭이므로

$$\frac{3k+1}{2}=5$$

에서 $k=3$

따라서 x축과의 두 교점의 좌표가 $(3, 0)$, $(7, 0)$이므로 이차함수의 식을

$$y=a(x-3)(x-7)$$

로 놓을 수 있다.

이 그래프가 점 $\left(6, -\dfrac{9}{4}\right)$를 지나므로

$$-\frac{9}{4}=a(6-3)(6-7)$$

$$\frac{9}{4}=3a \quad \therefore a=\frac{3}{4}$$

따라서 이차함수의 식은

$$y=\frac{3}{4}(x-3)(x-7)$$

$$=\frac{3}{4}(x^2-10x+21)$$

$$=\frac{3}{4}(x-5)^2-3$$

이므로 꼭짓점의 좌표는 $(5, -3)$이다.

15 일차함수 $y=ax-b$의 그래프의 기울기가 음수이므로

$a<0$

y절편이 양수이므로

$-b>0 \quad \therefore b<0$

또한, $x=2$에서의 함숫값이 양수이므로

$2a>b$

따라서 이차함수 $y=ax^2+bx-a+b$의 그래프는 $a<0$이므로 위로 볼록인 모양이고, $b<0$이므로 대칭축이 y축보다 왼쪽에 있다.

$b<2a$이므로

$$-a+b<-a+2a=a<0$$

이 되어 y축과의 교점이 원점보다 아래쪽에 있다.

따라서 그래프의 개형으로 알맞은 것은 ③이다.

16 $y=ax^2+abx=ax(x+b)$

이므로 이차함수 $y=ax^2+abx$의 그래프가 x축과 만나는 교점의 좌표는 $(0, 0)$, $(-b, 0)$이다.

따라서 축의 방정식은 $x=\dfrac{-b}{2}$이므로 꼭짓점이 제2사분면에 있으려면

$$\frac{-b}{2}<0 \quad \therefore b>0$$

또한, 이 그래프가 원점을 지나므로 그래프의 개형을 그려 보면 $a<0$이어야 한다.

이차함수 $y=bx^2+abx=bx(x+a)$에서 $b>0$이므로 아래로 볼록이고, x축과 두 점 $(0, 0)$, $(-a, 0)$에서 만나므로 그래프의 개형을 그리면 다음 그림과 같다.

따라서 꼭짓점은 제4사분면 위에 있다.

01 ③　　**02** 4　　**03** $\dfrac{64}{9}$　　**04** 2 또는 4　　**05** 8　　**06** ②

---

01 ㄱ. 이차함수 $y=\dfrac{1}{2}ax^2+2ax+b$에 $x=4$를 대입하면

$y=8a+8a+b=16a+b$

이므로 이차함수의 그래프는 점 $(4, 16a+b)$를 지난다.

이차함수일 조건에 의하여 $a\neq0$이므로

$16a+b\neq10a+b$ (거짓)

ㄴ. $y=\dfrac{1}{2}a(x^2+4x)+b$

$=\dfrac{1}{2}a(x+2)^2-2a+b$

이므로 꼭짓점의 좌표는 $(-2, -2a+b)$이다. (참)

ㄷ. $a<0$이면 이차함수의 그래프는 위로 볼록이므로 그래프가 x축과 만나지 않으려면 꼭짓점이 x축보다 아래에 있어야 한다.

따라서 꼭짓점의 y좌표가 음수이어야 하므로

$-2a+b<0$　　∴ $b<2a$ (거짓)

> **함정 피하기**
>
> $a>0$일 때는 이차함수의 그래프가 아래로 볼록이므로 꼭짓점의 y좌표가 양수, 즉 $-2a+b>0$이어야 한다.
> 하지만 모든 상황에서 $-2a+b>0$은 아니므로 ㄷ은 항상 옳지는 않다.

ㄹ. $a<0$일 때 $-2a+b<0$,

$a>0$일 때 $-2a+b>0$

이므로 a와 $-2a+b$는 항상 같은 부호이다.

따라서 $\dfrac{-2a+b}{a}>0$이고,

$\dfrac{-2a+b}{a}=-2+\dfrac{b}{a}>0$

이므로 $\dfrac{b}{a}>2$ (참)

그러므로 옳은 것은 ㄴ, ㄹ이다.

> **실수하기 쉬운 부분 짚어보기**
>
> 이차함수의 그래프가 x축과 만나지 않으려면 그래프가 아래로 볼록일 때는 꼭짓점이 x축보다 위에 있어야 하고, 그래프가 위로 볼록일 때는 꼭짓점이 x축보다 아래에 있어야 함에 유의한다.

02 $y=-x^2+6x-3.5$

$=-(x-3)^2+5.5$,

$y=0.5x^2+4x+6$

$=0.5(x+4)^2-2$

따라서 두 이차함수 $y=-x^2+6x-3.5$, $y=0.5x^2+4x+6$의 그래프의 꼭짓점의 좌표는 각각 $(3, 5.5)$, $(-4, -2)$이다.

각 그래프의 개형을 그리면 다음과 같다.

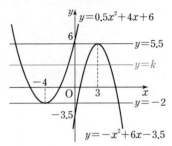

위의 그림에서 두 이차함수의 그래프가 x축과 평행한 직선 $y=k$와 만나서 생기는 교점의 개수가 4개가 되기 위해서 정수 k가 두 이차함수의 그래프의 꼭짓점의 y좌표 사이에 있어야 한다.

따라서 $-2<k<5.5$

이때 k는 정수이므로

$-1\leq k\leq5$

따라서 $m=-1$, $n=5$이므로

$m+n=4$

> **함정 피하기**
>
> $k=-2$일 때는 교점이 3개가 되므로 교점이 4개인 가장 작은 정수 k는 -1이다.

03 이차함수 $y=-\dfrac{3}{4}x^2$의 그래프가 점 $(a, -a)$를 지나므로

$-a=-\dfrac{3}{4}a^2$

$3a^2-4a=0$, $a(3a-4)=0$

$a=0$ 또는 $a=\dfrac{4}{3}$

이때 $a>0$이므로

$a=\dfrac{4}{3}$

따라서 $f(x)=\dfrac{3}{4}\left(x-\dfrac{4}{3}\right)^2+\dfrac{4}{3}$이므로 $y=f(x)$의 그래프가 y축과 만나는 점의 좌표는 $\left(0, \dfrac{8}{3}\right)$이다.

두 이차함수 $y=f(x)$, $y=g(x)$의 그래프는 이차함수 $y=-\dfrac{3}{4}x^2$의 그래프와 x축에 대하여 대칭인 $y=\dfrac{3}{4}x^2$의 그래프를 평행이동해서 그린 그래프이므로 이차함수 $y=-\dfrac{3}{4}x^2$의 그래프와 폭이 같다.

따라서 T의 값은 다음 그림에서 새로 색칠한 부분의 넓이인 $A+B$의 값과 같다.

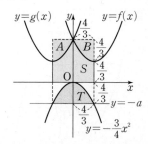

따라서 $S+T$의 값은 $S+A+B$의 값과 같으므로 그림과 같이 x축, $y=\dfrac{8}{3}$, $x=-\dfrac{4}{3}$, $x=\dfrac{4}{3}$로 둘러싸인 정사각형의 넓이인

$$\dfrac{8}{3}\times\dfrac{8}{3}=\dfrac{64}{9}$$

와 같다.

04 조건 ㈎에서 $f(x+3)-f(x-1)=2k(x-2)$는 모든 실수 x에 대하여 성립하므로 주어진 식에 $x=2$를 대입하면

$f(5)-f(1)=0$

$\therefore f(5)=f(1)$

따라서 이차함수 $y=f(x)$의 그래프의 대칭축이

$x=\dfrac{5+1}{2}=3$

임을 알 수 있다.

조건 ㈏에서 두 점 $(0, 0)$, $(k, f(k))$를 지나는 직선의 기울기가 -2이므로

$\dfrac{f(k)-0}{k-0}=-2$ $\qquad \therefore f(k)=-2k$

$f(x+3)-f(x-1)=2k(x-2)$에 $x=1$을 대입하면

$f(4)-f(0)=-2k$

이고, 조건 ㈐에서 $f(0)=0$이므로

$f(4)=-2k$

따라서 $f(k)=f(4)=-2k$이므로

(i) $k=4$

(ii) $k\ne4$이면 대칭축이 $x=3$이므로

$\dfrac{k+4}{2}=3$

따라서 $k=2$

(i), (ii)에서 주어진 조건을 만족시키는 모든 실수 k의 값은 2, 4 이다.

다른 풀이

$f(x)=a(x-p)^2+q$로 놓고, 조건 ㈎의 식

$f(x+3)-f(x-1)=2k(x-2)$에 대입하면

$\{a(x+3-p)^2+q\}-\{a(x-1-p)^2+q\}=2k(x-2)$

$a(x+3-p)^2-a(x-1-p)^2=2k(x-2)$ $\qquad$ ……㉠

좌변을 인수분해하면

$a\{(x+3-p)+(x-1-p)\}\{(x+3-p)-(x-1-p)\}$

$=4a(2x+2-2p)$

이므로 ㉠에서

$4a(2x+2-2p)=2k(x-2)$

$8ax+8a-8ap=2kx-4k$

위 식이 모든 실수 x에 대하여 성립하므로

$8a=2k$, $8a-8ap=-4k$

따라서 $a=\dfrac{1}{4}k$, $p=3$

이를 $f(x)=a(x-p)^2+q$에 대입하면

$f(x)=\dfrac{1}{4}k(x-3)^2+q$

조건 ㈐에서 $f(0)=0$이므로 $q=-\dfrac{9}{4}k$

따라서 $f(x)=\dfrac{1}{4}kx^2-\dfrac{3}{2}kx$ $\qquad$ ……㉡

조건 ㈏에서 두 점 $(0, 0)$, $(k, f(k))$를 지나는 직선의 기울기가 -2이므로

$\dfrac{f(k)}{k}=-2$

따라서 $f(k)=-2k$

㉡에서 $f(k)=\dfrac{1}{4}k^3-\dfrac{3}{2}k^2$이므로

$-2k=\dfrac{1}{4}k^3-\dfrac{3}{2}k^2$

$k^3-6k^2+8k=0$

이때 $k\ne0$이므로 위의 식의 양변을 k로 나누면

$k^2-6k+8=0$, $(k-2)(k-4)=0$

따라서 구하는 실수 k의 값은

$k=2$ 또는 $k=4$

05 $y=\dfrac{5}{4}x^2+\dfrac{5}{2}x-\dfrac{15}{4}$

$=\dfrac{5}{4}(x^2+2x-3)$

$=\dfrac{5}{4}(x+3)(x-1)$

따라서 그래프가 x축과 만나는 점의 x좌표는

$x=-3$ 또는 $x=1$

이므로 두 점 A, B의 좌표는 각각 $(-3, 0)$, $(1, 0)$이다.

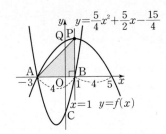

위의 그림에서 점 P의 x좌표가 점 B의 x좌표와 같으므로
$y=f(x)$의 그래프의 축의 방정식은
$x=1$
따라서 $y=f(x)$의 그래프는 직선 $x=1$에 대하여 대칭이므로
x축과 만나는 두 점도 직선 $x=1$에 대하여 대칭이다.
이때 $\overline{AB}=4$이므로 x축과 만나는 다른 한 점은 점 B로부터
x축의 양의 방향으로 4만큼 떨어진 점 $(5, 0)$이다.
따라서 $y=f(x)$는 x축과 두 점 $(-3, 0)$, $(5, 0)$에서 만나므
로 이차함수의 식은
$f(x)=a(x+3)(x-5)$
로 놓을 수 있다.
$\overline{OC}=\overline{OQ}$이므로 $\overline{OQ}=\dfrac{15}{4}$

따라서 이차함수 $y=f(x)$의 그래프는 점 $\left(0, \dfrac{15}{4}\right)$를 지난다.

$\dfrac{15}{4}=a\times 3\times(-5)$

$\therefore a=-\dfrac{1}{4}$

점 P는 $y=-\dfrac{1}{4}(x+3)(x-5)$ 위의 점이므로

$f(1)=-\dfrac{1}{4}\times(1+3)\times(1-5)=4$에서

$\overline{PB}=4$
따라서 삼각형 ABP의 넓이는
$\triangle ABP=\dfrac{1}{2}\times 4\times 4=8$

다른 풀이

점 P의 x좌표가 점 B의 x좌표와 같으므로 이차함수 $y=f(x)$
의 식을
$f(x)=a(x-1)^2+b$
로 놓을 수 있다.
이차함수 $y=f(x)$의 그래프가 $(-3, 0)$을 지나므로
$16a+b=0$　　　　　…… ㉠
이차함수 $y=\dfrac{5}{4}x^2+\dfrac{5}{2}x-\dfrac{15}{4}$의 그래프와 y축이 만나는 점이

$\left(0, -\dfrac{15}{4}\right)$이므로

$\overline{OC}=\overline{OQ}=\dfrac{15}{4}$

따라서 점 Q의 좌표는 $\left(0, \dfrac{15}{4}\right)$이다.

이차함수 $y=f(x)$의 그래프가 점 Q를 지나므로

$a+b=\dfrac{15}{4}$　　　　　…… ㉡

㉠, ㉡을 연립하여 풀면

$a=-\dfrac{1}{4}$, $b=4$

따라서 이차함수 $y=f(x)$의 꼭짓점 P의 y좌표가 4이므로

$\begin{aligned}
\triangle ABP &=\dfrac{1}{2}\times\overline{AB}\times\overline{PB} \\
&=\dfrac{1}{2}\times 4\times 4 \\
&=8
\end{aligned}$

06 $f(x)=ax^2+bx+c$라 하면

ㄱ. $f\left(-\dfrac{1}{2}\right)=\dfrac{1}{4}a-\dfrac{1}{2}b+c<0$이므로

　　$\dfrac{1}{4}(a-2b+4c)<0$

　　따라서 $a-2b+4c<0$ (참)

ㄴ. 이차함수의 그래프가 위로 볼록이므로
　　$a<0$
　　대칭축이 y축의 오른쪽에 있으므로
　　$b>0$
　　y축과의 교점이 원점보다 아래에 있으므로
　　$c<0$
　　따라서 $abc>0$ (거짓)

ㄷ. $f(3)>f(0)$이므로
　　$9a+3b+c>c$, $9a+3b>0$
　　따라서 $3a+b>0$ (거짓)

ㄹ. $f(2)=f(4)$이므로 이차함수의 그래프의 축의 방정식은

　　$x=\dfrac{2+4}{2}=3$

　　따라서 $f(6)=f(0)$이므로
　　$36a+6b+c=c$
　　$36a+6b=0$
　　따라서 $6a+b=0$ (참)

그러므로 옳은 것은 ㄱ, ㄹ이다.

다른 풀이

ㄷ. $f(2)>f(1)$이므로 $f(2)-f(1)>0$
따라서
$\begin{aligned}
f(2)-f(1) &=(4a+2b+c)-(a+b+c) \\
&=3a+b>0
\end{aligned}$

함정 피하기

이차함수의 그래프에서 $x=2$, $x=4$일 때의 함숫값이 같으므로 그래프는 직선 $x=3$에 대하여 대칭이다. 이를 이용하면 $x=0$일 때의 함숫값과 $x=6$일 때의 함숫값이 같음을 알 수 있다.

Level 4 　　　　　　　　　　　本문 122~123쪽

01 -5　**02** $-\dfrac{7}{6}$　**03** ①　**04** $\dfrac{3}{4}$　**05** 160　**06** $\dfrac{125}{2}$ m

---

01 　**풀이전략**　밑변의 길이가 같은 삼각형의 넓이의 비는 높이의 비와 같음을 이용하여 점 C의 좌표를 구한다.

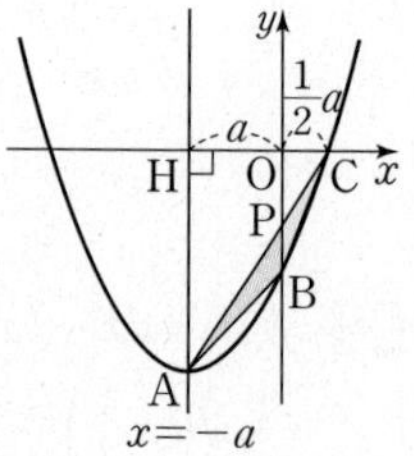

오른쪽 그림과 같이 점 A에서 x축에 내린 수선의 발을 H라 하자.

이차함수 $y=\dfrac{1}{2}x^2+ax+b$의 그래프의 축의 방정식은

$$x=-\dfrac{a}{2\times\dfrac{1}{2}}=-a$$

이므로

$$\overline{HO}=a$$

△ABP와 △BCP의 밑변을 $\overline{PB}$라 하면 두 삼각형은 밑변의 길이가 같으므로 넓이의 비는 높이의 비 $\overline{HO}:\overline{OC}$와 같다.

△ABP : △BCP=2 : 1이므로

$$\overline{OC}=\dfrac{1}{2}a$$

따라서 이차함수 $y=\dfrac{1}{2}x^2+ax+b$의 그래프가 점 C$\left(\dfrac{1}{2}a,\,0\right)$

을 지나므로 $x=\dfrac{1}{2}a$, $y=0$을 대입하면

$$\dfrac{5}{8}a^2+b=0$$

$$\therefore b=-\dfrac{5}{8}a^2 \qquad\cdots\cdots ㉠$$

점 H의 x좌표가 $-a$이므로 $y=\dfrac{1}{2}x^2+ax-\dfrac{5}{8}a^2$에 $x=-a$를 대입하면

$$y=\dfrac{1}{2}a^2-a^2-\dfrac{5}{8}a^2=-\dfrac{9}{8}a^2$$

$$\therefore \overline{AH}=\dfrac{9}{8}a^2$$

△ACH∽△PCO (AA 닮음)이므로

$$\overline{AH}:\overline{PO}=\overline{HC}:\overline{OC}$$
$$=\dfrac{3}{2}a:\dfrac{1}{2}a$$
$$=3:1$$

따라서 $\overline{PO}=\dfrac{1}{3}\overline{AH}=\dfrac{3}{8}a^2$이고, $\overline{BO}=\dfrac{5}{8}a^2$이므로

$$\overline{PB}=\overline{BO}-\overline{PO}=\dfrac{1}{4}a^2$$

따라서 삼각형 APB의 넓이는

$$\dfrac{1}{2}\times\dfrac{1}{4}a^2\times a=\dfrac{1}{8}a^3$$

또, △APB$=\dfrac{2}{3}$△ABC$=\dfrac{2}{3}\times\dfrac{3}{4}a=\dfrac{1}{2}a$이므로

$$\dfrac{1}{8}a^3=\dfrac{1}{2}a$$

$$a^3-4a=0,\ a^3=4a,\ a^2=4 \qquad\therefore a=\pm 2$$

이때 $a>0$이므로 $a=2$

$a=2$를 ㉠에 대입하면

$$b=-\dfrac{5}{8}\times 2^2=-\dfrac{5}{2}$$

따라서 $ab=-5$

02 　**풀이전략**　x축, y축과 평행한 보조선을 그어 합동인 두 개의 직각삼각형을 만들고, 두 점 A, C의 좌표를 미지수로 나타내어 미지수의 값을 구한다.

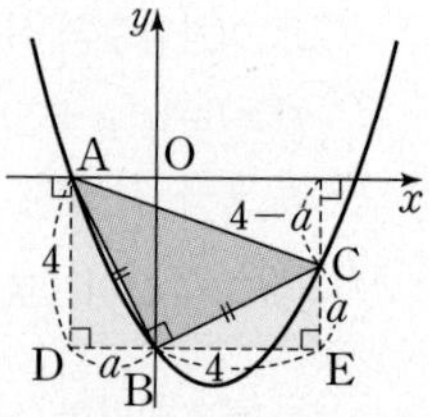

오른쪽 그림과 같이 두 점 D, E를 잡고, 점 A의 좌표를 $(-a,\,0)\ (a>0)$이라 하면

$$\overline{DB}=a$$

점 B의 좌표는 $(0,\,-4)$이므로

$$\overline{AD}=4$$

위의 그림에서 △ABD≡△BCE (RHA합동)이므로

$$\overline{BE}=\overline{AD}=4,\ \overline{CE}=\overline{BD}=a$$

따라서 점 C의 좌표는 $(4,\,a-4)$이다.

두 점 A$(-a,\,0)$, C$(4,\,a-4)$가 각각 이차함수

$y=\dfrac{5}{12}x^2+mx-4$의 그래프 위에 있으므로

$$0=\dfrac{5}{12}a^2-ma-4 \qquad\cdots\cdots ㉠$$

$$a-4=4m+\dfrac{8}{3}$$

에서 $m=\dfrac{1}{4}a-\dfrac{5}{3} \qquad\cdots\cdots ㉡$

㉡을 ㉠에 대입하면

$$\dfrac{5}{12}a^2-\dfrac{1}{4}a^2+\dfrac{5}{3}a-4=0$$

$$\dfrac{1}{6}a^2+\dfrac{5}{3}a-4=0,\ a^2+10a-24=0$$

$$(a+12)(a-2)=0$$

$$a=-12 \text{ 또는 } a=2$$

이때 $a>0$이므로 $a=2$

$a=2$를 ㉡에 대입하면

$$m=\dfrac{1}{4}a-\dfrac{5}{3}=\dfrac{1}{2}-\dfrac{5}{3}=-\dfrac{7}{6}$$

실수하기 쉬운 부분 짚어보기

점 C와 x축 사이의 거리가 $4-a$이므로 점 C의 좌표를 $(4,\,4-a)$로 착각할 수 있다. 하지만 점 C의 y좌표는 음수이므로 $a-4$이다.

03 $f(-1)>0$, $f(3)<0$임을 이용하여 축의 방정식 $x=-\dfrac{b}{2a}$가 어느 위치에 있는지 추론해 본다.

$f(x)=ax^2+bx+c$라 하면

㈎ 좌변을 인수분해하면

$(a+c)^2-b^2=(a+b+c)(a-b+c)$

이때 $a+b+c=f(1)<0$, $a-b+c=f(-1)>0$이므로

$(a+c)^2-b^2=f(1)f(-1)<0$

따라서 $(a+c)^2-b^2\boxed{<}0$

㈏ 오른쪽 그림과 같이 두 점 $(-1, 0)$, $(3, 0)$의 중점인 $(1, 0)$에서 y축에 평행한 직선 $x=1$을 그리면 이차함수의 대칭축 $x=-\dfrac{b}{2a}$가 직선 $x=1$보다 오른쪽에 있으므로 $-\dfrac{b}{2a}>1$

$a>0$이므로 양변에 $2a$를 곱하면 $-b>2a$

따라서 $2a+b\boxed{<}0$

㈐ 대칭축이 y축보다 오른쪽에 있으므로

$b<0$

㈏에서 $2a+b<0$이므로 양변에 $5b$를 더하면

$2a+6b<5b$

이때 $5b<0$이므로

$2a+6b<5b<0$

따라서 $a+3b\boxed{<}0$

다른 풀이

㈐ 대칭축이 y축보다 오른쪽에 있으므로

$f(0)>f\left(\dfrac{1}{3}\right)$

이때 $f(0)=c$, $f\left(\dfrac{1}{3}\right)=\dfrac{1}{9}a+\dfrac{1}{3}b+c$이므로

$c>\dfrac{1}{9}a+\dfrac{1}{3}b+c$

$\dfrac{1}{9}a+\dfrac{1}{3}b=\dfrac{1}{9}(a+3b)<0$

따라서 $a+3b\boxed{<}0$

참고 이차함수 $y=ax^2+bx+c$의 그래프와 x축이 만나는 두 점을 각각 $(x_1, 0)$, $(x_2, 0)$ $(x_1<x_2)$이라 하면 축의 방정식은

$x=\dfrac{x_1+x_2}{2}$

$-1<x_1<0$, $3<x_2$이므로

$2<x_1+x_2$

따라서 $1<\dfrac{x_1+x_2}{2}$

$0<x<\dfrac{x_1+x_2}{2}$일 때, x의 값이 증가하면 y의 값이 감소하고,

$0<1<\dfrac{x_1+x_2}{2}$이므로

$f(0)>f(1)$

이때 $f(0)=c$, $f(1)=a+b+c$이므로

$c>a+b+c$

따라서 $a+b<0$

$b<0$이므로

$2b+(a+b)=a+3b<0$

04 구하는 점을 $(t, f(t))$로 놓고 문제에서 주어진 조건을 이용하여 t에 대한 방정식을 세운다.

$y=-ax^2+2ax+8a$
$=-a(x^2-2x-8)$
$=-a(x+2)(x-4)$

x축과의 교점을 구하기 위해 $y=0$을 대입하면

$x=-2$ 또는 $x=4$

따라서 두 점 A, B의 좌표는

$\mathrm{A}(-2, 0)$, $\mathrm{B}(4, 0)$

이고, y축과의 교점 C의 좌표는 $(0, 8a)$이다.

$\triangle\mathrm{ABC}$와 $\triangle\mathrm{ABP}$는 밑변의 길이가 $\overline{\mathrm{AB}}$로 같고, 넓이의 비가 $2:1$이므로 높이의 비도 $2:1$이다.

따라서 점 P의 y좌표는 점 C의 y좌표의 $\dfrac{1}{2}$이므로 $4a$이다.

직선 BC는 두 점 $\mathrm{B}(4, 0)$, $\mathrm{C}(0, 8a)$를 지나므로 직선의 방정식은

$y=-2a(x-4)$

점 P가 직선 BC 위에 있으므로 위의 식에 $y=4a$를 대입하면

$4a=-2a(x-4)$

$x-4=-2$ ∴ $x=2$

따라서 점 P의 좌표는 $(2, 4a)$이다.

한편, 두 점 A, P를 지나는 직선의 방정식은

$y=a(x+2)$

이므로 점 Q의 좌표를 $(t, a(t+2))$라 하자.

점 Q는 이차함수 $y=-ax^2+2ax+8a$ 위의 점이기도 하므로

$a(t+2)=-a(t^2-2t-8)$

$a\ne0$이므로 양변을 a로 나누면

$t+2=-(t^2-2t-8)$

$t^2-t-6=0$, $(t-3)(t+2)=0$

$t=-2$ 또는 $t=3$

이때 $t\ne-2$이므로 $t=3$

따라서 점 Q의 좌표는 $(3, 5a)$이다.

직선 AQ가 △ABC의 넓이를 이등분하므로

$$\overline{CP}=\overline{PB}$$

즉, △CPQ와 △PBQ는 밑변의 길이와 높이가 각각 같은 삼각형이므로 넓이가 같다.

따라서 $\triangle PBQ=\dfrac{9}{4}$

또,

$$\triangle PBQ=\triangle ABQ-\triangle ABP$$
$$=\frac{1}{2}\times 6\times 5a-\frac{1}{2}\times 6\times 4a$$
$$=3a$$

이므로

$$3a=\frac{9}{4}$$

따라서 $a=\dfrac{3}{4}$

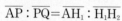 다른 풀이

위 풀이에서 $\triangle PBQ=\dfrac{9}{4}$ 이후로 다음과 같이 a의 값을 구할 수도 있다.

오른쪽 그림과 같이 두 점 P, Q에서 x축에 내린 수선의 발을 각각 H_1, H_2라 하면 $\overline{PH_1}$과 $\overline{QH_2}$가 서로 평행하므로

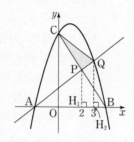

$$\overline{AP}:\overline{PQ}=\overline{AH_1}:\overline{H_1H_2}$$

이때 $\overline{AH_1}=4$, $\overline{H_1H_2}=1$이므로

$$\overline{AP}:\overline{PQ}=4:1$$

$\triangle PBQ:\triangle ABP=\overline{PQ}:\overline{AP}=1:4$이므로

$$\triangle APB=9$$

따라서 $\triangle ABP=\dfrac{1}{2}\times 6\times 4a=9$이므로

$$a=\frac{3}{4}$$

05 풀이전략 점 (n, n^2-4n+5)를 중심으로 하는 원의 내부와 원주 위에 있는 점이 3개인데, 이 원의 내부와 원주 위에 있는 점은 점 (n, n^2-4n+5)와 가장 가까운 점, 두 번째로 가까운 점이다. 따라서 조건을 만족시키는 가장 작은 원의 반지름의 길이는 점 (n, n^2-4n+5)로부터 두 번째로 가까운 점까지의 거리이다.

각 자연수 n에 대하여 원의 반지름의 길이 $f(n)$은 점 (n, n^2-4n+5)으로부터 두 번째로 가까운 점까지의 거리와 같다.

자연수 n에 따라 두 번째로 가까운 점을 찾아보자.

(i) $n=1$일 때,

원의 중심이 $(1, 2)$이므로 점 $(1, 2)$로부터 가장 가까운 점은 $(2, 1)$이다.

따라서 원의 중심과 두 번째로 가까운 점은 $(3, 2)$이므로

$$f(1)=2$$

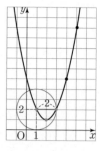

(ii) $n=2$일 때,

원의 중심이 $(2, 1)$이므로 점 $(2, 1)$로부터 가장 가까운 두 점은 $(1, 2)$, $(3, 2)$이며, 그래프의 대칭성에 의해 원의 중심으로부터 $(1, 2)$, $(3, 2)$까지의 거리는 같다.

따라서 피타고라스 정리에 의하여

$$f(2)=\sqrt{2}$$

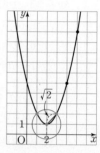

(iii) $n=3$일 때,

원의 중심이 $(3, 2)$이므로 점 $(3, 2)$로부터 가장 가까운 점은 $(2, 1)$이다.

따라서 원의 중심과 두 번째로 가까운 점은 $(1, 2)$이므로

$$f(3)=2$$

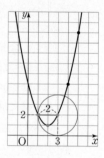

(iv) $n=4$일 때,

원의 중심이 $(4, 5)$이므로 점 $(4, 5)$로부터 가장 가까운 점은 $(3, 2)$이다.

따라서 원의 중심과 두 번째로 가까운 점은 $(1, 2)$이므로 피타고라스 정리에 의하여

$$f(4)=\sqrt{3^2+3^2}=3\sqrt{2}$$

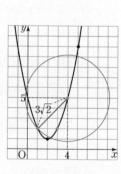

(v) $n=5$일 때,

원의 중심이 $(5, 10)$이므로 점 $(5, 10)$로부터 가장 가까운 점은 $(4, 5)$이다.

따라서 원의 중심과 두 번째로 가까운 점은 $(6, 17)$이므로 피타고라스 정리에 의하여

$$f(5)=\sqrt{1^2+7^2}=5\sqrt{2}$$

(vi) $n=6$일 때,

원의 중심이 $(6, 17)$이므로
점 $(6, 17)$로부터 가장 가까운
점은 $(5, 10)$이다.
따라서 원의 중심과 두 번째로 가
까운 점은 $(7, 26)$이므로
$f(6)=\sqrt{1^2+9^2}=\sqrt{82}$

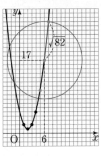

(i) ~ (vi)에 의하여
$\{f(1)\}^2+\{f(2)\}^2+\{f(3)\}^2+\cdots+\{f(6)\}^2$
$=2^2+(\sqrt{2})^2+2^2+(3\sqrt{2})^2+(5\sqrt{2})^2+(\sqrt{82})^2$
$=4+2+4+18+50+82$
$=160$

함정 피하기

$n=4$일 때 가까운 두 점을 $(2, 1)$, $(3, 2)$로 착각할 수도 있다. 하지만
점 $(4, 5)$로부터 점 $(2, 1)$까지의 거리는 피타고라스 정리에 의하여
$\sqrt{2^2+4^2}=2\sqrt{5}$
이므로 점 $(1, 2)$가 점 $(2, 1)$보다 점 $(4, 5)$에 더 가깝다.

플러스 개념 실제로, 하나하나 해 보지 않아도 $n\geq5$일 때는
$\{f(n)\}^2=1^2+(2n-3)^2$임을 구할 수 있다.
$g(x)=x^2-4x+5$라 하면
$g(3)=2, g(4)=5, g(5)=10, g(6)=17, \cdots$
이므로 함숫값의 차가 3, 5, 7, $\cdots$ 즉, 함숫값의 차가 점점 커짐
을 알 수 있다.
따라서 $n\geq5$일 때 점 $(n, g(n))$에서 가까운 순서대로 두 점은
$(n-1, g(n-1))$, $(n+1, g(n+1))$
이며, 함숫값의 차는 점점 커지므로 점 $(n, g(n))$과 두 번째로
가까운 점은 $(n+1, g(n+1))$이다.
따라서 원의 반지름의 길이 $f(n)$은 두 점 $(n, g(n))$,
$(n+1, g(n+1))$ 사이의 거리이므로 피타고라스 정리에 의하여
$\{f(n)\}^2=1^2+\{g(n+1)-g(n)\}^2$
$\qquad\qquad =1^2+(2n-3)^2$

06 **풀이전략** x축과의 교점 $(m, 0)$, $(n, 0)$과 그래프 위의 다른 한 점을 알
때, 이차함수의 식을 $y=a(x-m)(x-n)$으로 놓고, 다른 한 점의 좌표를
대입하여 a의 값을 구한다.

그림과 같이 발사 지점을 원점으로 하고 지표면을 x축으로 하는
좌표평면에 놓고, 대신기전의 궤적이 이루는 포물선을 $y=f(x)$,
산화신기전의 2차 추진 궤적이 이루는 포물선을 $y=g(x)$라 하
자. (단위는 m이다.)

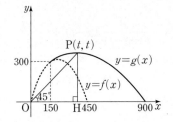

대신기전의 목표 지점의 좌표가 $(450, 0)$이므로 이차함수
$y=f(x)$의 그래프와 x축의 교점의 좌표는 $(0, 0)$, $(450, 0)$이
다.
따라서
$f(x)=ax(x-450)\ (a<0)$ ...... ㉠
으로 놓을 수 있다.
또한, 이차함수 $y=f(x)$의 그래프는 점 $(150, 300)$을 지나므
로 ㉠에 $x=150$, $y=300$을 대입하면
$150a(150-450)=300$
$\therefore a=-\dfrac{1}{150}$
따라서 대신기전의 궤적이 이루는 이차함수의 식은
$y=-\dfrac{1}{150}x(x-450)$
$\quad=-\dfrac{1}{150}x^2+3x$
$\quad=-\dfrac{1}{150}(x-225)^2+\dfrac{675}{2}$
이때 축의 방정식은 $x=225$이므로 대신기전의 화살은
$x=225$일 때 최고 높이 $y=\dfrac{675}{2}$에 도달한다.
이차함수 $y=g(x)$의 그래프의 꼭짓점을 P, 점 P에서 x축에 내
린 수선의 발을 H라 하면 삼각형 OPH는 직각이등변삼각형이
므로 점 P의 좌표는 (t, t)라 할 수 있다.
따라서 이차함수 $y=g(x)$의 식은
$g(x)=b(x-t)^2+t\ (b<0)$ ...... ㉡
로 놓을 수 있다.
산화신기전의 화살이 도달하는 최고 높이는 t이고, 산화신기전
의 화살이 도달하는 최고 높이가 대신기전의 화살이 도달하는
최고 높이보다 크므로
$t>\dfrac{675}{2}$
산화신기전의 발사 지점으로부터 목표 지점까지의 거리는 대신
기전의 2배이므로 산화신기전의 목표 지점의 좌표는 $(900, 0)$
이다.
즉, 이차함수 $y=g(x)$의 그래프가 점 $(900, 0)$을 지나므로 ㉡
에 $x=900$, $y=0$을 대입하면
$b(900-t)^2+t=0$
이때 $900-t\neq0$이므로
$b=-\dfrac{t}{(900-t)^2}$

따라서

$$g(x)=-\frac{t}{(900-t)^2}(x-t)^2+t \qquad \cdots\cdots \ \textcircled{e}$$

또한, 이차함수 $y=g(x)$의 그래프가 점 $(150, 300)$을 지나므로

$\textcircled{e}$에 $x=150$, $y=300$을 대입하면

$$-\frac{t(150-t)^2}{(900-t)^2}+t=300$$

양변에 $(900-t)^2$을 곱하면

$$300(900-t)^2=-t(150-t)^2+t(900-t)^2$$

합차 공식에 의해 우변의 식을 정리하면

$$t\{(900-t)^2-(150-t)^2\}$$
$$=t(900-t-150+t)(900-t+150-t)$$
$$=750t(1050-2t)$$

이므로

$$300(900-t)^2=750t(1050-2t)$$

양변을 150으로 나누면

$$2(900-t)^2=5t(1050-2t)$$

계산을 편리하게 하기 위해 $t=150k$라 하면

$$(좌변)=2(900-t)^2$$
$$=2(900-150k)^2$$
$$=2\times 150^2\times(6-k)^2$$

$$(우변)=5t(1050-2t)$$
$$=5\times 150k(1050-300k)$$
$$=5\times 150^2\times k(7-2k)$$

따라서

$$2\times 150^2\times(6-k)^2=5\times 150^2\times k(7-2k)$$

이므로

$$2(6-k)^2=5k(7-2k)$$
$$2k^2-24k+72=35k-10k^2$$
$$12k^2-59k+72=0$$
$$(3k-8)(4k-9)=0$$
$$k=\frac{8}{3} \ 또는 \ k=\frac{9}{4}$$

따라서 $t=400$ 또는 $t=\dfrac{675}{2}$

그런데 $t>\dfrac{675}{2}$이므로

$t=400$

따라서 대신기전, 산화신기전 화살의 최고 도달 높이는 각각 $\dfrac{675}{2}$ m, 400 m이며, 그 높이의 차는

$$400-\frac{675}{2}=\frac{125}{2}\,(m)$$

이다.

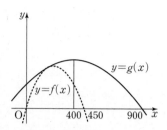

함정 피하기

이차함수 $y=g(x)$의 그래프의 축의 방정식이 $x=450$이라 착각할 수 있지만, 실제로는 성립하지 않으므로 $x=t$라 놓고 t의 값을 구해야 한다.
또한, $y=g(x)$의 그래프와 x축과의 두 교점의 좌표가 $(0, 0)$, $(900, 0)$이라 착각하지 않도록 주의한다.

대단원 마무리 **Level 종합** 본문 124~125쪽

01 16 **02** 4 **03** $\dfrac{25}{4}$ **04** $\dfrac{4}{3}$ **05** 10 **06** $x<2$

07 12 **08** 6

---

01 이차함수 $y=ax^2$의 그래프가 점 $A(2, 4)$를 지나므로

$$4=4a \qquad \therefore \ a=1$$

사각형 ACBO가 마름모이므로

$$\overline{AO}=\overline{BO}$$

이차함수 $y=x^2$의 그래프가 y축에 대하여 대칭이므로 점 B의 좌표는 $(-2, 4)$

따라서 $\overline{AB}=4$

점 A의 y좌표가 4이므로 마름모의 성질에 의하여

$$\overline{CO}=2\times 4=8$$

따라서 사각형 ACBO의 넓이는

$$\frac{1}{2}\times 4\times 8=16$$

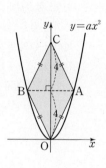

02 점 C의 좌표를 $\left(t, \dfrac{1}{2}t^2\right)$이라 하면 $\overline{AB}=\overline{BC}=1$이므로 점 A의 좌표는 $\left(t-1, \dfrac{1}{2}t^2+1\right)$이다.

이차함수 $y=-(x-2)^2+4$의 그래프가 점 A를 지나므로

$x=t-1$, $y=\frac{1}{2}t^2+1$을 대입하면

$\frac{1}{2}t^2+1=-(t-3)^2+4$

$\frac{1}{2}t^2+1=-t^2+6t-9+4$, $\frac{3}{2}t^2-6t+6=0$

$t^2-4t+4=0$, $(t-2)^2=0$ $\therefore t=2$

따라서 점 C의 좌표는 $(2, 2)$이고, 점 A의 좌표는 $(1, 3)$이므로 점 A의 x좌표와 y좌표의 합은

$1+3=4$

 03

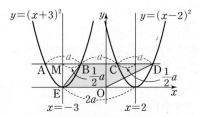

위의 그림에서 $\overline{AB}=\overline{BC}=\overline{CD}=a$라 하자.

이차함수 $y=(x+3)^2$의 그래프의 대칭축은 $\overline{AB}$를 이등분하므로 $\overline{AB}$의 중점을 M이라 하면

$\overline{MB}=\frac{1}{2}a$

같은 방법을 이차함수 $y=(x-2)^2$의 그래프에 적용하면 두 그래프의 대칭축 사이의 거리는

$\frac{1}{2}a+a+\frac{1}{2}a=2a$

이때 대칭축은 각각 $x=-3$, $x=2$이므로

$2a=5$ $\therefore a=\frac{5}{2}$

따라서 점 B의 x좌표는

$-3+\frac{1}{2}a=-3+\frac{5}{4}$

점 B가 이차함수 $y=(x+3)^2$의 그래프 위의 점이므로

$x=-3+\frac{5}{4}$를 대입하면 y좌표는

$\left(\frac{5}{4}\right)^2=\frac{25}{16}$

따라서 사각형 BEOD의 높이는 $\overline{EM}=\frac{25}{16}$이다.

이때 사각형 BEOD는 사다리꼴이고, $\overline{BD}=a+a=2a=5$, $\overline{EO}=3$이므로 넓이는

$\square BEOD=\frac{1}{2}\times\overline{EM}\times(\overline{BD}+\overline{EO})$

$=\frac{1}{2}\times\frac{25}{16}\times(5+3)$

$=\frac{25}{4}$

04 두 이차함수 $y=ax^2$, $y=-\frac{a}{2}x^2$의 그래프가 모두 y축에 대하여 대칭이므로 두 점 B, D의 x좌표를 t라 하면 두 점 A, C의 x좌표는 $-t$가 된다.

오른쪽 그림에서 네 점 A, B, C, D의 좌표를 각각

$A(-t, at^2)$, $B(t, at^2)$,

$C\left(-t, -\frac{1}{2}at^2\right)$, $D\left(t, -\frac{1}{2}at^2\right)$

이라 하면

$\triangle ACO=\frac{1}{2}t\left(at^2+\frac{1}{2}at^2\right)$

$=\frac{3}{4}at^3$,

$\triangle AOB=\frac{1}{2}at^2(t+t)=at^3$

이므로

$\triangle ACO : \triangle AOB=\frac{3}{4}at^3 : at^3$

$=1:\frac{4}{3}$

따라서 $k=\frac{4}{3}$

다른 풀이

두 이차함수 $y=ax^2$, $y=-\frac{a}{2}x^2$의 그래프 위의 점으로부터 x축까지의 거리는 각각 ax^2, $\frac{a}{2}x^2$이므로 두 이차함수 위의 같은 x의 값을 갖는 두 점으로부터 x축까지의 거리 비는 $2:1$이다.

오른쪽 그림과 같이 $\overline{BD}$와 x축의 교점을 E라 할 때,

$\overline{BE} : \overline{ED}=2:1$

$\overline{ED}=k$라 하면

$\overline{BE}=2k$

따라서 정사각형 ACDB의 한 변의 길이는 $3k$이다.

이차함수 $y=ax^2$의 그래프가 y축에 대하여 대칭이므로 $\overline{AB}$와 y축의 교점을 F라 하면

$\overline{AF}=\overline{FB}=\frac{3}{2}k$

두 삼각형 ACO와 AOB의 밑변을 각각 $\overline{AC}$, $\overline{AB}$라 하면 두 삼각형은 모두 밑변의 길이가 $3k$로 같고 높이는 각각 $\frac{3}{2}k$, $2k$이다.

밑변의 길이가 같은 삼각형의 넓이의 비는 높이의 비와 같으므로

$\triangle ACO : \triangle AOB=\frac{3}{2}k : 2k$

$=1:\frac{4}{3}$

따라서 $k=\frac{4}{3}$

05 $y=\dfrac{1}{2}x^2+3x+5$

$\quad\quad =\dfrac{1}{2}(x+3)^2+\dfrac{1}{2}$

이므로 이차함수 $y=\dfrac{1}{2}x^2+3x+5$의 그래프의 꼭짓점의 좌표는

$\left(-3,\ \dfrac{1}{2}\right)$이다.

따라서 이 그래프를 x축의 방향으로 m만큼, y축의 방향으로 n

만큼 평행이동한 그래프의 꼭짓점의 좌표는 $\left(-3+m,\ \dfrac{1}{2}+n\right)$

이다.

$y=\dfrac{1}{2}x^2+5x+8$

$\quad\quad =\dfrac{1}{2}(x+5)^2-\dfrac{9}{2}$

이므로 이차함수 $y=\dfrac{1}{2}x^2+5x+8$의 그래프의 꼭짓점의 좌표는

$\left(-5,\ -\dfrac{9}{2}\right)$이다.

이때 점 $\left(-5,\ -\dfrac{9}{2}\right)$와 점 $\left(-3+m,\ \dfrac{1}{2}+n\right)$이 같으므로

$-5=-3+m,\ -\dfrac{9}{2}=\dfrac{1}{2}+m$

따라서 $m=-2,\ n=-5$이므로

$mn=10$

06 이차함수 $y=-\dfrac{5}{4}x^2+5x+1$의 그래프의 축의 방정식은

$x=-\dfrac{5}{-\dfrac{5}{2}}=2$

이고, 이 그래프는 위로 볼록인 모양이므로 x의 값이 증가할 때
y의 값도 증가하는 x의 값의 범위는

$x<2$

07 이차함수 $y=-\dfrac{1}{2}x^2+ax+6$의

그래프가 y축과 만나는 점의 좌표가

$(0,\ 6)$이므로

$\overline{OB}=6$

$\triangle BOC$가 직각이등변삼각형이므로

$\overline{OC}=\overline{OB}=6$

따라서 점 C의 좌표는 $(6,\ 0)$이다.

그래프가 점 $(6,\ 0)$을 지나므로 $x=6,\ y=0$을 대입하면

$0=-\dfrac{1}{2}\times6^2+6a+6$

따라서 $a=2$

$y=-\dfrac{1}{2}x^2+2x+6$

$\quad =-\dfrac{1}{2}(x-2)^2+8$

이므로 점 A의 좌표는 $(2,\ 8)$이다.

이때 $\triangle ABO$의 넓이는 $\dfrac{1}{2}\times6\times2=6$,

$\triangle AOC$의 넓이는 $\dfrac{1}{2}\times6\times8=24$,

$\triangle BOC$의 넓이는 $\dfrac{1}{2}\times6\times6=18$

이므로 삼각형 ABC의 넓이는

$\triangle ABC=\triangle ABO+\triangle AOC-\triangle BOC$

$\quad\quad\quad\quad =6+24-18$

$\quad\quad\quad\quad =12$

08 꼭짓점의 좌표가 $(-1,\ 8)$이므로 축의 방정식은

$x=-1$

따라서 이차함수 $y=ax^2+bx+c$의 그래프는 직선 $x=-1$에

대하여 대칭이다.

x축과의 두 교점 사이의 거리가 8이므로 교점과 대칭축 $x=-1$

사이의 거리는 4이다.

따라서 x축과의 두 교점은 $(-5,\ 0),\ (3,\ 0)$이므로 이차함수의

식은

$y=a(x+5)(x-3)$

으로 놓을 수 있다.

이 그래프가 점 $(-1,\ 8)$을 지나므로

$8=a(-1+5)(-1-3)$

$8=-16a$

$\therefore a=-\dfrac{1}{2}$

$a=-\dfrac{1}{2}$을 $y=a(x+5)(x-3)$에 대입하면

$y=-\dfrac{1}{2}(x+5)(x-3)$

$\quad =-\dfrac{1}{2}(x^2+2x-15)$

$\quad =-\dfrac{1}{2}x^2-x+\dfrac{15}{2}$

따라서 $a=-\dfrac{1}{2},\ b=-1,\ c=\dfrac{15}{2}$이므로

$a+b+c=-\dfrac{1}{2}-1+\dfrac{15}{2}=6$

Level 3

Level 4

Level 2

Level 1

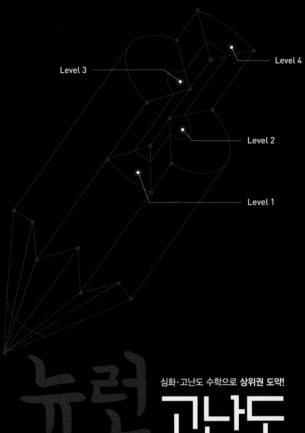

뉴런 고난도
심화·고난도 수학으로 상위권 도약!

수학 3(상)

정답과 풀이

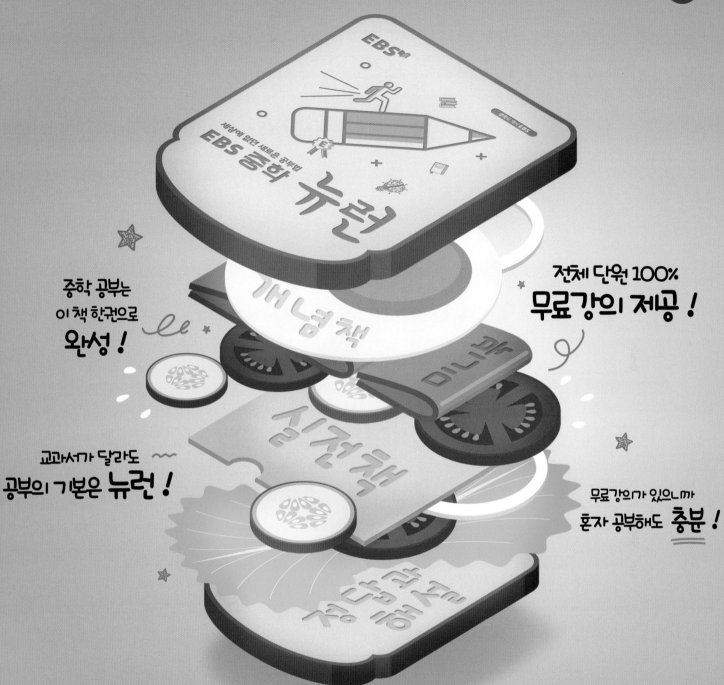

중학 공부는
이 책 한권으로
완성 !

전체 단원 100%
무료강의 제공 !

교과서가 달라도 ~~
공부의 기본은 뉴런 !

무료강의가 있으니까
혼자 공부해도 충분 !

세상에 없던 새로운 공부법
EBS 중학 뉴런

중학도 EBS!

EBS중학의 무료강좌와 프리미엄강좌로 완벽 내신대비!

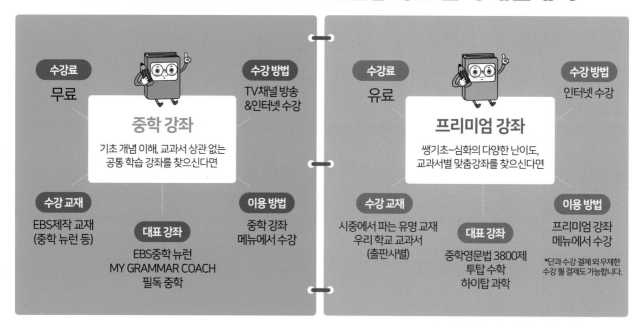

수강료
무료

수강 방법
TV채널 방송
&인터넷 수강

중학 강좌
기초 개념 이해, 교과서 상관 없는
공통 학습 강좌를 찾으신다면

수강 교재
EBS제작 교재
(중학 뉴런 등)

대표 강좌
EBS중학 뉴런
MY GRAMMAR COACH
필독 중학

이용 방법
중학 강좌
메뉴에서 수강

수강료
유료

수강 방법
인터넷 수강

프리미엄 강좌
쌩기초~심화의 다양한 난이도,
교과서별 맞춤강좌를 찾으신다면

수강 교재
시중에서 파는 유명 교재
우리 학교 교과서
(출판사별)

대표 강좌
중학영문법 3800제
투탑 수학
하이탑 과학

이용 방법
프리미엄 강좌
메뉴에서 수강

*단과수강 결제 외 무제한
수강 월 결제도 가능합니다.

프리패스 하나면 EBS중학프리미엄 전 강좌 무제한 수강

내신 대비 진도 강좌

☑ 국어/영어: 출판사별 국어7종/ 영어9종
우리학교 교과서 맞춤강좌

☑ 수학/과학: 시중 유명 교재 강좌
모든 출판사 내신 공통 강좌

☑ 사회/역사: 개념 및 핵심 강좌
자유학기제 대비 강좌

영어 수학 수준별 강좌

☑ 영어: 영역별 다양한 레벨의 강좌
문법 5종/독해 1종/듣기 1종
어휘 3종/회화 3종/쓰기 1종

☑ 수학: 실력에 딱 맞춘 수준별 강좌
기초개념 3종/ 문제적용 4종
유형훈련 3종/ 최고심화 3종

시험 대비 / 예비 강좌

· 중간, 기말고사 대비 특강
· 서술형 대비 특강
· 수행평가 대비 특강
· 반배치 고사 대비 강좌
· 예비 중1 선행 강좌
· 예비 고1 선행 강좌

왜 EBS중학프리미엄 프리패스를 선택해야 할까요?

**현직 교사들이
직접 참여하는 강의**

**타사 대비 60% 수준의
합리적 수강료**

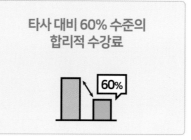
60%

**프리패스 회원만을
위한 특별한 혜택**

자세한 내용은 EBS중학 > 프리미엄 강좌 > 무한수강 프리패스(http://mid.ebs.co.kr/premium/middle/index) 에서 확인할 수 있습니다.

*사정상 개설강좌, 가격정책은 변경될 수 있습니다.

중학도 EBS! 최고의 강의, 합리적인 가격
프리패스 구매 문의 : 1588-1580 / 연중무휴 EBS중학프리미엄